Of heb ik het verzonnen?

Herman Koch

Wanda Reisel

OF HEB IK HET VERZONNEN?

DAS MAG UITGEVERS

Herman Koch (1953) is Nederlands meest succesvolle schrijver van het moment. *Het diner* is in meer dan vijftig talen vertaald. In 2017 was hij de auteur van het Boekenweekgeschenk.

Wanda Reisel (1955) is gevierd roman- en toneelschrijver, winnaar van de Anna Bijns Prijs en genomineerd voor de AKO- en de Libris Literatuurprijs.

Eerste druk: november 2017

Ontwerp: The Phoney Club
Productiebegeleiding: Tim Beijer
Auteursfoto: Peter Nedervelt, 1970
Foto's: Privéarchief van Herman Koch en Wanda Reisel

NUR 322

www.dasmag.nl

INHOUD

AMSTERDAM
R
Rogier Weijand
Nieuwe Prinsengracht
Valti van Leeuwen
Vondelstraat
V
B
Barten van Elden
Sarphatistraat
J
Joël Bons
Flevopark
VONDELPARK
W
Wanda Reisel
Van Eeghenstraat
M
Mario Steenbergen
Johannes Verhulststraat
M·M
Manfred + Margot Meeuwig
Frans van Mierisstraat
OUD ZUID
DE PIJP
H
Herman Koch
Gerrit van der Veenstraat
Montessori Lyceum (in 1969)
Anthonie van Dijckstraat
W
Wendela Kloosterman
Bachplein
Axel Fink
Holbeinstraat
A
RIVIEREN-BUURT
Spinoza Lyceum
Peter van Anrooystraat
BEATRIX-PARK
Huisje Terhofstede
Zeeland, Zeeuws-Vlaanderen
P
Pim Ox
Bolestein

Terhofstede, 1970

Staand v.l.n.r : Herman Koch, Barten van Elden, Pim Ox, Valti van Leeuwen. Zittend: Mario Steenbergen, Wanda Reisel, Rogier Weijand

W 1976
Overlijden vader
1976 - 1980
Regieopleiding
theaterschool Amsterdam

W 1988
Eerste roman:
Het blauwe uur

W 1974-76
Studeert
geschiedenis

W 1986, '87, '89
Bezoekt Herman in Barcelona

W 1975
Ontmoet Ate

H&W 1970
Ontmoeting
Ontstaan Zeelandclub

H&W
Voorjaar 1987
en zomer 1989
Motortochten
samen en schrijven
in Las Negras

W 1968-1974
Spinoza Lyceum

W 1986
Debuut: *Jacobi's tocht* (twee novellen)

1965

1985

1975

H 1965 - 1969
Montessori Lyceum

H 1982
Eerste publicaties
literair tijdschrift:
New Found Land

H 1969 - 1972
Spinoza Lyceum

H&W 1983
Schrijven in Den Ham

H&W 1970 - 1974
Zeelandreisjes

H 1978
Overlijden vader

H 1985
Debuut:
De voorbijganger
(verhalen)
1985 - 1990
Woont in Barcelona

H 1971
Overlijden moeder

H 1973
In Finland
Studeert Russisch
(3 maanden)

H 1986
Ontmoet Amalia

H 1989
Eerste roman: *Red ons, Maria Montanelli*

W 2001
Shortlist Libris
Literatuurprijs *Een man een man*

W 1997
Ontmoet Wim
Shortlist Libris Literatuurprijs *Baby Storm*

W 2005
Shortlist AKO Literatuurprijs
Witte liefde

W 2008
Winnaar Anna Bijns Prijs
Witte Liefde

1995 2005 2015

H 1994
Geboorte Pablo

H 2009
Winnaar
NS Publieksprijs
Het diner

H 2011
Nominatie NS Publieksprijs
Zomerhuis met zwembad

H 2012
Shortlist Gouden Uil

H 2014
Nominatie
NS Publieksprijs
Geachte heer M.

H 2017
Schrijft Boekenweekgeschenk:
Makkelijk leven

2011 - 2013

Amsterdam, 1 november 2011

Lieve Herman,

Ik zie het zo: we staan op het dek van de pont Vlissingen-Breskens die beroemd was vanwege zijn gevulde koeken en vette kroketten. Het is kerst 1970, ik ben vijftien en jij zeventien. We zijn op weg naar Terhofstede, waar we in het huisje van Barten met de anderen de kerstvakantie gaan doorbrengen. We zijn vanuit Amsterdam samen naar deze pont meegelift met een vertegenwoordiger in stofzuigers. We waren bij Utrecht De Meern in zijn auto gestapt en zaten op de achterbank. We zeiden niets. En op een gegeven moment zei die man: 'Nou, jullie hebt ook niet veel spraakwater gedronken!' Ik weet niet of we daar om moesten lachen en of het spraakwater daarna rijkelijker vloeide. Ik vind het wel een heel grappige opmerking, die ik nooit eerder had gehoord. Ik heb hem in ieder geval onthouden. We zeiden ook niet zoveel, waren allebei verlegen.

Op de pont had jij een boek in je handen. Ik weet niet meer welk boek. Ik had het idee dat je mij wel leuk vond, maar dat durfde ik niet te vragen. En jij zei er ook niets over. Ik vond jou bijzonder. Je maakte heel scherpe grappen. Daardoor was ik ook wel geïntimideerd. Je had dat boek in je handen en leunde over de reling. Het was koud. En toen begon je een bladzijde uit dat boek te scheuren en liet die in het water zeilen. En toen nog een. En nog een. Je scheurde het hele boek in tweeën en keilde die helften overboord. Wat er daarna gebeurde weet ik niet meer.

Liefs,
Wanda

Amsterdam, 3 november 2011

Lieve Wanda,

Ik heb net *The Sense of an Ending* van Julian Barnes gelezen, dat is ook een aanrader in dit kader: het gaat namelijk vooral over hoe we ons gebeurtenissen van veertig jaar geleden herinneren, wat we hebben verdrongen etc.

Ja, ook ik herinner me die tocht nog heel goed. Dat wil zeggen: wel het liften, en de man door wie we bij Utrecht werden opgepikt, maar niet het 'spraakwater'. Nee, ik moet het anders zeggen: onmiddellijk toen ik jou las over dat spraakwater wist ik het weer. Het is een heerlijke uitdrukking, van hetzelfde genre als: 'Worden er hier voor het eten geen haren meer gekamd?', 'Wat is dat voor herrie, het is hier geen beatkelder!' en 'Ga je haar eerst eens laten knippen, stelletje nozems!' Dat laatste werd volgens mij naar ons geroepen vanuit het portierraampje van een passerende auto op de weg tussen Terhofstede en Retranchement.

Ik denk dat deze tocht de allereerste keer was dat we met zijn allen naar Zeeland gingen, dus dat we het

Herman, 1970

Zeelandclubje, 1972

niet al vaker hadden gedaan, maar ik kan me vergissen. Die hele groep was die eerste keer: Mario, Barten, Rogier, Pim, Valti, jij en ik. We hadden ons opgesplitst in liftduo's. En ik vond jou inderdaad wel leuk, en natuurlijk durfde ik daar niets over te zeggen: te verlegen, en daarom liever intimiderend overkomend. Jij was die eerste keer het enige meisje naast Valti, en die was al met Rogier. Verder waren we allemaal 'vrij'.

Dat van dat boek op die boot herinner ik me anders. Volgens mij was het op de terugweg, met zijn allen op de boot. Ik weet niet meer van welke schrijver het boek was, maar het was zo slecht dat het moest worden 'geëxecuteerd'. Dus eerst een paar bladzijden laten wegwaaien in de wind, daarna het doormidden scheuren en tot slot het water in. Ik herinner me dit zelf als toch wel schokkend (kijk mij eens, wat ik durf!): aan de ene kant de kick dat je dit doet, aan de andere kant de associatie met boekverbrandingen etc. Maar geen spijt: het was echt een kutboek dat het niet had verdiend om gedrukt te worden.

Wat er na aankomst in Breskens gebeurde? Ik weet het niet meer, ik denk dat we zo waren verkleumd van het liften en de boot dat we dat laatste stukje de bus hebben genomen. Ik herinner me ook wel dat we niet zoveel spraakwater ophadden, en dat kwam omdat we tot die tijd eigenlijk altijd met de hele groep samen waren geweest, en nooit met zijn tweeën. In het huisje ernaast waakte Rogiers moeder, Riek, zodat het niet de spuigaten uit zou lopen. Maar volgens mij waren we nooit zo bezig met drank, drugs en ongewenste zwangerschappen. De eerste morning-afterpil dateert van veel later.

Als het inderdaad de eerste keer was, dan lag mijn moeder toen met de kerstdagen en oud en nieuw helemaal alleen in het ziekenhuis. Ik voelde me daar schuldig over, en probeerde het tegelijkertijd zo ver mogelijk naar de achtergrond te dringen. Het echte leven stond namelijk op het punt van beginnen daar in Terhofstede, en in mijn herinnering was die eerste keer meteen ook de beste. Of herinner jij je dat anders?

Liefs,
Herman

PS: Ik vertrek over een uurtje naar Bad Hersfeld (Deutschland) en ben zaterdagavond weer terug.

Amsterdam, 6 november 2011

Lieve Herman,

Julian Barnes ga ik aanschaffen. Iets dergelijks heb ik in het beginhoofdstuk van *Plattegrond van een jeugd* beschreven, namelijk: het leven van horen zeggen dat je tot het jouwe rekent.

Dus jij herinnert je een publiek tijdens die boekverscheuring? Terwijl ik een verstilde scène voor me zie, met jou alleen. Nu jij het je met de anderen erbij herinnert, lijkt me dat eigenlijk aannemelijker. Zo'n

Spinoza Lyceum, 1970

Van links naar rechts:
Herman Koch, Wanda Reisel, Valti van Leeuwen, Rogier Weijand, Manfred Meeuwig

boekverscheuring heeft toch publiek nodig. Het zal wel een boek van Harry Mulisch zijn geweest. Ik dacht alleen niet dat dat de eerste keer Zeeland was. Ik had zeker niet mogen liften, maar misschien heb ik daarover gelogen. Je ziet, herinneringen zijn onbetrouwbaar, ik herinner me sommige dingen inderdaad anders. De allereerste keer was Valti, dacht ik, nog niet mee, want ik moest mijn ouders duidelijk maken dat ik als enig meisje met een groepje van vijf jongens naar een huisje in Zeeland ging, en dat dat in orde was. Of er ook overleg tussen de betrokken ouders plaats heeft gevonden, weet ik niet meer, en dat Riek daar verderop in haar huisje voor chaperonne zat te spelen, wist ik ook niet.

Vlak voordat ik ging werd ik in de spreekkamer van mijn vader geroepen. Ik moest gaan zitten in een van de twee fauteuils voor het bureau die voor de patiënten bestemd waren. Ik was veertien en er moest besproken worden dat als ik met zo'n groepje jongens in één huis ging logeren er vanzelfsprekend 'van alles' kon gebeuren waarop ik voorbereid moest zijn. Het was de tijd van 'experimenteren' en dat mocht van mijn ouders, maar niet onvoorbereid en zeker niet onbeschermd. Mij werd dus voorzichtig maar dringend te verstaan gegeven condooms mee te nemen en 'zaaddodende pasta', het woord alleen al. Ik was nogal gechoqueerd door het feit dat mijn ouders mij kennelijk al rijp voor de seks achtten, terwijl ik daar zelf wel over fantaseerde maar nog niet aan toe was. Maar ze waren achteraf gezien alleen maar bang voor zwangerschap, en terecht. Ik heb het een beetje besmuikt weggelachen en die tube zaaddodende pasta laten liggen waar hij lag.

Het is tekenend voor die tijd dat onze ouders verder geen rol leken te spelen. Pas veel later, en dan nog in nevelen gehuld, herinner ik me het ziekbed van je moeder, die ik niet erg goed kende: een aardige, kleine, witharige vrouw in jullie flat aan de Gerrit van der Veenstraat. Ik herinner me dat toen ze zieker werd en bedlegerig Rogier van twee kleerhangers een leesstandaard voor haar heeft gemaakt die op haar buik kon rusten, zodat ze niet de hele tijd een boek hoefde vast te houden.

Het was geen onderwerp van gesprek tussen ons, je moeder en haar ziekte. Ik kwam geloof ik niet zo vaak bij jou over de vloer. Jij maakte veel harde grappen over kanker en de dood en tekende in je kamer bloederige en sadistische strips waarin baby's in kinderwagens doormidden werden gezaagd. Ik heb zo'n Kamagurka-achtige strip nog ergens bewaard. En dan zie ik mezelf plotseling op je moeders begrafenis. Jij bent zeventien. Het was mijn eerste begrafenis of crematie, ik had een heel stemmig zwart jurkje aan terwijl ik nooit jurken droeg. Ik herinner me niet of je vader erbij was, die had ik maar één keer gezien, in mijn beleving was jij daar alleen en jij had de regie in handen. Je had *Atom Heart Mother* van Pink Floyd laten draaien in de aula. Ik vond het indrukwekkend om te horen dat je moeder van die plaat hield. Je maakte weer harde grappen toen het over was. Ik vond het rampzalig voor je, maar wat moest ik zeggen? Wat zegt een vijftienjarige op een begrafenis? Het woord 'gecondoleerd' kon ik mijn strot niet uit krijgen, dat was vals en onpersoonlijk, dat zei je niet. Wat voor houding geef je je dan wél in zo'n pijnlijke situatie?

Liefs,
Wanda

Amsterdam, 11 november 2011

Lieve Wanda,

Over bepaalde herinneringen ben ik niet zo zeker, zoals bijvoorbeeld de boekexecutie op de boot. Het was niet zozeer dat het voor publiek was (of dat ik het voor publiek deed), maar dat er volgens mij meerdere personen (Manfred? Barten?) bij betrokken waren: gedeelde verantwoordelijkheid. En dat anderen (Pim?) het allemaal te ver vonden gaan. Een boek van Mulisch kan het nooit geweest zijn, want die kwam er toch al niet in bij ons, laat staan dat hij mee mocht op een boot. Misschien een experimentele Belg? Daar had je er nogal wat van in de jaren zeventig.

Eén ding meen ik me nog wel heel goed te herinneren, namelijk dat ons eerste verblijf in Terhofstede in de winter van 1970-1971 was. Daarna zijn we natuurlijk nog vaker (een keer of drie? vier?) gegaan, en ook een keer of twee naar Friesland. Het zou dus best kunnen dat ons liften samen een van die latere keren is geweest. Of ik vergis me volkomen, of jij hebt de aanwezigheid van Valti verdrongen, wat briefwisselingtechnisch natuurlijk interessant is.

Mijn moeder werd ziek in 1970 en ging dood in de zomer van 1971. Op de begrafenis draaide ik niet *Atom Heart Mother*, maar een stuk van het zo mogelijk nog ergere *Ummagumma*. Ook 'toevallig' is dat ik het betreffende nummer een maand geleden heb gedownload en er voor het eerst sinds 1971 naar heb geluisterd. Beter wordt het niet na veertig jaar, hooguit 'begrijpelijk binnen de tijd'. Ik was vooral nieuwsgierig of ik er emotioneel door geraakt zou worden, maar dat gebeurde niet. Het was ook niet zo dat ik er al die tijd niet naar had durven luisteren omdat ik bang was voor het 'volschieten' (want waarom zou je dat uit de weg gaan?), ik was eerder al die tijd bang dat het echt kutmuziek zou blijken te zijn, en er dus daarna voor altijd iets van kitsch aan die herinnering zou blijven hangen. Het viel uiteindelijk dus naar beide kanten allemaal wel mee, de komende veertig jaar zal ik er ook niet zo vaak meer naar luisteren, vermoed ik.

Grappig dat jij je mijn moeder herinnert als witharig, in mijn herinnering is ze (al dan niet geverfd) blond. Zou dit ook met idealisering achteraf te maken hebben, of zijn de feiten verdrongen door de foto's?

Ik moet even zoeken in de fotodoos, maar er is een foto waarop Barten staat te liften in de kou. Heb ik die gemaakt? Ik was nooit zo'n fotograaf, maar het zou kunnen. En er zit ook een heel mooie bij van jou met hoed: met liefde gemaakt, dat zie je zo. Ik herinner me nu ook niet of ik toen tijdens onze 'reunie' van een paar jaar geleden die foto's wel of niet had meegenomen... Zo is het recente geheugen vaak nog onbetrouwbaarder dan dat van lang geleden.

Liefs,
Herman

PS: Ik was in Bad Hersfeld in het kader van 'Bad Hersfeld liest ein Buch', een jaarlijks terugkerend iets in meerdere Duitse steden, en hier had men voor *Het diner* gekozen (dat overigens in het Duits *Angerichtet* heet, nog net geen *Hingerichtet* maar het komt in de buurt). De 'hele stad' leest dan gedurende vijf dagen één boek, ik was de eerste niet-Duitser in Bad H. die deze eer te beurt viel, en ik werd toegesproken door de burgemeester... Aan de ene kant leuk, aan de andere kant fijn als je de volgende ochtend weer weg mag.

Amsterdam, 14 november 2011

Lieve Herman,

Ja, als je eenmaal aan je herinneringen begint te morrelen, komt ook de twijfel uit zijn hok gekropen. Het geheugen beschouwde ik altijd als een trouwe kat die je kirrend tegemoetkomt, maar nu is het een nukkige oude kater die stram en vermagerd bij de verwarming ligt. Een paar brieven later, en onze individueel gekoesterde herinneringen worden al onderuitgeschoffeld. Straks zien we uit die periode alleen nog vage schimmen voor ons.

Ummagumma dus. Maar in die tijd vond je dat niet al kutmuziek, anders had je hem niet uitgekozen voor je moeders begrafenis. Dat kritische oordeel dateert van later, lijkt me, ook jij was kind van je tijd. Wat je zegt over volschieten door muziek die aan een emotionele gebeurtenis vastzit, is een heel interessante observatie: dat als je die muziek bij nader inzien kitsch vindt, ook de herinnering aan die gebeurtenis kan verkitschen.

Bedoel je met de reünie die gezamenlijke oud-en-nieuwviering een paar jaar geleden in Het Veem? Mijn geheugen is na mijn vijftigste roestiger geworden. Vroeger had ik een ijzersterk geheugen. Wat ook weer lastig was: ruzie bleef daardoor langer hangen. Nu vergeet ik vervelende dingen iets sneller. Dat is wel lekker. Aan de andere kant herinnerde ik me altijd al veel meer uit mijn lagere- en middelbareschooltijd dan de meeste anderen. Mijn vader overleed in 1976, ik was toen op een haar na 21, dat was dus nog niet eens zo idioot lang na jouw moeder en maar twee jaar voor jouw vader, maar dat realiseer ik me nu pas. Op zijn begrafenis was jij niet. Maar wel op mijn moeders begrafenis in 2002 in Barneveld. Op de begrafenis van de ouders van je vrienden komen vind ik een belangrijke graadmeter voor de vriendschap die je deelt.

Liefs,
Wanda

Amsterdam, 24 november 2011

Lieve Wanda,

Allereerst natuurlijk heel hartelijk gefeliciteerd! Uit eten? Of iets anders?

Ja, we morrelen nu een beetje aan onze herinneringen, maar op zich vind ik dat niet zo erg. Ik vind vooral de aanvullingen leuk, waarbij jij je bijvoorbeeld iets herinnert wat ik allang was vergeten, maar waarvan ik meteen denk: verdomd, zo was het! Zo zie ik het meer, niet als onderuitschoffelen of elkaar tegenspreken. Welke plaat of welk nummer van Pink Floyd het nu precies was, is in dit kader dan ook onbelangrijk.

Met muziek (alsook met films, boeken) is het volgens mij zo dat het drie kanten op kan gaan. 1. Je hoort iets wat je vroeger goed vond, maar je snapt helemaal niet meer waarom, misschien schaam je je er zelfs wel voor. 2. Je hoort iets van vroeger en je begrijpt heel goed waarom je het vroeger goed vond, maar tegenwoordig vind je er niet zoveel meer aan (voorbeeld: ik hoef The Soft Machine tegenwoordig niet meer elke dag te horen, maar slecht wordt het niet). 3. Je vindt iets vandaag de dag net zo goed of anders goed dan veertig jaar geleden. Voor mij was het terughoren van Pink Floyd een overlapping van categorie 1 en 2: wel begrip, maar niet te vaak meer, met de schaamte viel het reuze mee.

Ik bedoelde inderdaad die bijeenkomst in Het Veem. Had ik toen ook foto's meegenomen? Al sla je me dood.

Op jouw vaders begrafenis was ik inderdaad niet, ik herinner me zelfs dat ik pas veel later van zijn dood hoorde, en dan ook nog van iemand anders. Wij zagen elkaar toen wat minder vaak, of was het gewoon een begrafenis met alleen familie?

Wat zeiden we dan wél tegen elkaar op die lifttocht, als we niet zoveel spraakwater hadden gedronken?

Fijne verjaardag, liefs,
Herman

Amsterdam, 27 november 2011

Lieve Herman,

Manfred zei laatst op de filmpremière van Mario's nieuwe vriendin dat jij zo'n formidabel geheugen hebt, terwijl híj niets meer weet. Maar hij kwam wel meteen met die gevleugelde uitspraak van Rogiers moeder: 'Heb ik mijn schaar hier soms vergeten?' Hoe slecht vermomd kan een smoes zijn?

Nog even over die lifttocht: ik denk eerlijk gezegd dat we helemaal niets tegen elkaar zeiden. Of dat jij af en toe 'Hé, een konijn!' zei of: 'Merk jij al wat?' Ja, het was toen voor het eerst dat we met zijn tweeën waren. Dat was totaal anders. Geen groep, geen publiek om te entertainen of ons achter te verschuilen. Gewoon verlegen.

Mijn vader ging plotseling dood. Het was een grote begrafenis met veel mensen. Ja inderdaad, na het

Spinoza was er een tijd dat wij elkaar niet zo vaak meer zagen. Ik studeerde geschiedenis en was net met Ate. Jij zat in Finland of Casablanca of je woonde in Londen. Of in de Tichelstraat.

Lfs,
W

PS: Wij vertrekken zo voor een weekend naar Hotel Van der Werff op Schiermonnikoog.

Amsterdam, 1 december 2011

Lieve Wanda,

Heerlijk, Hotel Van der Werff! Leuk gehad? Overvliegende ganzen? Mosselen? Bij mij begint meteen het madeleinekoekje/belletje te rinkelen bij het horen van de naam Van der Werff. Ik was er voor het eerst, ergens eind jaren zestig, met mijn ouders. Ik zal dertien of veertien zijn geweest, ik had gespaard voor een filmcamera, een niet elektrisch maar opwindbaar model 'Made in the DDR', en ik maakte op Schiermonnikoog mijn eerste zwart-witfilmpje met mijn vader in de hoofdrol. Die filmpjes moest je halverwege de twee of drie minuten die erop pasten omdraaien, merk ORWO. Misschien weet jij dat nog wel? Mario gebruikte ze later ook in Zeeland. Mijn vader moest van mij over een kale asfaltdijk lopen, in paniek raken, op de vlucht slaan en vervolgens sterven. Het was in feite de verfilming van een strip die ik eerder had gemaakt, en er zou nog (geschreven) tekst tussen de beelden worden gemonteerd. Dat is natuurlijk nooit gebeurd, het filmpje heb ik sinds 1969 nooit meer gezien (kwijt), maar de beelden zijn nog net zo helder als die scène in de lift in *Drive*.

Ik had willen komen op die filmpremière en had het er met Mario over gehad op jouw boekpresentatie van *Nacht over Westwoud*, maar reisde die zaterdag terug uit Bad Hersfeld, en had het nog net kunnen halen, maar dan zonder enige puf: daar was niemand mee geholpen geweest. Net als het spraakwater herinnerde ik me ook dat schaar zoeken van Riek niet meer zo letterlijk, wel dat ze te pas en te onpas binnenviel. Maar wij deden helemaal niks! Rogier geneerde zich vooral voor zijn moeder. Hij was toen al een poosje met Valti, maar ze zaten nooit aan elkaar waar wij bij waren. Echte blowers of alcoholisten waren we niet, ik herinner me een fles jenever die een week meeging.

In de Tichelstraat woonde ik in 1975-1976, ruim een jaar. Ik herinner me deze tijd als de 'meest depressieve periode'. Ik had die 'Doos', zoals Mario hem bij eerste bezichtiging gedoopt had, helemaal ingericht met meubeltjes van mijn moeder. Het verleden dat nooit meer terugkwam, realiseerde ik me in De Doos, en er was nog te weinig toekomst om me op te richten. Ik schroefde de whiskyfles open en dompelde me onder in heerlijk zelfmedelijden: alleen op de wereld! Ik heb uit die periode een levenslange afkeer van de Jordaan overgehouden. Van alles van de Jordaan: de gekke winkeltjes, de zogenaamd kleurrijke mensen, de toffe Amsterdammers die 's nachts hun vrouwen in elkaar timmerden, het claustrofobische straatbeeld.

Meteen daarna kwam Laren, aanvankelijk een verademing, later het besef dat al die claustrofobie gewoon in je eigen hoofd zit.

Liefs,
Herman

PS: Met kerst zijn wij een week in Barcelona, maar kom je daarna misschien een keer naar Hulst?

Amsterdam, 5 december 2011

Lieve Herman,

Ja, ladingen brand- of rotganzen op de graslanden van Schiermonnikoog. En waren het nou kraaien, roeken of kauwen daar op het wad? Ik heb nu maar eens een vogelboekje gekocht. Volgens mij heb jij ook niet zoveel met dieren, bomen en planten. Ik ben in ieder geval niet opgevoed met de botaniseertrommel van Maarten 't Hart. Maar met het vogelboekje in de hand door het zompige land zag ik uiteindelijk heuse bergeenden scharrelen.

Voor het overige ben ik een amateur in de natuur, een stadskind, ik loop gewoon mijn mail te checken op het wad. Daar wordt een natuurmens tureluurs van.

'Omkeer' was 16mm-film waarvan eerst de ene helft wordt belicht en na het omkeren de andere helft; in het lab wordt 16 mm gesplitst in 2 x 8 mm. Ik heb omstreeks die tijd wel met de oude Bell & Howell-camera van mijn vader gefilmd. Het toestel (uit 1948) gebruikte een van de eerste omkeer-filmcassettes van Kodak. Mario gebruikte ORWO, inderdaad Oost-Duits, slechte, goedkope troep waarbij je ongewild allerlei (in die tijd hippe) experimentele effecten kreeg: er kwam bijvoorbeeld licht bij tijdens het omdraaien en dat gaf dan uiteindelijk een heel klassiek wappereffect. Ik hield van filmen en van fotograferen, jou heb ik weinig in de weer gezien met een camera. Ik herinner me wel de Zantin-act-filmpjes. Wie draaide die? Mario?

Nee, we deden inderdaad niets raars, geen groepsseks, geen zware drugs. We dronken thee, wat rode wijn bij het eten, jij dronk later wel jenever, ik herinner me jou meermaals kotsend in de tuin van Terhofstede en op feestjes in Amsterdam. We waren tussen de vijftien en de achttien en kwamen allemaal uit 'keurige milieus'. Wat me ineens opvalt nu we erop inzoomen is dat in het groepje drie van de zeven enig kind waren (Mario, Pim en jij; dat jij nog halfzusters had, daar werd door jou niet over gesproken).

De Doos. Zekers. Ik vond het wel stoer, jij daar in een eigen huis in de Jordaan. Met de gezellige rieten stoelen met kussens, de witte lage tafel en de eeuwige theepot. Door het groepje heb ik leren theezetten: wij deden thuis niet aan losse thee, maar gebruikten gewoon barbaarse Pickwick-zakjes, alsook zakjes Knorr-saus, en aten King Corn-wit- en bruinbrood. Verantwoord spul als verse tijm of basilicum had ik nog nooit gezien, ook aten wij geen volkorenbrood, dat zag ik alleen bij de meer artistieke families, dus bij Joël en bij Valti thuis. Bij onze bakker bestelde ik ook eens zo'n 'folklorebrood', ik dacht echt dat het zo heette. Wij kwamen uit Curaçao, waar een meer Amerikaanse levenssfeer heerste, en dus aten wij stopverfbrood en erwtjes en witte bonen in tomatensaus uit blik. Mijn moeder kon wel goed koken, maar elke dag voor acht à tien personen (er at altijd wel een gast mee) maakte haar pragmatisch, vermoed ik. De Vietnamoorlog woedde in de huiskamer, en mijn vader liep in zijn witte jas zijn praktijk op de benedenverdieping uit naar boven om op tv de maanlanding te zien. Intussen leerde ik met de hand brood snijden en theezetten: 'lapsang souchong' of 'het beste uit het kistje van de keizer' in de met heet water omgespoelde pot en dan rustig laten trekken (in een theemuts! Nóóit op een theelichtje!).

Ik was vijftien, het was 1970 en we dronken sloten thee.

Xx W

Amsterdam, 8 december 2011

Lieve Wanda,

Ik moest erg lachen dat jij me kotsend herinnert in de tuin. Dat klopt als een bus, want ik kon er niet goed tegen op mijn zeventiende, en nam dus altijd te veel (en te snel vooral). Ik herinner me een feestje bij jou thuis boven. Ik geloof dat ik moed moest verzamelen om Isabel aan te spreken en toen op de gang en half in een toilet (dat weet ik nog heel precies) stiekem (en snel) twee waterglazen jenever achterover heb geslagen. Voordat het van dat aanspreken kwam, holde ik al die trappen weer af, naar de tuin of een toilet waar niemand mij kon horen. Ook was er een keer een feestje bij de ouders van Manfred, daar was jij ook – weet ik wel bijna zeker. Alle drank stond vrijuit op tafel. Waarvoor ik die keer moed moest verzamelen is me ontschoten, maar wegens een bezet toilet wist ik alleen nog de boom bij hen voor de deur (Frans van Mierisstraat 49) te bereiken.

Een andere scherpe herinnering die zich bij jou thuis afspeelde, op jouw kamer. Ik lichtte jullie allemaal in een paar zinnen in over de gezondheid van mijn moeder, en toen vroeg Mario opeens: ‘Is jouw moeder stervende?’ Dat was aan de ene kant helemaal Mario, aan de andere kant vond ik het ook wel sterk. Ik schrok ervan, maar omdat ik toch antwoord wilde geven, realiseerde ik me misschien wel voor het eerst echt dat dit een reële mogelijkheid was. Vele jaren later, toen Amalia in het ziekenhuis lag, vroeg Mario aan de telefoon: 'Moet je nu weleens aan je moeder denken?' Dezelfde soort vraag, en opnieuw *to the point*. Met Mario maakte ik inderdaad die Zantin-act-filmpjes, we repeteerden live in de klas of in het trappenhuis van het Spinoza.

Zoals ik je laatst al vertelde in de Ysbreeker, duik ik in mijn nieuwe boek, *Geachte heer M.*, ook in de Retranchement-periode. Als een soort soundtrack van die tijd ben ik een poosje geleden begonnen een playlist aan te leggen. Niet zomaar alle muziek uit een bepaald jaar, maar meer alle nummers waar ik ooit emotioneel door werd geraakt, in positieve of negatieve/depressieve zin. Over het algemeen liedjes die je honderd keer achter elkaar draaide, maar ook liedjes of stukken van liedjes die je liever nooit meer wilt horen (zie eerder: Pink Floyd). Bij elk stuk muziek zit kortom 'een verhaal', maar die verhalen zal ik nooit schrijven, het gaat mij alleen om het bijbehorende gevoel. Het heerlijke is dat je voor dit soort dingen niet meer naar de platenspeciaalzaak hoeft, maar dat je alles op internet (90 procent op iTunes) kunt vinden. Het werd op zeker moment zo leuk dat ik het ben gaan uitbreiden naar de vroegste jeugd (Juliette Gréco, Yves Montand) tot inmiddels ergens in de jaren tachtig.

Omgekeerd werkt het ook als een madeleinekoekje: ik bedoel dat ik soms niet bewust op zoek was, maar wel op iets stuitte, met de bijbehorende herinnering. Zo kwam ik opeens terecht bij de Simple

Minds (over kutmuziek waarvoor je je moet schamen gesproken), en meteen herinnerde ik me een week dat wij samen in het huisje van Manfreds ouders in Den Ham zaten. Heel serieus bezig met onze eerste verhalenbundels, kettingrokend en whisky drinkend (ik), en ik dus ook met 'Don't You' op de koptelefoon van mijn walkman. Weet jij dat nog? Of heb je het verdrongen? Of heb ik het verzonnen?

X Herman

Amsterdam, 10 *december* 2011

Lieve Herman,

'Is jouw moeder stervende?' dat klinkt inderdaad als Mario, sterk, maar ook behoorlijk confronterend voor een zeventienjarige. Ik herinner me dat moment maar vaag dat je ons vertelde dat je moeder ziek was. Dat heb ik zeker verdrongen, vast omdat het een appèl deed aan een bepaald soort volwassen reactie waar ik geen woorden voor had. Maar wie heeft die wel als hij vijftien is? Dat was, naast de puberale schaamte die ik moest zien te overwinnen, wel lastig. En naast alle ironie en grappenmakerij die om ons vriendenclubje hing, was ernstig zijn moeilijk. We waren altijd een beetje op onze hoede bij jou in de buurt, omdat jij als een schorpioen ineens met een vlijmscherpe grap iemand te grazen kon nemen (mij heb je trouwens nooit 'gepakt', hoor, maar ik was er net als de anderen wel bang voor dat het zou gebeuren). Ik durfde in die tijd niet eens een plaat bij iemand anders thuis op te zetten, het zou weleens de 'verkeerde' keuze kunnen zijn, niet hip genoeg, of, erger, muziek waar je je voor moest schamen. Als vijftienjarige hangt je leven van zoiets af.

Den Ham! En of ik dat weet. Jij had toen een hondje van je tante uit Arnhem bij je die Customer heette. Die Customer heette vast gewoon Boris of Whisky, maar jij had hem zo genoemd en je liep de halve dag zijn naam te roepen omdat het zo lekker klonk.

Ja, wij hadden het vastomlijnde plan schrijver te worden. Wij werkten in Den Ham aan verhalen, jij aan je bundel *De voorbijganger* en ik aan *Jacobi's tocht*. We gingen ze inleveren voor de Geertjan Lubberhuizenprijs voor een ongepubliceerd debuut (een prijs die toen nog de Eenhoornprijs heette, meen ik, en die inmiddels helemaal is verdwenen. We zijn toen allebei voor die prijs afgewezen, gelukkig maar, want ik weet niet wat ik zou hebben gedaan als jij hem had gewonnen!). We hadden allebei een portable tikmachine bij ons (ik de Olivetti Lettera, een heerlijk reismachientje dat ik nog bezit, en jij een rode Remington?). Dat kettingroken en whisky drinken is helemaal waar. 'Don't You' herinner ik me niet, ik heb überhaupt geen popmuziekgeheugen, maar als ik in het geheugen van YouTube blader komt het nummer wel terug. Ik was toen net van plan om het uit te maken met Ate en verkeerde in melancholieke sferen. Wat ik op mijn walkman had weet ik niet, maar met muziek op mijn oren bevond ik me midden in een nouvelle-vaguefilm van Truffaut met een soundtrack van Miles Davis eronder en dan leken melancholie en uitzichtloosheid ineens filmisch neo noir. Zo heb ik vast uit het raam van het huisje in Den Ham zitten staren naar zwarte vogeltjes zonder naam en naar die treurig bemoste caravan – die daar meen ik 'de tèffany' werd genoemd.

Jij wilde altijd al in 'huisjes' schrijven, weg van de stad of weg uit Nederland, heel romantisch, wat je eigenlijk ook bent, al weet niemand dat en zal jij liever je tong afbijten dan dat toegeven. Ik werk thuis het beste, afzondering in mijn eigen huis is goed genoeg. Na de werkdag vind ik het lekker om 's avonds naar de film te gaan of met vrienden te eten en over heel andere dingen dan werk te kletsen. Ik geloof niet dat ik langere tijd in totale afzondering een roman zou kunnen schrijven; ik zou na twee weken raar worden van eenzaamheid.

De herinneringen aan de periode die wij nu aan het opvissen zijn, zullen je in whisky gedrenkte madeleines opleveren voor je boek. Ik had ze zelf al voor een deel in *Die zomer* verwerkt, met daarin de 'eiersmijtscène' in de keuken van de Van Eeghenstraat en het gevleugelde gezegde: 'Er kan hier veel, maar niet álles!' Ik móést wel iets zeggen toen Mario in onze souterrainkeuken heel voortvarend van het aluminium overloopstukje van het koffiezetapparaat een hasjpijpje dreigde te maken. En het autoritair klinkende bevel ‘Er kan hier veel, maar niet álles’, dat mijn vader soms bezigde, was het eerste wat me te binnen schoot en voldeed.

Ik ben intussen aan het door jou aanbevolen *The Sense of an Ending* van Julian Barnes begonnen. Meesterlijke zinnen, vaak zo aan het eind van een fragment of alinea, een soort *summing-up*, het samenballen van een gevoel of observatie in één zin, met erg veel Engelse ironie erdoorheen. Hij gebruikt meer tongue in cheek dan vette ironie, weet zijn zinnen en observaties namelijk ook gevoelig en serieus te houden, dus geen entertainmenttruc. Ironie als een soort slijppoeder voor een intelligente observatie, zodat die écht aankomt. Behoorlijk briljant.

Liefs,
Wanda

Amsterdam, 15 december 2011

Lieve Wanda,

Ik ben blij te horen dat ik jou tenminste niet ‘te grazen’ heb genomen, ik herinner me dat zelf ook niet meer, dus dan moet het haast wel op waarheid berusten. Ik weet natuurlijk wel dat ik behoorlijk sarcastisch uit de hoek kon komen, maar wat dan precies... Terwijl het bij de ander misschien wel helemaal verkeerd is aangekomen. Aan de andere kant heb ik ook later nooit iemand gesproken die tegen mij zei: 'Jij hebt toen dat en dat tegen mij gezegd, en dat heb ik je nooit vergeven/ben ik mijn hele leven als een kruis met me mee blijven dragen.' Misschien moeten we een advertentie plaatsen waar slachtoffers zich alsnog kunnen melden. Wat me wel altijd is bijgebleven, is dat ik een keer in Schiller met Roos stond te praten – we hebben het nu over begin jaren tachtig – en dat zij opeens zei: 'Wat leuk dat je nu gewoon met jou kunt praten, want dat durfde ik vroeger helemaal niet. Ik was doodsbang dat ik iets verschrikkelijks naar mijn hoofd zou krijgen.' Het werd nog best een broeierig leuk gesprek ook, en ik heb haar helemaal naar huis gebracht. Maar ik dacht toen wel: welke meisjes heb ik destijds nog meer allemaal afgeschrikt met mijn leuk doen? Ergens tussen het eindexamen in 1972 en die jaren tachtig moet bij mij al het besef zijn gerezen dat je weliswaar eerst met veel lawaai je plaats in de wereld moet veroveren, maar dat je daarna snel gas moet terugnemen, om überhaupt nog met andere mensen in contact te komen.

In ditzelfde kader nog een anekdote die ik ook gebruik in mijn nieuwe roman. Manfred gaf een feestje (we zijn nu weer terug in de Spinozatijd), en nodigde daar ook Isabel uit (vriendin van Margot en Wendela) die ik toen nog nooit eerder had gezien. Op dat feest gebeurde er iets: een eerste vonk, een aanzet tot iets moois... Het zou nog maanden duren voordat we ons uit durfden te spreken, maar later vertelde Isabel dat Manfred aan het begin van de (feest)avond tegen haar had gezegd: ‘Er komt ook een goede vriend van me. Zo’n type dat je of meteen leuk vindt of je vindt hem een enorme lul.’ Dat had bij haar gewerkt als een teaser, dus dat had Manfred goed gedaan.

De hond Customer in Den Ham heette in het echt Jaro (geen naam die je graag hard roept), ik was totaal vergeten dat we die bij ons hadden. Mijn tante lag in het ziekenhuis en ik zou ongeveer een maand voor Customer zorgen. Op de allerlaatste dag voordat ik hem zou terugbezorgen in Arnhem, verdween Customer in de nacht en kwam niet meer terug. In mijn herinnering ben ik helemaal alleen in dat huisje, misschien was jij al weg? Elk halfuur ging ik naar buiten om hem te roepen. Ik dacht: als ik morgen aan mijn tante vertel dat Jaro is weggelopen, zal zij altijd denken dat ik hem al op de eerste dag ben kwijtgeraakt/in een kanaal heb laten verdrinken. Een hele maand zorg voor een hond was dan in één keer helemaal voor niets geweest.

Tegen de ochtend kwam Customer onder de modder terug en sprong blij tegen me op. ‘Waar ben jij geweest?’ vraag je op zo’n moment aan een hond, maar er komt nooit antwoord.

Ja, huisjes. Ik hou ook wel van afleiding na het schrijven, liefst het soort afleiding waarbij je helemaal vergeet waar je mee bezig was. Een stad is (ook voor mij) dan het beste. Aan de andere kant kun je ergens op het platteland het gevoel krijgen dat de tijd langzamer loopt. Dat je dus letterlijk alle tijd hebt.

Soms werkt dat, soms ook niet. Ik ben meestal na een paar uur wel klaar, dan gaat die 'alle tijd' zich tegen je keren als je niet oppast. Maar ik heb wel altijd het gevoel gehad dat 'weg' zijn het schrijven ten goede komt, al was het alleen maar om weer terug te verlangen naar wat je hebt achtergelaten.

Liefs,
Herman

PS: Ik vertrek zo dadelijk voor een paar dagen naar Berlijn (presentatie *Sommerhaus*), en ga me daarna weer verder herinneren.

Amsterdam, 16 december 2011

Lieve Herman,

Die tekst van Roos had ook de mijne kunnen zijn. Ik vertrouwde in die tijd helemaal niets en niemand. Door jouw sarcastische humor zat er inderdaad iets van schrikdraad om je heen. Je was de onaantastbare kampioen grappen maken, en ja, misschien daardoor wel 'onaanraakbaar' voor meisjes. Maar troost je, het kan erger, want er hangt altijd heroïsche tragiek om mensen die heel erg grappig zijn. Vanbuiten zijn ze dik of lelijk, vanbinnen zijn ze alcoholisch, eenzaam of gewoon rancuneus. Vandaar het overschot aan cabaretiers in dit land. Je moet ergens je sterke kant

Herman, gefotografeerd door Joël Bons, ca. 1972

van maken. En zonder een snuf tragiek is het leven ook maar armzalig. Gelukkig ben jij geen cabaretier.

Ik herinner me een feestje bij Joël, ik denk rond 1975, op de gracht. Joël en ik hebben die nacht tot zonsopgang liggen praten op een bed. Waarover? Geen idee, vast over serieuze onderwerpen, waarover we het altijd oneens waren – over kwetsbaarheid, persoonlijke ontwikkeling, karakter en originaliteit, kunst en leven, wie ben je en wie wil je worden? En meer van die dingen die je je dan afvraagt. Ik heb over dat moment in *Die zomer* geschreven; het feest dunde geruisloos om ons heen uit, de feestgangers vertrokken of crashten op een bank, en hij en ik bleven maar met elkaar praten tot het ochtend werd, en al die tijd durfden we geen van beiden een centimeter dichterbij te komen, terwijl het intussen broeide. Dat levert achteraf een mooi moment op, een bijzondere herinnering. Terwijl ik zoenen op schoolfeesten (met wie ook alweer?) allang ben vergeten.

Maar nu over slachtoffers van jouw genadeloosheid, we kennen in ieder geval één slachtoffer: Pim, god hebbe zijn ziel. Ik weet dat hij erg kwaad op je was, dat heeft hij me een keer verteld. En of dat kwam door een bepaald incident weet ik niet; hem heb je vroeger vaak 'te grazen' genomen, vooral in Zeeland, maar misschien ook wel op school. Jij kon een enorme pestkop zijn, maar omdat het zo grappig was viel het allemaal onder 'humor'. Omdat Pim een beetje een moederskindje was maar zich daar niet voor schaamde, hij het met zijn homoseksualiteit niet makkelijk had, in Zeeland van die truttige Lapse pantoffels droeg en altijd vroeg naar bed wilde, was hij een makkelijk doelwit voor jouw precisiebombardementen, zou ik nu zeggen. En dan komen we meteen een beetje in de sfeer van *The Sense of an Ending* van Barnes en ook in die van *The Secret History* van Donna Tartt: door groepsdwang werd er meegedaan aan dit leedvermaak (humor = macht). De anderen deden er een schepje bovenop met 'de vijfminutenklap', de por die hij kreeg als hij eerder ging slapen dan wij. Ik heb daar, heel braaf, niet aan meegedaan, het stuitte me tegen de borst, maar of ik het heb proberen te voorkomen betwijfel ik. Tegen het groepsgevoel in gaan ging toentertijd niemand goed af, ik deed het weleens, met het risico zelf weer gepakt te worden. Hoe lang ik zelf niet 'Er kan hier veel, hè Wanda. Maar niet álles, hè?' heb moeten aanhoren... Ik vond dat ook weer grappig. Het was allemaal niet zo zwaar bedoeld, vooral 'hbs-humor', een poging om een wat slome (maar originele en intelligente) figuur als Pim flink wakker te schudden, maar het was ook intimiderend en kwalijk. Pim heeft het zich veel meer aangetrokken dan wij vermoedden, ik denk nu: misschien omdat hij zich schaamde voor zijn achtergrond? Zijn vader was meen ik boekhouder. Ik heb me dat nooit eerder afgevraagd.

Er kwam pas wat moreel overwicht toen er meer meisjes, namelijk Margot en Wendela, bij het clubje kwamen. In ieder geval kreeg ik steun: als we met zijn allen weer in het souterrain in de Van Eeghenstraat de nacht hadden doorgehaald en de ijskast en de voorraadkast waren geplunderd en alle eieren opgebakken, stond ik eerst, als iedereen was vertrokken, alleen voor de afwas. Nu ineens sommeerden Wendela en Margot jullie jongens om mee te helpen. Dat was wel weer fijn. Maar ik vond onze nachtelijke bijeenkomsten in het souterrain zó leuk dat ik het er best voor overhad, hoor, dat alleen afwassen...

Ik herinner me het moment dat ik tegen je zei dat je er na school 'iets' mee moest doen, met jouw scherpe humor: we stonden op de schuinte naar de fietsenkelder van het Spinoza, jij met je handen in de zakken van je spijkerbroek, en je keek me een beetje ontwijkend en enigszins vermoeid aan: 'Mja, er iets mee dóén... hm... Dat zien we nog wel...'

Veel liefs,
Xx W.

Amsterdam, 28 december 2011

Lieve Wanda,

Ja, inderdaad, Pim als 'slachtoffer' was voor mij wel een eyeopener, want hoe had ik die kunnen vergeten? Dan zullen er ook wel meer zijn, kun je op de vingers van (...) natellen. Ik denk dat het bij Pim toch ook iets anders was. Behalve een slachtoffer van mij was hij toch ook een slachtoffer van zichzelf. Later was hij inderdaad vooral boos, maar een beetje op de manier waarop slachtoffers van wat dan ook zich soms vastklampen aan externe oorzaken van hun eigen frustraties. In het begin van onze vriendschap trokken we veel met elkaar op, en uit die tijd herinner ik me ook hoeveel we op elkaar leken, niet alleen in onze liefde voor muziek en boeken, maar ook in dat andere aspect: het enig kind en moederskindje zijn. Je kunt je dus afvragen: waarom werd onder vergelijkbare omstandigheden Pim Pim en ik ik? Of anders gezegd: zoals ik me vaak ergerde aan zijn tuttige aspecten, zo zal hij zich ongetwijfeld hebben geërgerd aan mijn niet-tuttige kant. In de zin van: waarom kan ik niet ook zo iemand zijn als hij?

Die groepsdwang die je aanstipt is interessant. Niet alleen in het geval van Pim maar overal en altijd. In hoeverre deed ik mijn best om grappig te zijn? Viel dat niet ook onder de groepsdwang? Ik bedoel dat je een bepaalde rol krijgt toegewezen, soms slechts gedeeltelijk door jezelf. Wanneer je niet meer aan die rol beantwoordt, lig je er ook meteen een beetje uit.

In latere jaren, toen ik minder luidruchtig werd en niet meer zo sterk de aandacht probeerde op te eisen, vroegen mensen me vaak of het wel goed met me ging wanneer ik gewoon rustig bij een gezelschap aan tafel zat. Of ik misschien ziek was?

Hoe was het in Zweden?

Liefs,
Herman

Amsterdam, 5 januari 2012

Lieve Herman,

Nog een heel goed 2012. Hoop dat Barcelona fijn was.

In Zweden werden we zaterdagochtend wakker met uitzicht op een besneeuwd landschap. Veel te veel bomen natuurlijk, geen eland te zien. Moest de hele tijd aan *Fargo* en de houtversnipperaar denken...

Ik denk dat je heel erg gelijk hebt met de rol die je in een groep voor een deel opgedrongen krijgt en waar je niet gauw van afkomt. Identiteit is in de praktijk een veel losbladiger begrip dan wordt gedacht. Ik was in verband met Pim wel benieuwd hoe jij je sarrende zelf in die tijd zag, of je die Herman van toen nu nog herkent.

Wat ik en anderen hebben gezien, is dat jouw sarcasme wegebde vanaf het moment dat Amalia in je leven kwam. Dat is een knoert van een romantisch cliché, maar het is waar. (*'Hij had het geluk gevonden, zijn leven was waardeloos geworden.'*) Openingszin van de nieuwe roman *De soundtrack van mijn leven.*

Hoewel ik minder met een soundtrack lijk te leven dan veel andere mensen, vind ik het wel leuk om te weten wat jou vroeger heeft geraakt of beziggehouden. Misschien schudt dat mijn muzikale geheugen ook op. Ik heb een keer voor dj gespeeld op het Crossing Border-festival en toen een mix van mijn favoriete popmuziek/jazz/blues samengesteld, zie onderaan.

Nogal eclectisch, maar zo is mijn smaak nu eenmaal. Ik heb nooit goed naar teksten van liedjes kunnen luisteren, misschien is dat lui, maar ik kan niet anders; het is alsof ik met een heel ander deel van mijn hersens luister of dat de ene helft de andere uitsluit. Als kind kon ik helemaal opgaan in het boek of het verhaal dat mijn moeder of mijn onderwijzer voorlas (*Brief voor de koning*, *Bram Vingerling*, *Kruimeltje*). Van strips was ik moeilijk los te weken. Maar de trip die film is, heeft me sinds mijn vroege jeugd nooit meer losgelaten. Ik begrijp ook niet goed wat iemand precies met drugs wil bereiken als dat met film ook kan.

Zou jij mij een keer jouw lijstje met favoriete liedjes en nummers willen sturen?

Veel liefs, ook voor Amalia uiteraard en poot voor Pablo in dit nieuwe jaar.

Xx W.

Dj-lijstje:

1. The Allman Brothers Band – 'Jessica'
2. Muddy Waters – 'Got My Mojo Working'
3. Miles Davis – 'Motel', 'Nuit sur les Champs-Élysées'
4. Chet Baker – 'Milestones'
5. Billie Holiday – 'I Am a Fool to Want You'
6. Diana Ross & The Supremes – 'Shake Me, Wake Me'
7. Bob Marley – 'No Woman, No Cry', 'I shot'
8. Soft Machine – 'Hope for Happiness'
9. Little Feat – 'Long Distance Love', 'Don't Bogart'
10. John Hiatt – 'Something Wild'
11. Beatles – 'Dr. Robert'
12. Beach Boys – 'God Only Knows'
13. John Lennon – 'Jealous Guy', 'Beautiful Boy'
14. Small Faces – 'Itchycoo Park', 'Lazy Sunday'
15. Doors – 'Light My Fire', 'The End'
16. Crosby, Stills & Nash – 'Woodstock'
17. Jacques Brel – 'De nuttelozen van de nacht'
18. Theo Nijland – 'Ik zag je huilen'
19. Frank Zappa – 'So Gay', 'Jewish Princess', 'In France'
20. Velvet Underground – 'I'm Waiting for the Man'
21. Tipico Santa Rosa – Nummer 3, 8, 10, 11
22. Carlos Gardel – 'Caminito'
23. Los Lobos – 'Que nadie sepa mi sufrir'
24. k.d. Lang – 'Sexuality'
25. Annie Lennox – 'Walking on Broken Glass', 'Why'
26. The Allman Brothers Band – 'Pegasus'
27. Eagles – 'Hotel California'

Amsterdam, 12 januari 2012

Lieve Wanda,

Eerst ook nog aan de late kant een heel gelukkig 2012. Barcelona was een week lang helemaal onbewolkt met terrasweer. Op zulke momenten denk je weleens... Maar, zoals de bekende Chinese wijsgeer al zei: 'Het weer, dat komt niet van buiten, dat draag je zelf mee in je hart.' Ik herinner me inderdaad dat ik in de tijd dat ik daar woonde ook wel gewoon depressief naar die eeuwige blauwe luchten zat te staren.

Ja, die soundtrack van onze middelbareschooltijd... ik heb, zoals ik je eerder schreef, er zelf een gemaakt met uitsluitend nummers die ooit een emotionele lading hadden, of daarom nog steeds hebben, wat dat betreft is hij zeer onvolledig. Maar dat vertelde ik geloof ik toen we elkaar spraken in Polder. Net zoals we er toen volgens mij achter kwamen dat we allebei niet naar teksten luisterden. Nooit. Daarom is Bob Dylan bij ons ook nooit doorgebroken (want je moet inderdaad dwars door die verschrikkelijke stem heen op zoek naar de inhoud: die ook nog al meevalt, dacht ik, ik bedoel: niet geschikt voor de Nobelprijs).

Mijn lijstje loopt grofweg van mijn zesde tot mijn dertigste, dus eerst wat mijn ouders draaiden en dan door tot begin jaren tachtig.

Ik zet het voor het gemak in die volgorde:

1. Juliette Gréco – 'Sous le ciel de Paris'
2. Yves Montand – 'Les feuilles mortes'
3. Yves Montand – 'Les grands boulevards'
4. Johnny Hallyday – 'Elle est terrible' (het eerste van eigen geld gekochte singletje)
5. Johnny Hallyday – 'Pour moi la vie va commencer' (gewonnen bij een bezoek aan de gelijknamige film)
6. The Beatles – 'I Want to Hold Your Hand'
7. The Beatles – 'Roll over Beethoven'
8. The Beatles – 'We Can Work It Out'
9. The Rolling Stones – 'It's All Over Now'
10. The Rolling Stones – 'Everybody Needs Somebody'/ 'Pain in My Heart'
11. The Pretty Things – 'I Can Never Say'
12. The Pretty Things – 'Big City'
13. The Pretty Things – 'Honey, I Need'
14. The Outsiders – 'Lying All the Time'
15. The Outsiders – 'Thinking About Today'
16. The Outsiders – 'Keep On Trying'
17. Jimi Hendrix – 'Valleys of Neptune'
18. Jimi Hendrix – 'Message To Love'
19. Soft Machine – 'Slightly All the Time'
20. Pink Floyd – 'A Saucerful of Secrets'
21. Paul McCartney – 'Monkberry Moon Delight'
22. The Rolling Stones – 'Tumbling Dice'
23. The Rolling Stones – 'Gimme Shelter'
24. Dire Straits – 'Sultans of Swing'
25. Joe Jackson – 'Is She Really Going Out with Him?'

Er zijn er nog wel meer, maar hier hebben we de jaren zeventig wel zo'n beetje verlaten. En sowieso is er natuurlijk veel meer, zoals ik er ook op jouw lijst een paar zie staan die ik weliswaar goed ken, maar die niet zo'n *emotional impact* hebben, zoals The Doors, The Allman Brothers, Miles Davis etc.

Wat mij verder het meest van ons etentje is bijgebleven, is jouw verhaal over dat je ouders niet opstonden voor het ontbijt, maar dat je dat zelf moest doen. Dat hoorde ik echt voor het eerst, of ik heb het ooit gehoord en daarna weer verdrongen. En dat je daarna zei dat wat mijn vader had gedaan ook best 'emotionele verwaarlozing' mag worden genoemd. Dat was ook helemaal voor het eerst dat ik er op die manier bij stilstond. Zoals je al zei: je accepteert op die leeftijd alles als 'normaal'. En een paar dagen later zat ik met Amalia in de auto, en die vertelde dat ze op haar vijftiende samen met haar één jaar oudere zus een appartement voor het hele gezin moest gaan zoeken, omdat haar ouders daar te onhandig/initiatiefloos/wereldvreemd/lui voor waren. Ook alle meubels hebben de twee oudste dochters samen uitgezocht, evenals al het papierwerk. 'Dat is emotionele verwaarlozing,' zei ik. Zou Pim ook emotioneel verwaarloosd zijn? Ik denk het eigenlijk niet. Misschien wel door ons, en door mij in het bijzonder, maar niet door zijn moeder. In mijn nieuwe roman zijn ze net in Terhofstede aangekomen. 'Herman waste inderdaad niet af,' luidt de eerste zin van een nieuw hoofdstuk. En, je begrijpt het al: H. is enig kind. Zoals in het spreekwoord: 'Een enig kind kan de afwas doen.'

Ik zou nu door willen kletsen, maar moet zo de trein naar Düsseldorf halen, morgenmiddag alweer terug.

Liefs,
Herman

Amsterdam, 15 januari 2012

Lieve Herman,

Ik bleef even haken aan jouw herinnering en keuze voor het nummer van Johnny Hallyday (Holiday): 'Pour moi la vie va commencer (gewonnen bij een bezoek aan de gelijknamige film)'. Heb die film even gegoogeld, hij heet *D'où viens-tu, Johnny?* en is uit 1963. Met wie ging je erheen? Voor een jongetje van tien is dat wel opvallend; de omschrijving rept namelijk van: 'Johnny, jeune musicien rêveur, a maille à partir avec un gang de revendeurs de drogue.' En hoe won je dat liedje dan?

Ik weet niet of jij als tienjarige vaak in bioscopen hing, ik in ieder geval wel. Al heel vroeg was ik *hooked*. Met dezelfde vriendjes (altijd met vriendjes, niet met vriendinnetjes, althans, daar herinner ik me niks van) ging ik heel vaak op zaterdag- of woensdagmiddag naar de film. Ook weleens met mijn oudere broers of zus naar een blockbuster als *My Fair Lady* of *The Sound of Music* en op regenachtige zondagen naar de Cineac in de Reguliersbree met mijn vader voor een exotische documentaire: *Faja Lobbi* van Herman van der Horst herinner ik me). Ik was denk ik negen toen ik met een vriendje wel vaker naar Du Midi ging en naar Rialto, City en Tuschinski. Wat later, rond mijn dertiende, ging ik ook weleens naar de bioscoop Victoria op de Sloterkade, dat was een totaal andere wereld, daar zaten jongeren uit Amsterdam-West in de zaal die flesjes onder de stoelen lieten rollen en dingen naar het doek schreeuwden, heel ad rem en geestig en intimiderend en spannend voor een best wel stoer meisje uit Oud-Zuid. Die liefde van mij voor film is nooit meer overgegaan. Het is nog steeds mijn favoriete ontsnapping.

Ik weet nog hoe opwindend het was toen ik ingeklemd tussen Eric en Diëgo, twee klasgenoten van het Spinoza (we waren veertien jaar en heftig in film geïnteresseerd), het Leidsepleintheater binnenkwam om *Easy Rider* te zien. Het was de zomer van 1969, de film was voor boven de achttien. Ik had een bontjas en hoge hakken geleend en me laten opmaken door mijn nicht Rea om er als achttien uit te zien. Arm in arm met die twee jongens, helemaal Jeanne Moreau in mijn later favoriete film *Jules et Jim*. Geweldig was het toen het lukte door de kaartjescontrole heen te komen, de eerste schreden op het pad der illegaliteit. Later, in 1975, reden Ate en ik naar het filmfestival van Cannes in zijn oude Peugeot 404.

Ik had lappen uit een oud gordijn geknipt om voor de raampjes te hangen: we hadden geen geld voor een hotel en zouden in de auto slapen. Ate had als redacteur van het filmblad *Skoop* een accreditatie als journalist en kon elke zaal in, maar ik had niets en moest die hele week lang binnensluipen vlak nadat de film was begonnen en de controleurs waren verdwenen. Behalve dat ik daar na een paar dagen een beetje paranoïde van werd, heb ik als insluiper genoten van de wereldpremière van Bertolucci's epos *Novecento*, nog nat uit het lab. Het was mijn eerste filmfestival, reteboeiend allemaal. Het puikje van de verzamelde Nederlandse filmpers (met opperpruttelaar *Volkskrant*-criticus Peter van Bueren, die wij Mopper van Bu-Eren noemden) hield zich op in Petit Carlton, het kleinste en uiteraard goedkoopste cafeetje op de Croisette, tussen het grote Carlton, Hilton enzovoorts. Slapend op de banken van de Peugeot 404, tandenpoetsend in de goot en levend van broodjes tomaat, begaven wij ons in die wereld van glitter en glamour en keken onafgebroken films, van negen uur 's ochtends tot twaalf uur in de nacht. We passeerden de *starlets* op het strand, dat waren wat verlopen topless vrouwen die hun borsten graag aan de zwermen rondhangende fotografen toonden in de hoop op eeuwige roem.

Met die emotionele verwaarlozing is het toch nog goed gekomen, misschien is het mijn goudmijn.

Het verhaal over Amalia en haar ouders is ook tekenend en klinkt nogal extreem. Maar het ontbijten zonder mijn ouders, dat heb je heus niet verdrongen (dit woord valt wel verdacht veel) maar heb ik je denk ik nooit verteld. Dat je het als emotionele verwaarlozing kon zien, kwam bij mij een jaar of twintig geleden in een gesprek naar boven. Wat kan het verfrissend zijn om je blik eens 180 graden te draaien, zodat het gezin waarin je bent opgegroeid ineens een verhaal wordt, in plaats van die koffer die je altijd met je meezeult...

Het is wel zo dat vergeleken met de huidige tijd waarin kinderen heilig zijn, ouders vroeger kinderen veel eerder zelfstandig achtten, en ze alleen naar school lieten fietsen, al vonden die kinderen dat misschien niet heel fijn, het was algemeen geaccepteerd. Niet ontbijten met je kinderen was toen nog niet strafbaar.

En nu nog een paar madeleinekoekjes. In welke hang-outs kwamen wij tijdens de middelbareschooltijd allemaal: De Pieter, De Pieterspoort, De Doffer, Paradiso, de kelder bij de AMVJ waar Nedly Elstak optrad herinner ik me ook, dat was jazz, was ik daar misschien alleen met Rogier en Mario? Shaffycafé, Schillercafé, Okshoofd, Dansen bij Jansen (of was dat later?). Overal waren feestjes. En herinner jij je dat jij en Mario je in de Bijlmer lieten knippen door mijn nicht Rea en we daar dan bleven hangen, eten en slapen? Of was jij daar niet bij? Ja toch?

Lfs,
W.

Amsterdam, 22 januari 2012

Lieve Wanda,

Ik ging naar die film met mijn moeder, op een woensdagmiddag in Rialto, negen of tien zal ik zijn geweest gezien het jaartal. In de pauze van de film (want dat kwam toen nog weleens voor, een pauze) kwam er een mevrouw het podium op voor het gordijn (dat je toen nog had), en vertelde dat er vijf epeetjes verloot gingen worden. Daarna las ze vijf stoelnummers voor (genummerde stoelen!), en ik zat op een van die vijf. Grote opwinding, hartkloppingen misschien wel, want de vijf winnaars moesten op het podium komen om de prijs in ontvangst te nemen.

Naar dit soort films ging ik met mijn moeder: zij was bijvoorbeeld degene die mij *Easy Rider* aanraadde! Evenals The Beatles trouwens, met dit soort zaken liep ze altijd op mij voor, hoewel ze The Beatles leuke jongens vond en The Pretty Things een beetje vies, zoals alle moeders. Met mijn vader ging ik dan weer vaak naar Du Midi (het is heerlijk hoe al deze dingen nu weer terugkomen, merk ik, en hoe duidelijk het nog maar weer eens blijkt hoezeer wij in dezelfde buurt en tijd zijn opgegroeid). Dat waren voornamelijk documentaires op zondagochtend: expedities naar de Noordpool etc., maar ook een keer een korte voorfilm over een jongetje dat vriendschap had gesloten met een wit paard (ergens in Zuid-Frankrijk, denk ik, de Camargue?), en dat er mannen waren die het paard kwaad wilden doen of meenemen naar een circus. Het jongetje probeerde het paard uit handen van de slechte mannen te houden, maar het paard snapte niets van de goede bedoelingen en sleurde hem aan een touw door drassig graslandschap. Deze scène, en nog meer scènes uit diezelfde film, zijn mij nog maanden blijven achtervolgen in nachtmerries waaruit ik gillend en zwetend wakker werd. In mijn eigen bed en kamer, en niet aan een touw achter een voortgalopperend paard.

Ik heb zeker tot mijn dertigste hetzelfde gehad als jij: het gevoel dat het werkelijke leven zich in de bioscopen en in films afspeelde. Na *Easy Rider* ging ik op de mobylette naar Frankrijk, maar het voelde al niet meer als een mobylette. Ook het op twee dagen na mijn achttiende behalen van het motorrijbewijs had alles met deze film te maken.

Van de cafés herinner ik me vooral De Pieter, en later om de hoek De Palm. En Rea heb ik ook niet 'verdrongen', omdat dat woord minstens één keer per brief moet voorkomen. Ik denk dat ik misschien één keer door haar ben geknipt.

Emotioneel Verwaarloosden Aller Landen, Verenigt U!

Liefs,
Herman

Amsterdam, 26 januari 2012

Lieve Herman,

Eigenlijk moeten we het over 'Gedeeltelijk Emotioneel Verwaarloosden' hebben, want iedereen heeft wel wat. Als kind weet je niet anders en neem je de werkelijkheid zoals die is. Maar afgezien van wat andere gewoontes, de oorlog en een verongelukte broer, had ik, net als jij, geen pokkenjeugd, integendeel zelfs. Laten we niet overdrijven. Maar hoe vond je het eigenlijk om als enig kind op te groeien? Dat vraag je je als enig kind vermoedelijk niet af. Je moeder of je vader en moeder moeten je beste vrienden zijn, want andere bondgenoten zijn er niet in huis. Ik kan me daar geen voorstelling van maken. Er zijn mensen die denken dat ik enig kind ben (en dat ik geen rijbewijs heb). Waarom ze dat denken weet ik niet. Het fijne van in een groot en niet onbemiddeld gezin opgroeien is dat je je er goed kan verschuilen, dat er niet de hele tijd op je gelet wordt. Je kan je gang gaan, stiekeme dingen doen, ontsnappen, kortom: een eigen leven leiden, op straat, in het park achter je huis en in je eigen kamer.

Dat de meeste moeders The Pretty Things vies vonden lijkt me wat overdreven. Ik denk dat mijn moeder in ieder geval helemaal niet van het bestaan van The Pretty Things wist (ik was ze eerlijk gezegd ook al een tijdje vergeten). Maar dat jouw moeder je belangstelling wekte voor popgroepen en films vind ik heel bijzonder. Hoe oud was ze eigenlijk toen ze overleed? Jonger dan wij nu, vermoed ik (maar mijn moeder was in 1970 ook nog maar 49). Mijn vader ging The Beatles pas leuk vinden toen er een verantwoorde klassieke orkestratie van gemaakt was ('Yesterday').

De boeiendste kant van het leven speelt zich voor mij nog steeds in films, documentaires en boeken af. Als ik niks meer kan bewegen en aan bed gekluisterd ben, hoop ik dat ik vlak voor mijn dood nog een paar goede films kan zien (wel heel lullig als je net voor je doodgaat een klotefilm ziet).

Liefs,
Wanda

Amsterdam, 1 februari 2012

Lieve Wanda,

Om met de enig kinderen te beginnen: eigenlijk heb ik dat altijd heel prettig gevonden, en door die ervaring gesterkt heb ik nooit getwijfeld om zelf ook weer een enig kind te hebben. Er zal altijd iets omheen blijven hangen van een beetje zielig en eenzaam, en natuurlijk vooral egocentrisch en verwend, maar zelf heb ik dat nooit zo ervaren. Egocentrisch kun je misschien niet 'ervaren', dat ben je of dat ben je niet, maar mijn ouders deden altijd hun best, op het krampachtige af, om mij niet te verwennen. Het werd pas een beetje ongemakkelijk toen hun huwelijk vast begon te lopen, dan heb je inderdaad, zoals je zegt, geen bondgenoten, alleen maar twee volwassenen die wanhopig proberen hun kant van de zaak zo goed mogelijk voor het voetlicht te brengen. Ik snap dus heel goed wat je bedoelt, ik had dat zelf op school, of beter gezegd met de twee middelbare scholen waar ik op zat. Het Montessori was dan het 'kleine gezin' waar er de hele tijd op je werd gelet, en het Spinoza het 'grote gezin' waar je veel makkelijker anoniem kon verdwijnen zonder te worden opgemerkt.

Tegelijkertijd ben ik altijd gefascineerd geweest door grote gezinnen, ook in films. Zo rond mijn dertigste ben ik gestopt met het filmische leven proberen te imiteren, er was inderdaad een verschil tussen de brommer- en motorreizen naar Frankrijk, Spanje en Marokko, die eerder aan een film deden denken, en mijn latere vertrek naar Barcelona, dat geen imitatie van iets of iemand anders was. Behalve misschien het idee dat schrijvers tot bloei komen in andere landen. Ik heb ook heel lang geleefd met het idee: wat zou mijn moeder hiervan gevonden hebben? Zij was 57 toen ze stierf. Dus ik dacht vaak: zou zij dit of dat goed- of afkeuren? Tot er een moment kwam waarop ik dacht: dit zou zij vast en zeker afkeuren, maar dit ben ik. Dan ben je opeens geen kind meer van je ouders, maar zet je zelf de lijnen uit. Volwassen worden is een te groot en te vaak misbruikt woord, maar daar begint het wel, denk ik: met het letterlijke verdwijnen van de ouders. Hoe heb jij dat ervaren? Als alleen een verantwoordelijkheid, of soms ook als een last? Ik zie nu nog weleens leeftijdgenoten met hun oude ouders modderen en dan denk ik: wat achterhaald allemaal, en ook: wat fijn dat ik daar tenminste al vanaf ben.

Liefs,
Herman

Amsterdam, 11 februari 2012

Lieve Herman,

Ik heb toen ik zelf kind was enig kinderen nooit zielig gevonden; opgroeien zonder een bemoeizuchtige zus of broer kan best aangenaam zijn, maar ik was wel blij om geen enig kind te zijn. Later, op vakantie in een of ander Hôtel de la Poste waar we zo'n fijn simpel menuutje aan het eten waren, zag ik dan een vader, moeder en kind met elkaar aan tafel zitten, meestal een vroegwijs kind dat zich goed gedraagt aan tafel. Of twee ouders die te nadrukkelijk hun best doen om het kind iets uit te leggen. Of een zwijgend trio, of ouders die samen een gesprek voeren en het kind dat met zijn dinky toy een parcours tussen bord, servet en glas heeft uitgezet, negeren. Ik weet niet, maar op de een of andere manier voelt dat een beetje ongemakkelijk. Dan wil ik zo'n kind redden en meesleuren omdat ik uit een gezin van zes kinderen kom met wie je steevast de macht van het getal hebt als je ergens binnenkomt. Daarbij waren we ook een nogal luidruchtige familie, dat viel in Curaçao of Italië niet zo op. In Frankrijk moesten we ons in een restaurant extra goed gedragen. Maar we gingen niet zo vaak uit eten. Alleen midden in de zomervakantie in Frankrijk, als op 25 juli mijn ouders zoveel jaar getrouwd waren ('s ochtends vroeg een veldboeket plukken, vers brood halen en gekookte eieren voor hen klaarmaken). Maar goed, in een groot gezin zijn er ook grote leeftijdsverschillen en je speelt toch het liefst met een leeftijdgenootje, zo is het ook met enig kinderen. Maar dat je weet dat er alleen op jou wordt gewacht, en dat je moeder ál haar kaarten op jou heeft gezet, lijkt me drukkend. Dat je zo dicht bij de goed- of afkeuring van je ouders zit ook, maar ik ben zelf ook niet ontkomen aan de druk van grote verwachtingen. Je moet niet alles geloven wat iemand uit een groot gezin allemaal vertelt, er zit een hoop geromantiseerde bullshit bij. Een groter gezin biedt vooral een dekmantel om je aan van alles en nog wat te onttrekken en je eigen leven te leiden.

Mijn ouders lieten ons sowieso heel vrij of ze lieten het in ieder geval niet zo merken dat ze ons in de gaten hielden. Er werd niet in je agenda gekeken. Mijn moeder zat niet om vier uur klaar met de thee als we uit school kwamen, maar ik kon aanschuiven bij 'de meisjes': de assistentes, de werkster, het dienstmeisje. Ik vond het wel prettig dat mijn ouders van alles te doen hadden. Ze hadden geen tijd om naar ouderavonden te komen of naar de 'openbare les'. Dat andere moeders kennelijk niks beters te doen hadden, vond ik heimelijk wel zielig. De mijne had het gewoon te druk, moest rekeningen schrijven en boodschappen doen, het personeel instrueren, viool studeren, naar de muziekbibliotheek en chemische stoffen voor het laboratorium maken.

Wat je vooral van broers en zussen leert, is concurrentie, je plek bevechten, aandacht opeisen van je ouders, direct geconfronteerd worden met dingen die je nog niet kent: andere muziekstijlen, strips, boeken, gedrag, gewoontes, onvoorwaardelijke liefde en bescherming. Tot de middelbare school voelde ik me volstrekt autonoom, gesterkt door de familieband, heel zeker van mijn zaakje. Toen ik op de middelbare school kwam, brokkelde dat plotseling af en stond ik er alleen voor. Er lag voor mij een ravijn tussen lagere en middelbare school. Ik begon in de eerste klas aan alles te twijfelen, zoals dat ook hoort op die leeftijd. Ik zag enig kinderen op de middelbare school die al veel zekerder in het leven stonden, of zo leek het. Misschien juist omdat ze enig kind waren? Zou zomaar kunnen.

Liefs,
Wanda

PS: Ben op blz. 170 in *Vader* van die Noor Knausgård. Ik begrijp waarom je me dat boek hebt gegeven, de overeenkomsten met jou in je middelbareschooltijd zijn soms frappant. De stijl is enerzijds oeverloos en anderzijds verslavend door de gedetailleerde beschrijving. Het lijkt of hij je op iedere bladzijde gevangenhoudt.

Maar daarover een volgende keer.

Amsterdam, 14 februari 2012

Lieve Herman,

Ik zou je nog wat schrijven over *Vader* dat je me cadeau hebt gegeven. Ik ben op een derde en ik hang tussen bewondering en verveling. Het begint ijzersterk met de passage over het hart en wat er gebeurt als het ophoudt met slaan. En daarna beland je als lezer in een Scandinavische coming-of-agefilm, zoals het briljante *Together* (*Tillsammans*) of *Fucking Åmål.* Enerzijds verslavend omdat het zo realistisch beschreven is, dan weer zijn er veel dezelfde soort passages waarin hij heel gedetailleerd schrijft hoe hij iets oppakt of openmaakt en naar boven sloft – dat zijn wat mij betreft weer wat nietszeggendere passages. Het is met een volledigheidsdrang geschreven waardoor je in een gefilmd dagboek terechtkomt, dat is er wel fascinerend aan. Maar af en toe snak ik naar een kernachtige omschrijving, een versnelling of een sprong, maar aangezien hij ook geen hoofdstukken hanteert en nauwelijks witregels, merk je dat hij je graag wil vasthouden op die pagina's (zie ook Proust). Hij geeft tussendoor indringende natuurbeschrijvingen, waaiende bomen of stuivende sneeuw, de natuur als orde, wat voor de Noren in het bijzonder geldt (mijn broer Micha woonde 25 jaar in Oslo, ben er vaak geweest).

Ik moest aan *Less Than Zero* denken, waarin ook jongeren maar wat rondhangen, weliswaar in een heel andere sfeer en met een andere achtergrond. Maar

Ellis beschrijft tussen al dat hyperrealisme door ineens zuiver surreële beelden, een auto die in de woestijn in de fik staat, of een Mexicaans meisje dat verdwaasd rondloopt, nachtmerrieachtige slow motion zoals die je in je slaap angstaanjagend echt kan achtervolgen. *Less Than Zero* vond ik om die reden erg goed.

Dat die cyclus *Mijn strijd* van de Noor uit nog vijf dikke boeken bestaat, is denk ik niet alleen om *Mein Kampf* van Adolf H. te overtreffen, maar misschien nog het meest om Proust naar de kroon te steken. En kennelijk is hem dat gezien de juichende recensies gelukt. Maar ik pak zijn boek wel steeds weer met nieuwsgierigheid op, je raakt toch bij die jongen betrokken, dat is knap. Ik ben pas op blz. 150, hij heeft net een mislukt nieuwjaarsfeestje met zijn vriend bezocht (vooral het gesleep met die blikjes bier en het verbergen ervan in de sneeuw is meesterlijk) en is nu weer thuis, maar je vraagt je af wat er eigenlijk allemaal in die pagina's daarvoor beschreven staat, maar goed, het zal zijn fascinatie en charme hebben.

Ik zag al meteen overeenkomsten met jou, zoals het verbaal tiranniseren van andere mensen op school, ze met een bepaalde ironie de baas kunnen zijn, je superioriteit tonen aan een stel slapzakken, merken dat dat een bepaalde kracht kan zijn, maar ook 'eenzaam aan de top'. Daar is Knausgård heel erg eerlijk in, het is geen Salinger-imitatie (tot nog toe), en zonder heroïek of overdrijving tekent hij de jongen die hij was. De teleurstellingen en de mislukkingen beschrijft hij net zo goed, misschien is dat het wel wat het goed maakt.

Om diezelfde reden hield ik meteen van de herontdekte boeken van Richard Yates, zoals *Revolutionary Road*, ik weet niet of je hem kent? Het laatste wat ik van hem las was *Een speciaal soort voorzienigheid* (*A Special Providence*, niet heel erg elegant vertaald). Yates is een meester in het karakteriseren van zijn personages in hun eerst luid geformuleerde en vervolgens gefnuikte ambities, hij toont ze menselijk in al hun zwakte en mislukking. Hij is hard over de waarheid en de realiteit en weet mededogen op te roepen met de vreselijkste mensen. Die manier van schrijven bewonder ik enorm. Hij condenseert vormbewust, met een enkel dialoogzinnetje tekent hij een hele wereld, dat is het vak.

Lfs,
Wanda

PS: Lees net dat de vertaalrechten van *Het diner* aan Amerika zijn verkocht. Gefeliciteerd! Echt heel bijzonder. Ik was overigens eergisteren door Mario uitgenodigd in De Kas (waar ik in tien jaar twee keer ben geweest, één keer in het begin toen we het al meteen een oplichterszaak vonden en besloten na de kaasplank waarop de kaas niet zonder leesbril te zien was en een flinke toeslag op het menu gaf, nooit meer terug te komen). Nou, het was wederom *much ado about totally zip*. Volgens ingewijden staat die kas er ook alleen maar voor de sier. Het kost € 49,50 voor een driegangendiner (één gang bestond uit zes schaafjes biet (in wel drie kleuren!) en één soeplepel linzen). De gebruikte ingrediënten kostten bij elkaar waarschijnlijk drie euro, afgezien van de eendenborst die erg lekker was. Knolselderijsoep, pompoengebakje en smakeloze ceviche waren de voorgerechten, waarbij vergeleken het repertoire van het NSB-kruidenvrouwtje Mellie Uyldert postuum een Michelinster had moeten krijgen.

Veel plezier in Z.

Lfs voor Amalia,
W

Amsterdam, 2 maart 2012

Lieve Wanda,

Het was fijn om je verslag over De Kas te lezen, het blijft natuurlijk tot in de eeuwigheid flauwekul, net zoals het montessorionderwijs ook niet opeens het licht zal zien.

Verder schrijf ik toch nog rustig door aan het nieuwe boek, er is nu wel sprake van enige kruisbestuiving met onze correspondentie. Zo heeft het waarschuwende vooraf-gesprek dat jouw ouders met je hadden over voorbehoedsmiddelen een plaatsje gevonden evenals de door Rogier van klerenhangers gemaakte leesstandaard. Alles wordt aan de ene kant 'heel herkenbaar' voor ons, maar aan de andere kant ook niet, omdat bestaande personen danig door elkaar zijn gehusseld met al hun eigenschappen, voorkeuren, ouders, talenten etc.

En het gaat ook veel over soms te leuke ouders, en ouders tegen wie je je af kunt zetten. Ook hier geldt wat mij betreft een parallel met school. Zo was het Montessori veel te 'leuk' en het Spinoza gewoon stom. Als opgroeiende puber zou ik altijd voor het laatste kiezen. Ook te leuke ouders zijn soms ballast. Of ouders die dichten, films maken of elke avond op de planken staan, zowel in het theater als thuis. Tegenwoordig zie je steeds vaker dat kinderen van dat soort ouders bij voorkeur in het buitenland gaan studeren.

Iets anders is de ballast van ouders op zich: ondanks hun onderlinge conflicten kon ik het met beide ouders goed vinden, met mijn moeder denk ik gevoelsmatig iets beter, maar toch... Maar na het choquerende besef dat je opeens helemaal alleen op de wereld bent (een arme wees uit het weeshuis), kwam er bij mij een emotie waar ik niet op had gerekend: opluchting en bevrijding. Een kind met levende ouders blijft toch altijd een kind, ook al is hij zelf al bijna zestig. Ik herinner me goed hoe ik na mijn moeders dood opeens veel meer risico's begon te nemen. Motorrijden en bijna verongelukken bijvoorbeeld. De bevrijdende gedachte was dat ik haar geen verdriet meer kon doen met mijn dood (mijn vader zou er beter tegen kunnen, dacht ik). Maar mijn moeder was bijvoorbeeld ook altijd heel uitgesproken over vrienden en vriendinnen van mij. Dus bij de eerste echte vriendin na haar dood dacht ik: deze vind jij misschien wel niet leuk. En daarna dacht ik: maar ik wel. Dat was ook bevrijdend (volwassen worden, hoe je het ook wilt noemen), dat je blijkbaar iemands goedkeuring niet meer nodig had. Mensen van mijn leeftijd met nog een of beide ouders in leven moeten dat allemaal nog meemaken, terwijl ik dat al veertig jaar achter me heb liggen. Zoiets als de terugkerende droom waarin je nog op school zit en/of weer eindexamen moet doen: veel mensen hebben die droom, ik ook. Jij? Zelf besluit ik altijd om nog tijdens de droom van school af te gaan en ook het eindexamen te laten schieten. Niet nodig. Wakker worden met een bevrijd en opgelucht gevoel, maar een nachtmerrie was het niet, omdat alles al binnen de droom is opgelost.

Liefs,
Herman

Amsterdam, 6 maart 2012

Lieve Hrmn,

Die bevrijding door de dood van ouders begrijp ik meteen. Ouders horen je van alles te verbieden, uit liefde. Dat een van beiden plotseling en veel te vroeg omvalt, hoort niet in dat scenario thuis. Als dat een dominante ouder was, is het een opluchting en ligt de weg voor je open. Mijn vader was in sommige dingen helemaal niet streng, maar in andere weer onvermurwbaar, met geen breekijzer te bewerken, autoritair, het soort vader dat onze generatie bestreed.

Maar ik voelde ontreddering toen mijn vader dood was: jij was toch de man die alles wist? De man die onze toekomst begeleidde, de pater familias, de inspirerende vader? En nu lig je hier in een kist op schragen in die naargeestige kelder van de sjoel en straks onder de zoden. Jij ontfermde je altijd met je zorg over ons. Kinderen van dode (of gescheiden) ouders waren meelijwekkend. En wat moesten wij nu? Ik was nog geen wees, zoals jij, Herman, maar toch. Het was en bleef verraad, dat doodgaan. Maar er viel onmiskenbaar ook een druk van de familie af. Of leeftijdgenoten die nu hun ouders verliezen ook datzelfde bevrijdende gevoel zullen hebben, betwijfel ik. De bevrijding die wij zo vroeg hebben ervaren, dat je leven plots los van het vliegtuigmoederschip schiet, die ervaren zij niet meer zo, vermoed ik. Het hoorde toen bij de tijd en bij onze leeftijd. Want niet lang na die euforische tijd deden zich andere benauwenissen voor. Last van angsten, aanvallen van eenzaamheid en de ervaring dat je het leven niet helemaal de baas bent, zoals je in je overmoed dacht...

Ik heb me er in onze middelbareschooltijd niet mee beziggehouden dat de ouders van onze vrienden allemaal kunstzinnige of medische beroepen hadden. Dichteres, grafisch ontwerper, acteur, tandarts, psycholoog, gynaecoloog, huisarts, jouw vader directeur van een uitgeverij en de mijne internist (wat de vader van Pim en van Rogier deden, weet ik nóg niet). Kennelijk was dat het bevoorrechte milieu waar wij uit kwamen, dat voelde je wel maar je realiseerde het je niet zo omdat je je vanwege je eigen belangen afzette tegen je ouders. Jij beschreef in *Montanelli* de verwendheid in jouw (Beethoven) buurt, dat milieu, maar ook de zogenaamde eenvoud en puurheid van kunstenaars moest het ontgelden, die waren weer aanstellerig en ijdel. Ik moest erg lachen om jouw kenschetsen van die verwende dames uit de Beethovenbuurt. Volgens mij bedoelde je de joodse dames die de oorlog hadden overleefd en zich een onuitstaanbaar air van je-maakt-mij-nooit-meer-wat hadden aangemeten. Het was ook vaak een slag vrouwen uit het vroegere Berlijnse zakenmilieu en die waren dat zo gewend, oorlog of niet. Zeker waren enkelen van die oudere vrouwen een beetje gaga uit de kampen teruggekeerd en troostten zich met dat halve onsje rosbief in de opzichtig gestifte mond. Ik weet wel wat jij gezien hebt in je jeugd, die buurt was vergeven van dat soort dames, pure tragiek. Maar voor een jongen van vijftien is zoiets natuurlijk volkomen belachelijk, zo'n kakkip in haar nertsjas met dat rinkelende goud. Heel begrijpelijk.

Met onze manier van kleden in die tijd had mijn vader grote moeite, met name had hij iets tegen die tweedehandsmentaliteit: rafelige kleding en aftandse meubels van het Waterlooplein, want wij waren tegen de consumptiemaatschappij (maar we deden volgens mij wat iedereen van onze leeftijd deed, het was niet zozeer ideologie als wel mode), nieuwe spullen verwierpen we als burgerlijk en lelijk. We vonden onszelf enorm artistiek, zoals iedereen die een gitaar of een fluit bezat dacht dat hij minstens Jimmy Page of Bob Dylan was. Mijn moeder vond het allemaal wel gezellig en rebelleerde lekker met ons mee, maar mijn vader kon het niet uitstaan dat we in alle materiële welvaart ervoor kozen om er als zwervers in tafelkleden uit te zien of ons terugtrokken in een huisje met alleen een houtkachel. Mijn moeder naaide van worteldoeken of batik een hippiejasje voor me.

Liefs,
Wanda

Amsterdam, 8 maart 2012

Lieve Wanda,

Ja, die hele tweedehandscultuur waar jouw vader zich aan ergerde, bestaat ook echt alleen in Nederland. Ik bedoel: in arme landen moet het, dat is iets anders, maar in bijvoorbeeld Spanje vinden ze het uiterst vreemd dat iemand met een vaste baan een tweedehandsauto koopt (laat staan tweedehandskleren). Natuurlijk is in een land als Spanje status weer veel belangrijker dan hier, dat wil zeggen: status ontleend aan geld, en dat je laat zien dat je het hebt (schone kleren, nieuwe auto). Ik weet nooit goed waar ik meer sympathie voor voel, want het feit dat je er hier bij kunt lopen zoals je wilt, heeft

Wanda, 1973

toch ook iets democratisch. In Nederland wordt er meer waarde gehecht aan status ontleend aan wat je doet: acteur, politicus, schrijver, talkshowpresentator. Vroeger hadden beroepen als huis- en tandarts nog enige status, maar dat is voorgoed voorbij. Misschien nog in een klein dorp (Westwoud), maar niet in Amsterdam. Tegelijkertijd kleeft er ook iets heel irritants aan nagespeelde armoede: vroeger de hippies met hun ongewassen en altijd verkouden kinderen, vandaag de dag de Occupy-beweging.

Opluchting bij het veel te laat overlijden van ouders bestaat inderdaad niet, denk ik ook. Eerder het gevoel: nu ben ik de volgende. Dat gevoel heb je niet wanneer je net twintig bent. Je krijgt er soms hartkloppingen en paniekaanvallen voor terug, maar dat hoort bij het volwassenwordingsproces, zoiets als opgroeien tijdens de oorlog, maar dan zonder bombardementen en schuilkelders.

Ons kringetje ging ernstig gebukt onder een 'leuke ouders-overschot'. De vader van Pim deed iets op een kantoor van een textielbedrijf, staat me bij, dat kantoor stond ergens bij het Slotervaart Ziekenhuis. Begrijpelijk dat je dat niet onthouden hebt, ik vraag me ook af of het wel echt waar is.

Die Knausgård is inderdaad wijdlopig, ik heb hem inmiddels alweer een tijdje geleden helemaal uit, en was toen ook wel opgelucht: zo, nu weer even iets heel anders. Tegelijkertijd vond ik er genoeg fascinerende dingen in zitten om toch te blijven lezen. Hij beschrijft alles zeer gedetailleerd: elk kopje en schoteltje wordt afgewassen, maar daardoor komen de gevoelde emoties soms ook harder aan. Het fascinerendste is eigenlijk het tweede deel (van dit boek) waarin hij samen met zijn broer het huis gaat opruimen waar zijn vader is gestorven. Het leukste vond ik zelf inderdaad zijn puberverhalen uit het eerste deel. In interviews heeft hij verklaard zeer snel te schrijven, juist om zo te proberen iets uit zijn onderbewuste naar boven te halen wat met te veel nadenken misschien niet zou lukken. Een van die vijf delen van vijfhonderd pagina's heeft hij in twee maanden geschreven. Of hij daarna ook weer wat had moeten schrappen... ik geef hem nog even het voordeel van de twijfel. Er staan op YouTube een paar mooie interviews met hem, o.a. een heel lange hier in Amsterdam. Wel een echt sympathieke man, vond ik. Maar de familie en de vriendenkring heeft hem al die openhartigheid natuurlijk niet in dank afgenomen. Van Richard Yates heb ik twee boeken gelezen: het welbekende *Revolutionary Road* (ook goed als film, vond ik) en *Disturbing the Peace*, dat ik misschien nog wel beter vond. Dat kan ik jou dan weer een keer geven, ik weet niet of het is vertaald.

Zelf hou ik toch ook het meest van boeken met niet te lange hoofdstukken, niet al die lappen tekst. Wat dat betreft is ook *The Art of Fielding* van Chad Harbach een verademing in hoofdstuk-luchtigheid (een stuk of negentig over vijfhonderd pagina's). En ook een erg goed boek.

Mijn nieuwe roman wordt ook een beetje (te?) dik, denk ik. Het zijn onderwerpen waar je het liefst wat langer in wilt blijven rondhangen, dikte op zich mag nooit een doel zijn, vind ik, het gaat me meer om het uitsmeren van de tijd. Maar er zijn inderdaad onevenredig veel dikke boeken waarvan je denkt: hier had best wat uit gemogen.

Liefs,
Herman

Amsterdam, 10 maart 2012

Lieve Herman,

Ik heb net *Vader* van Knausgård uit. Het blijft merkwaardig met dikke boeken: je worstelt je door saaie passages heen (die over de schilderijen vond ik een hoop gelul). Maar zodra het weer over vroeger gaat en over die vader van hem (over wie hij tot blz. 254 weinig loslaat), en over de dood van zijn vader, dan grijpt hij je meteen. Hij heeft wel de neiging om veel te gedetailleerd te schrijven, bijvoorbeeld dat de hoofdpersoon een zakje thee in een kopje laat zakken, het zakje aan het touwtje op en neer trekt en het vervolgens met een pets in de gootsteen laat neerkomen, dat geeft totaal geen meerwaarde aan de situatie of het personage. Het betekent alleen vertraging van het beeld en van de tijd. Dat soort inserts werkt in een film weleens, maar ik vind het in een roman nogal amateuristisch (en ergerlijk) om doodnormale dingen zo te beschrijven, de schrijver krijgt er zo geen leven in. Het is een truc of hij is bang dat we het niet voor ons zien. Daardoor voel ik me een beetje als een debiel behandeld. Of verveeld. Hoe je een theezakje uitknijpt weet iedereen wel. Hoewel alles rond de jongen die hij was en de vader die hij had intrigeert en hij op zijn Antonioni's in plaats van een pauze met een witregel te markeren de bomen laat waaien of de sneeuw beschrijft (wat ik wel weer heel mooi vind als cesuur), bezondigt hij zich in het heden (waarin hij voornamelijk uit het raam staart omdat hij een roman wil schrijven) aan quasi-intellectueel gelul op een laag pitje, dat vind ik jammer en onnodig.

Een boek moet zijn dikte rechtvaardigen. Een speelfilm duurde (vroegâh) anderhalf uur. Omdat er geen celluloid meer te verkwisten valt, duren veel films tegenwoordig ongerechtvaardigd twee uur of langer. Op een paar meesterwerken na vind ik heel veel boeken veel te dik.

Een dik boek dat mijns inziens zijn lengte rechtvaardigt is (na Prousts *Recherche*, en *Anna Karenina*) *Kalme chaos* van Veronesi. De cadans van het wit tussen de hoofdstukken en zijn losse manier van schrijven roepen veel eigen verbeelding op, zodat je erin getrokken wordt. Of zou bij Knausgård die vertraging en detaillering zo werken, dat je telkens blij verrast bent met de stukken over vader-zoonverhouding? Ik hield wel een drang tot doorlezen, maar hij moet niet interessant lopen doen. Dan haak ik af. Het verhaal van je eigen leven kan boeiend genoeg blijken te zijn (daarom is hij denk ik zo populair: ieders leven, hoe saai ook, kan een dik boek waardig zijn, zegt hij in feite), maar de vaas waarin al die lijnen samenkomen, moet de vertelling wel bij elkaar houden. Er moet evenwicht zijn, bij een te wijde vaas gaat de boel hangen, bij een te nauwe wordt het proppen. Vaas en bloemen in verhouding brengen is nog een hele kunst. Toen ik het boek dichtsloeg, vond ik het al met al een beetje een lege huls. Waar, vroeg ik me af, heb ik me nou precies doorheen geworsteld? Door een berg schijnbaar realisme. Alsof je iemands dagboek doorgeploegd hebt waarin weinig opzienbarends stond (ja, je weet het, het leven is meestal niet spectaculair of diepzinnig). Maar wie die vader *werkelijk* voor hem was, wie de moeder, de broer, wat ze voor hem betekenden, daarover blijft hij me te veel op de vlakte.

Liefs,
W

PS: Ik ben uitgenodigd voor een avondje joodse leesclub op de Koningslaan, met o.a. mevrouw Heertje en mevrouw Eliel, jij zat toch met een zoon van haar op school? Zal ik de groeten doen?

Amsterdam, 14 maart 2012

Lieve Wanda,

Gran Canaria was heerlijk, één wolk gezien maar die koos snel het hazenpad. Visrestaurant in haven Puerto de Mogán is bezocht en helemaal goedgekeurd.

En inderdaad: ik was op de lagere school bevriend met Eric Eliel, ik mocht als achtjarige aanzitten bij hun sabbatvieringen waar uit de Thora werd gelezen, en waar ik in mijn herinnering ook een glas rode wijn te drinken kreeg. Ik vond die rituelen geweldig, en heb toen bij mijn ouders geïnformeerd hoe ik me aan moest melden. Later ook Erics bar mitswa bijgewoond, en opnieuw dat gevoel: waarom heb ik dit niet?

Mevrouw Eliel is een lieve vrouw, ik heb haar een jaar of acht geleden nog een keer ontmoet toen ik bij boekhandel Van Rossum de presentatie deed van een fotoboek met vrouwen uit 'de buurt' (Zuid, Beethovenstraat).

Was mevrouw Samson ook lid van de boekenclub? En mevrouw Weisz? Mevrouw Engelsman? Mevrouw Koster? Met hun zonen, Michael, Edward, Salo en Mark (niet dé Mark Koster overigens), en Eric natuurlijk, vormden wij jarenlang een vriendenclub op de lagere school naast het Hilton (toen nog in aanbouw). Een aantal van die moeders was toen ook bij de boekpresentatie in de Beethovenstraat, dus ik dacht: je weet maar nooit...

Mario Montessori en ik waren de enigen in dat clubje die geen bar mitswa mochten doen.

Ik ga voor het derde achtereenvolgende jaar niet naar het Bal, dat bevalt goed.

Liefs,
Herman

Amsterdam, 16 maart 2012

Lieve Herman,

Je herinnering bedriegt je niet: een beker rode wijn zal je interesse in alcohol hebben gewekt als achtjarige (wij hadden Carmel-wijn, koosjer en zo zoet, niet te zuipen).

Mevrouw Eliel begon helemaal te stralen toen ze over jou sprak: je hebt een heel bijzondere opdracht voor haar in dat boek geschreven. Die andere dames heb ik geloof ik niet ontmoet, wel mevrouw Heertje, de moeder van Raoul.

Jarenlang ben ik elke schooldag langs het gebouwtje van de Montessorischool gekomen, in de auto, en elke week toen ik noten leerde lezen op het Muzieklyceum daarachter. Dus ook al vóór de middelbare school kruisten onze wegen elkaar zonder dat we dat wisten. Ik heb op proustiaanse wijze vooral herinnering aan het geluid van de autobanden als we van het asfalt van de Cornelis Schuytstraat/Breitnerstraat op de klinkers van de Apollolaan overgingen: een zuigend geluid dat mij gelukkig maakte. De Apollolaan mocht dan een laan met chique huizen zijn, het dichte bladerdek over de laan maakte het daar wel heel donker, om pas bij het Van Heutsz-monument weer het licht te zien, langs de sintelbaan van het Olympiaplein (waar ik 's winters op de opgespoten ijsbaan weleens schaatste als ik uit school kwam), de Parnassusweg op naar de Prinses Irenestraat waar ik op de Tweede Openluchtschool zat.

Liefs,
Wanda

Amsterdam, 25 maart 2012

Lieve Herman,

Ik heb een slecht oriëntatiegevoel voor tijdperken. Ik herinner me dat er ooit sprake was van een correspondentie tussen jou en Ate, dat er één brief is verstuurd en dat jij of hij het toen voor gezien hield. We woonden toen nog in de Tollensstraat, dus het was ergens tussen 1975 en 1978. Ate en ik waren van 1975 tot voorjaar 1984 bij elkaar. Het contact tussen jullie per brief was te geforceerd en te kunstmatig, geloof ik.

Ik waag op dit moment een poging om mijn boekenkast uit te dunnen, wat tegelijk een manier is om in mijn hoofd boeken en tijdperken op orde te krijgen. Wim bouwt een nieuwe boekenkast met glasplanken voor me, dat wordt een trofeekast met licht erachter met zowel mijn lievelingsboeken, als glaswerk, vazen en beeldjes erin. Maar het is duidelijk een poging om mijn harde schijf op te ruimen. Ik merk dat ik lichter wil worden, ballast wil afschudden, daartoe moet mijn werkkamer worden opgeruimd en ontdaan van mappen en schoenendozen met losse teksten en knipsels, mogelijke ideeën voor boeken en stukken waar ik waarschijnlijk nooit meer naar omkijk. Jij gaat straks verhuizen en dan vindt dat opschudden en schoon schip maken vanzelf plaats. Ik ben na de middelbare school gemiddeld elke zeven jaar verhuisd. Ik woon nu al achttien jaar op dezelfde plek en dan stoft de boel dicht. En ik blijf meer boeken kopen dan ik kan lezen. Bewonderenswaardig van jou vind ik dat jij altijd de nieuwste boeken al achter de kiezen hebt, terwijl die bij mij vaak een half tot twee jaar blijven liggen. Ik heb het idee dat jij een bepaalde truc hebt waardoor je heel snel kunt lezen, kan je die eens voordoen?

Jij hebt altijd veel gelezen. Ook meerdere kranten en tijdschriften lijk je wekelijks bij te houden, misschien blader je er alleen in, ik weet het niet. Mijn interesse in Murakami was vrij vroeg gewekt, voordat het zo'n hype werd, maar jij had er toen al twee in het Engels gelezen. Vroeger stond bij jullie thuis, als ik het me goed herinner, een vierkante salontafel vol met nieuwe boeken: de nieuwste Privé-domeindelen en ander spul, jouw vader zat toch bij de directie van De Arbeiderspers? Door hem/jou gingen we allemaal aan Paustovski's *Verre jaren*.

Je vader en jij ontmoetten elkaar later af en toe in café De Engelse Reet, ik herinner me ineens dat je me dat vertelde. Verder was er de periode dat jij en Dirk in Laren helemaal *into* Nietzsche waren en in die tijd ging alles aan de hand van snelstromende rivieren, bootjes en schipbreuk à la het Polygoonjournaal: 'Zoals een schipbreukeling zich vastklampt aan het laatste wrakhout, zo schoven de twee gezworen vrienden gisteravond de voedzame pizza naar binnen.'

Nu we die tijd terughalen, begint alles meer en meer op een roman van mijn zo geliefde Patrick Modiano te lijken, waarin hij zich altijd, meestal door een klein voorval in de werkelijkheid, met losse puzzelstukjes herinnering geconfronteerd ziet, en hem een vroeger leven begint te dagen: hoe zijn leven had kúnnen zijn als hij die en die dag dat en dat besluit had genomen, die en die straat níét was ingeslagen, of wél met dat ene meisje was meegegaan...

Xxx Lfs,
Wanda

Amsterdam, 3 april 2012

Lieve Wanda,

En dan nu terug naar Modiano-*country*: verdomd, die mislukte poging tot briefwisseling met Ate, helemaal vergeten. Inderdaad te geforceerd, denk ik ook. Jullie huis daarentegen herinner ik me weer wel goed, al zou ik de portiek nu waarschijnlijk niet meer kunnen aanwijzen. Ik ben redelijk met jaartallen, maar die periode weet ik niet zo nauw meer, wanneer precies... In 1972 deed ik eindexamen, dat weet ik dan weer wel. En wij zagen elkaar weer veel toen jij op die mooie zolder op de Keizersgracht woonde en ik in de Weteringstraat. Dat moet omstreeks 1984 zijn geweest.

Grappig dat jij denkt dat ik zo snel lees. Ik lees juist langzaam, heb vaak de grootste moeite om boeken uit te krijgen. Bij elkaar wekt het misschien de indruk dat ik alles bijhoud, maar dat valt reuze mee. Kranten en tijdschriften blader ik steeds sneller door, of helemaal niet meer, en ik heb nooit meer het gevoel dat ik misschien iets mis. En ja, ook ik wilde gaan uitdunnen. Ik dacht opeens: straks met verhuizen ga ik die boeken niet meer allemaal meenemen. Alleen wat je nog graag wilt doorbladeren, de rest mag naar het antiquariaat/tweedehandswinkel. Het schijnt dat je iemand kunt bellen en die komt het dan allemaal bij je thuis ophalen.

Een andere goede tip qua uitdunnen: een boek uitlenen en het niet meer terug willen. Dat is eigenlijk raar, bedenk ik nu, want boeken die je aan vrienden uitleent, vind je meestal goed, goed genoeg om niet van ze af te willen in elk geval.

Leuk dat je dat onthouden hebt, mijn vader en ik in, inderdaad, De Engelse Reet. Hij keek er altijd ondeugend bij als hij de naam van dat café uitsprak. We gingen ook wel naar Ouderkerk om daar in een café aan de Amstel te schaken. Op een middag zijn we daar toen ook het graf gaan uitzoeken waar hij nog steeds begraven ligt. Na zijn begrafenis ben ik er nooit meer geweest tot... 18 december 2008. Hij is in 1978 op 18 december overleden, dus als symbolische actie, exact dertig jaar later, ben ik er toen heen gehold, langs de Amstel. Ik vond het graf binnen een minuut, dat dan weer wel. En ik heb daar toen een kort toespraakje gehouden, waarvan ik de inhoud nog even voor me wil houden: meer dan een toespraakje was het een samenvatting in twee minuten van wat er die afgelopen dertig jaar allemaal was gebeurd.

Lieve Wanda, je hebt veel meer aangeroerd waar ik nog op wil reageren, maar ik moet nu onder de douche.

Tot snel,

Liefs,
Herman

Amsterdam, 4 april 2012

Lieve Wanda,

Oké, we reizen door de tijd heen. Met Dirk in Laren... Dat was 1976-1977. Ik kwam toen uit de verreweg Donkerste Periode, te weten de anderhalf jaar in de Tichelstraat, daar heb ik alleen maar slechte herinneringen aan. Mijn eerste huis/kamer alleen, na de anderhalf jaar daarvoor in het Flevopark. Ik begon nog wel optimistisch, Mario hielp me met het schilderen van De Doos, een kamer als een kubus, met een te hoog plafond in verhouding tot het oppervlak. Er was geen douche, ik ging weleens douchen bij de dochter van een vriendin van mijn moeder, ik wist niet of ik iets met haar wilde proberen, en ik wist al helemaal niet hoe zij erover dacht. Ik schatte mezelf behoorlijk laag in in die tijd: wat zou een meisje hier nou aan moeten vinden? zo dacht ik over mezelf, en dat had alles te maken met de licht depressieve algemene gemoedstoestand in De Doos. Ik moest altijd door het kantoortje van dat architectenbureau heen, en daar was ook de kraan en de enige kookplaat, en die architect werkte ook vaak 's avonds en in het weekend door, dus minder dan nul privacy. Ik studeerde in die tijd half en half geschiedenis en als baantje was ik voornamelijk nachtwaker op bedrijventerreinen en in fietsenstallingen. In die bouwketen of donkere hokken nam ik dan een schriftje mee met het romantische idee: in de beginjaren werkte de auteur voornamelijk

’s nachts. Maar ik kwam daar echt tot helemaal niets, ’s ochtends haalde ik haringen en brood op de Westermarkt en kroop dan met de krant in bed.

Mario had mij ook geholpen met het aan de muur bevestigen van boekenplanken en op een ochtend/nacht werd ik wakker door boeken die op mijn hoofd vielen: alle bovenste planken helden over boven mijn hoofd, als een afbrokkelende rots boven een dorp, en ik kon nog net wegkomen voordat alles naar beneden kwam. (Twee jaar achter elkaar was ik met mijn ouders op vakantie in een dorpje aan de Dordogne, waar een jaar eerder zo’n heel rotsblok naar beneden was gekomen en twee gezinnen had verpletterd, vandaar dat ik daar het eerst aan moest denken.) Er was ook geen schoorsteen in De Doos, de kachel ging op petroleum en de damp en stank verzamelden zich onder het plafond. Ik kocht mijn eerste eigen fles whisky en haalde uiteindelijk elke dag eten bij een chinees.

Wat ik me ook nog herinner: op een middag typte ik een heel verhaal van Tsjechov over, omdat ik bij een andere schrijver (ik denk Hemingway) had gelezen dat dit een goede methode was om jezelf schrijven te leren: het letterlijk navoelen van het ritme van de zinnen, zoiets. Het klinkt misschien erger dan het was, ik heb het uiteindelijk bij die ene middag gelaten, maar ik doe het nog steeds als remedie wanneer ik vastzit bij eigen werk: niet herschrijven of verbeteren, maar een heel hoofdstuk of hele lappen tekst wissen en ze vanaf de print zin voor zin opnieuw opschrijven. Dat soort werk zijn we kwijtgeraakt door de computer, want *Montanelli* moest ik ook elke keer helemaal opnieuw typen op de schrijfmachine, en het verbeteren van een slechte zin kon je niet uitstellen, want anders kon je niet door.

Later sprak ik een meisje dat graag anoniem wil blijven, en zij zei: 'Jij woonde toen in de Tichelstraat, ik wist precies waar, op een avond heb ik op je raam willen kloppen, maar op het laatst durfde ik niet.'

Na De Doos was Laren het einde van de Donkerste Periode en een Nieuw Begin. Daarover volgende keer, of later, of nog niet.

Liefs,
Herman

Amsterdam, 6 april 2012

Lieve Herman,

'Studio A4,' zei het antwoordapparaat en dan moest je heel lang 'Herman!! Neem op!' in de hoorn roepen. Jazeker kwam ik weleens langs in de Tichelstraat. Ik herinner me die hoge, atelierachtige ruimte nog goed, maar over onze depressies spraken we niet. Ik studeerde geschiedenis dat jaar; in mijn overvolle eerste jaar (honderd studenten) zaten o.a. Mai Spijkers en Hubert Smeets en ook de veel oudere Adriaan Venema, die met gedoofde pijp in zijn mond in de voorste collegebanken zat. Ik volgde de colleges, maar vond dat we veel te weinig hedendaagse geschiedenis kregen. Dus toen ik na een jaar zakte voor het tentamen statistiek vanwege mijn wiskundedeuk en mijn onwil om strikt logisch te denken, en ik een mededeling aangeplakt zag: 'Colloquium doctum Inpoldering en bedijking van de Alblasserwaard in de 17ᵉ eeuw', wist ik zeker dat ik verkeerd zat en meldde ik me bij de Theaterschool om toneelregisseur te worden.

We spraken af in cafés, in De Pels, nooit met zijn tweeën maar met de anderen erbij. Ik weet dat niet meer zo precies. Iedereen was toch meer in de weer met zijn of haar vaste verkering. We zagen elkaar in die tijd wel op feestjes. Met zijn allen zijn we eens – maar dat was nog in de Spinozatijd, meen ik – naar Neerlands Hoop In Bange Dagen of Neerlands Hoop Express geweest in het Nieuwe de la Mar Theater, wat toch een beetje *square* was in zo'n bonbondoos. Bram & Freek sloten aan op onze tijdgeest en ook op ons gevoel voor humor: scherp en hard. Express was rond 1973/1975. Op Google vond ik een kritiek van Anton Koolhaas die toen recensies in *Vrij Nederland* schreef: 'Hard en infantiel', dat zal voor ons een aanbeveling geweest zijn.

Maar verder over de Donkerste Periode. Ik wil nu toch wel graag wat meer over die periode van jou te weten komen, iets wat toen eigenlijk een beetje aan mij voorbij is gegaan. Jij had je humorschild, waardoor er een scherm tussen ons in stond en ik durfde zeker niet door dat pantser heen te breken. Ik lees op dit moment *The Journals* van John Cheever en word diep geraakt door de innerlijke monoloog die hij voert. Daarin spreekt hij genadeloos met zichzelf en beschouwt hij de wereld om zich heen in eenzelfde genadeloze vorm die je makkelijk voor diepe eenzaamheid kunt houden, maar die voor hem als schrijver zijn raison d'être is. Cheever schreef vier miljoen woorden dagboek, daar zijn *The Journals* een distillaat van. Hij was gelovig, biseksueel, alcoholist en leidde een dubbelleven, misschien wel een driedubbelleven, vanbinnen en vanbuiten, en er komen ook dromen in voor en aantekeningen voor zijn vele korte verhalen. Je leest een geweldige worsteling en het bewijst hoe belangrijk het schrijven aan zijn dagboek was. Bij Voskuil waren zijn dagboekaantekeningen ook van levensbelang. Zonder die dagboeken en de cyclus die hij erover schreef, zou hij zijn leven waarschijnlijk als mislukt hebben beschouwd.

Maar terug naar de Tichelstraat. Mario herinnerde zich die voor jou wat depressieve tijd heel goed. Je hebt ook nog een korte tijd bij hem op de Looiersgracht gewoond, vertelde hij laatst nog. Bij Joël thuis was er, stel ik me zo voor, toch een soort gezin voor je en Joël was je beste vriend, je had daar in ieder geval een plek, die je door je eigen vader niet werd geboden. Vandaar die emotionele verwaarlozing waar we het eerder over hadden. Of het egoïsme. Je vader heeft zich in ieder geval op een niet zo nette manier van zijn vaderrol gekweten, *pardon my French*.

Je kunt het een psychologisch abc'tje noemen, maar het is wel heel duidelijk waarom op je achttiende die periode na de dood van je moeder zo donker was: je vader keek niet echt naar je om als je hem nodig had. Degene die je met je pijlen had moeten treffen, was je vader en het portret dat je in *Montanelli* van hem hebt geschetst, is de meest liefdevolle wraak geweest.

Interessant is dat je het heel donkere van die periode de Donkere Periode noemt en ook tamelijk zwart omschrijft, maar dat je je terugkijkend *licht*depressief noemt. Dat vind ik wel kenmerkend voor je.

Wat me terugbrengt bij Mario. Jullie zijn in sommige opzichten misschien wel vergelijkbaar, in het enig kind zijn en het hebben van egoïstische vaders bijvoorbeeld, en in het bezigen van ironische en sarcastische humor. Ironie is bij emoties een tweesnijdend zwaard, scherp én verraderlijk, omdat ze gevoelens op een humoristische manier verhult en tegelijk bevrijdend relativeert, iets waar iedereen in wanhoop naar snakt. Maar ironie is ook de vlakmaker en trekt soms een al te onverschillig gezicht waar je als je weer alleen bent nog eenzamer van wordt. Na de *high* van de scherpe observatie volgt later de *low* van de waarheid, die zich als een trage gootsteenontstopper door alle drab heen vreet. Ironie is de zegen en de vloek van de sixties en seventies geweest en de familie Van het Reve heeft daar briljant aan bijgedragen (alles 'zogenaamd'). Pas op de Weteringstraat spraken we veel persoonlijker met elkaar, het ging allemaal vanzelf omdat wij ons alle twee meer openstelden. Toen jij eruit was, brak net míjn Donkerste Periode aan, de tijd dat ik laat wakker werd en meteen zin had om de fles cognac aan de mond te zetten. Daarover later meer.

Liefs,
Wanda

Amsterdam, 9 april 2012

Lieve Wanda,

Het interessante aan alle Donkere Periodes is, zoals je zelf ook al aangeeft, het moment dat je ze hebt afgerond, of veel vaker nog: op zekere dag, veel later meestal, besef je dat de bewuste periode ineens ver achter je ligt. Van de middeleeuwen ben je ongemerkt in de renaissance terechtgekomen. Ik denk dat ik *licht*depressief gebruik, omdat het precies benoemt wat het was. Een 'zware depressie' heb ik nooit gehad, ik heb weleens, weer veel later in Londen, een tijdlang gedacht dat ik gek werd. Dat was midden in een periode van hartkloppingen, hyperventilatie etc. (zie ook: Mario). Achteraf denk ik dat de hyperventilatie eigenlijk de verwerking van het voorafgaande betekende. Eerst zijn het alleen nog de symptomen, maar ik realiseerde me al snel dat er iets aan de hand was, dat ik echt iets moest gaan doen, ook al wist ik nog niet meteen wat. De periode in de Tichelstraat heb ik geloof ik redelijk samengevat in het verhaal 'Geen agenda', dat nu weer, opnieuw, in de net uitgekomen verzamelbundel *Korte geschiedenis van het bedrog* staat, de Londense periode wordt behandeld in *Eindelijk oorlog*.

Mijn toenmalige huisarts vatte alles een keer voor mij samen door te zeggen dat het 'niet niks' was wat ik aan onverwerkt (verwaarloosd) verleden met me meedroeg en dat ik hem altijd kon bellen, ook midden in de nacht of om vijf uur 's ochtends, wat ik ook echt een keer of drie heb gedaan. Daarnaast opperde hij het idee om een andere huisarts te nemen, omdat hij me misschien te veel aan dat verleden herinnerde. Dat vond ik echt goed van hem bedacht, maar ik heb zijn advies niet opgevolgd, ik ben hem blijven lastigvallen, tot het opeens 'over' was.

Nog iets anders: jij schrijft dat je bij het begin van jouw Donkere Periode zin had om 's ochtends al de cognac te pakken. Mijn huisarts was er zo een die zei dat dat nog helemaal niet zo'n slecht idee was. Ik had hem een keer wakker gebeld met de vraag of ik na een halve fles Ballantine's nog wel een valium 5 in kon nemen (dit was vanuit de Weteringstraat), en hij antwoordde: 'Dat zou ik zeker doen, moet je eens kijken hoe lekker je je straks voelt.' Misschien hadden we dus toch samen moeten gaan drinken, want het viel blijkbaar meer met elkaar samen in tijd dan we ons destijds realiseerden. Vandaag de dag begroet ik de lichte depressie, de verveling en de eenzaamheid (alleen op buitenlandse reizen soms nog, want in een gezin is daar geen plaats voor) als oude vrienden aan wie je vaak meer hebt dan aan werklust, tomeloze energie en een tot de nok gevulde agenda met eetafspraken. Ook ga ik nog altijd (een overblijfsel uit die tijd) snel een winkel/warenhuis uit wanneer ik natte handpalmen krijg, en wacht niet zoals destijds tot het te laat is. Twee jaar geleden was ik een paar dagen in Venetië: het was er warm, de boten zaten overvol met mensen met koffers, en overal stonden lange rijen wachtenden... Het kwam weer allemaal terug, maar nu alleen nog als herinnering, dat heet in de psychiatrie waarschijnlijk dat het 'hanteerbaar' is geworden: je blijft normaal doen, gaat op een terras zitten en bestelt een biertje, ongeveer zoals je in een vliegtuig je riem omgespt en net doet of een eindje boven de wolken vliegen normaal is, dat je daar je hand niet voor omdraait, maar ondertussen let je goed op wanneer ze met het karretje langskomen. Dit heet in de psychiatrie dan waarschijnlijk weer 'hanteerbare vliegangst'. Zoals het hele leven uiteindelijk psychisch is, gaat het altijd om die hanteerbaarheid, denk ik. Zo had ik toen geen Donkere Periode bij jou vermoed op die zolder, ik herinner me juist hoe licht en ruim het daar was, en ik denk dat ik jou (en je gemoedstoestand) direct met die ruimte en lichtheid associeerde. Terwijl ik zelf te klein en te hoog woonde (ook psychisch gesproken).

Liefs van je
Herman

Amsterdam, 11 april 2012

Lieve Herman,

Het gekke is dat zowel de psycholoog en de psychiater als Schopenhauer en Nietzsche alsook de kerken een of andere vorm van hanteerbaarheid of acceptatie aanreiken. ‘Verwacht er nu maar niet te veel van, dan valt het altijd mee’, dat vond ik indertijd niet te verteren. Dat was althans mijn reactie op mijn enige gang naar de psychotherapeut midden in mijn DP, die ook maar lichtdepressief was met af en toe een dieptepunt. Ik zat in dat behandelkamertje, in de winter vaak met halfbevroren voeten. Ik weet niet wat erger was: je aan je therapeut blootgeven of je niet van je dilemma’s af laten leiden door je wintertenen. Maar algauw werd het me duidelijk dat het er in de psychotherapie om ging om het woelige water ter linker- en rechterzijde te vermijden en dat het het beste was het rustige midden op te zoeken. Een schrijver kun je nauwelijks een minder opwindend vooruitzicht geven. Er zat niets anders op dan de narcosespuit op een deel van mijn binnenste te richten, zodat andere onderdelen, bijvoorbeeld mijn bevroren voeten, weer optimaal konden functioneren. Of die sessies me psychisch verder hebben geholpen, weet ik eigenlijk niet, wel was de therapie een alibi om vrijuit met iemand te spreken over allerlei zaken die mij stoorden. En hoewel ik heus wel een idee had hoe het eraan toe ging bij de psych, bleek tot mijn openbaring een therapeutische sessie voornamelijk over taal te gaan, hoe je een diepzeemonstertje uit je binnenste taal geeft, geholpen door de therapeut die naar die woorden hengelt en die daarnaast ook als spiegel functioneert, want zonder spiegel kun je je eigen achterhoofd niet zien. Door angsten en neurosen en irrationele gedachten hanteerbaar te maken win je van ze, maar voor een schrijver verliezen ze ook hun vermogen tot vuurwerk, want voor hem geldt: hoe vaar je zo scherp mogelijk langs de rotsen, waar de golfslag het woeligst is, zonder zelf op de klippen te lopen.

Veel liefs en tot snel,
Je Wanda

Amsterdam, 14 april 2012

Lieve Wanda,

Dat wist ik helemaal niet, dat jij ooit in therapie was. Waarschijnlijk heb je dat (terecht) nooit verteld. Ik heb zelf vrijuit tegen een onbekende ouwehoeren als heel bevrijdend ervaren, op de middelbare school was ik een keer bij een heel aardige psycholoog, maar die overleed een dag na onze eerste sessie. Wel had ik hem ondertussen alles verteld: over mijn ouders, de verschrikkelijke school etc.

Het is helemaal waar wat je over de hanteerbaarheid zegt, toch geloof ik dat de bergen en dalen nu meer in het schrijven zelf zijn gaan zitten, terwijl een enigszins saai en rustig leven daar de beste voedingsbodem voor is. Gewoon het cliché: wie de hele nacht in het nachtleven doorbrengt, komt tot niets meer. Wat iets anders is dan dat je helemaal niks meer zou willen meemaken. Graag! Maar niet elke dag van de week. Ik herinner me goed hoe ik ook tijdens het hyperventileren enorm naar saaiheid verlangde.

Volgende week wordt niet saai: eerst maandag naar Hamburg (dinsdag weer terug voor een Lesung op een festival), woensdag interview ik Spaanse schrijfster en vriendin Mercedes Abad in Utrecht, en vrijdag (en zaterdag) naar Schloss Moyland bij Kleve. Na dat laatste bezoek is Deutschland even afgehandeld tot ergens in november. Wel 8-9 mei naar Barcelona voor de Spaanse editie van *Zomerhuis*, en 13-18 mei naar Jeruzalem voor de Hebreeuwse vertaling (een festival met meerdere schrijvers). Vooral naar dat laatste ben ik zeer nieuwsgierig, want ik ben nog nooit in Israël geweest. Ik hou alleen de berichten scherp in de gaten, want als Israël dan net mocht besluiten Iran te bombarderen, komen de scuds wellicht ook de andere kant op...

Wat een slappe hap overigens die Günter Grass, en wat een middelmatig kutgedicht. Ernstig in de war, ben ik bang.

Ook dit wordt vervolgd.

X

Amsterdam, 17 april 2012

Lieve Hrmn,

Ik ben het volkomen met je eens dat een beetje saai leven de juiste taartbodem voor een schrijversleven is, hoewel Hemingway het daar wel weer niet mee eens zal zijn. Over Hemingway gesproken: ik heb een paar jaren geleden bij een vriend in Frankrijk regelmatig met een karabijn roos geschoten, en een keer kleiduiven met een hagelgeweer, dat was veel moeilijker. Ik hou van schieten, het is opwindend, net als de botsautootjes, flipperen, darts en Wimbledon.

Iran even in de smiezen houden, maar leuk dat je naar dat festival in Jeruzalem gaat. Krijg je ook kans om naar Tel Aviv te gaan? Want daar is het echt hip, o.a. cafés in Shenkin Street, en aan de boulevard aan zee is het ook fijn toeven. Wie weet ontmoet je Etgar Keret, van wiens verhalen ik erg houd.

Nog even terug naar halverwege de jaren tachtig: mijn schrijversbewustzijn was in de tijd van mijn DP een onbelichte filmstrook waar nog van alles ingebrand moest worden. Ik was dertig. Je moet het vuurtje wel opstoken. Dat kon niet zonder ervaringen, anders zou ik nooit een goede schrijver worden. Ik maakte het uit met Ate. Ik moest emotionele kook- en nulpunten ervaren om te kunnen schrijven: ik zag mezelf in die tijd als een soort experiment, ik vond dat ik moest loskomen van mijn achtergrond. Afkomstig uit een zo beschermd milieu, moest ik mezelf blootstellen aan vreemden en aan onbarmhartig licht, aan werkelijk alleen durven zijn en de verantwoordelijkheid nemen voor mijn eigen leven. Ik had in die tijd een slogan, eigenlijk meer een bevel, boven mijn bureau hangen: Grow up kid! Blijkbaar wilde iets in mij dat niet.

Veel liefs,
Wanda

Amsterdam, 20 april 2012

Lieve Wanda,

Ja, schieten! Ik heb het afgezien van de gebruikelijke windbuksen één keer echt gedaan, en dan wil je inderdaad meteen meer. Het was een paar jaar geleden in Guatemala, de Amerikaanse man van mijn nichtje Karen werkt bij een soort peacekeeping-missie waarbij hij naar verschillende brandhaarden wordt uitgezonden. Guatemala is een mooi maar levensgevaarlijk land: meer doden door geweld per week dan in Irak. Hij ging nooit ongewapend de deur uit en op terrasjes ging hij ook nooit met zijn rug naar de straat zitten. Wel konden we bepaalde no-goarea's in, want we waren immers gewapend. 'Deze weg mogen Europeanen en Amerikanen niet nemen,' zei hij, 'maar wij hebben dit...' Het pistool had hij tijdens het rijden altijd onder zijn bovenbeen liggen.

Dus... Op een verlaten schietbaan van het leger mocht

ik ook een keer. Het was een Jericho 9mm, 'Made in Israel'. We begonnen met oordopjes, maar uiteindelijk wilde ik toch zonder, om de realiteit van een vuurgevecht zo goed mogelijk te ervaren, en we schoten op... mensen. Tekeningen van mensen op ware grootte, zoals je in politieseries wel ziet, en je moest op het hoofd of het hart mikken. De enige andere aanwezige was een besnorde man met baseballpetje die leunend op het dak van een Volkswagen Kever met een telescoopgeweer aan het oefenen was. De man van mijn nichtje drukte me op het hart om onder geen enkele voorwaarde een gesprek met deze man aan te knopen.

Ik ben in totaal vier dagen in Jeruzalem, en er is voor elke dag wel wat georganiseerd, dus ik denk niet dat Tel Aviv er nog bij kan. Ik ben er wel uitgenodigd door iemand die daar avonden met schrijvers en journalisten organiseert. Misschien de avond voor de laatste dag, want dan vertrek ik om zes uur 's ochtends. Alhoewel je op dit soort festivals dan natuurlijk juist de grote afsluitende feestavond hebt, waar je niet gemist kan worden. Ik ben wel heel nieuwsgierig, en misschien is alleen Jeruzalem voor een eerste keer wel genoeg. Ik ga o.a. in een openbaar gesprek met Eshkol Nevo, de kleinzoon van. Maar ook met een professor Katz over geweld bij jongeren.

Mooi en ook voor mij herkenbaar hoe je over het begin van je schrijfcarrière vertelt. Ook bij mij ging er een soort Grow up!-besluit aan vooraf, want zoals je weet werd er meer over geouwehoerd dan dat er werkelijk iets uit onze vingers kwam na Shoob-shoob-shoobedie-wow. Bij onze hele club, bedoel ik. Ik geloof dat het Manfred was die begin jaren tachtig aan mij vroeg: 'Denk je dat het er ooit nog van komt, of is het moment eigenlijk al voorbij?' Of een vraag van gelijke strekking.

Ja, ja, dacht ik, je hebt gelijk: het moest maar eens beginnen. Kort daarna heb ik een paar verhalen die niemand mocht lezen (want ze waren nog lang niet goed genoeg) naar tijdschriften opgestuurd. Naar vier verschillende om precies te zijn, en zoals dat hoort, kwam er lange tijd geen reactie. Tot op een dag – en nu volgt er nog een confidentie, want ik heb het altijd een beetje te pathetisch gevonden om met iemand te delen – het was in elk geval 2 februari 1982, de honderdste geboortedag van James Joyce, dat wist ik omdat ik in die periode *heavily into* Joyce was (en ook in Hemingway, Scott Fitzgerald, Gertrude Stein, en alles wat met Parijs en schrijven in cafés in Moleskine-boekjes en daar zwaar bij roken en drinken te maken had), en misschien stond het die ochtend ook wel gewoon in de krant. Hoe het ook zij, het was 2 februari, de telefoon ging en een onbekende vrouwenstem vroeg of zij met Herman Koch sprak. Dat men bij de redactie van *New Found Land* mijn ingestuurde verhaal graag wilde plaatsen. Het was nog vroeg, maar ik heb mezelf toch een glaasje Jameson ingeschonken en op het uitzicht geklonken (dit speelt zich af in de Weteringstraat). 'Het is begonnen,' toostte ik hardop. 'Nu zijn wij schrijver.'

Liefs,
Herman

Amsterdam, 23 april 2012

Lieve Herman,

Heel mooi hoe je de discrepantie tussen onze huizen en onze gemoedstoestanden vangt: 'Zo had ik toen geen Donkere Periode bij jou vermoed op die zolder, ik herinner me juist hoe licht en ruim het daar was, en ik denk dat ik jou (en je gemoedstoestand) direct met die ruimte en lichtheid associeerde. Terwijl ik zelf te klein en te hoog woonde (ook psychisch gesproken).'

Zo zie je maar, ik was met jou op de Weteringstraat op mijn gemak, we hadden (en houden) een bepaalde affectie voor elkaar, onze interesse voor literatuur en het schrijven, en zitten, hoe verschillend we ook zijn, toch op eenzelfde spoor. En het uitzicht (na die heel steile trap) uit jouw torenkamer op de Weteringstraat, zo hoog boven alles, vond ik allesbehalve slecht en we dronken daar niet alleen thee, hoor. Hoewel het niet zo leek, was ik misschien net zo verlegen als jij. Iemand beschreef mij de Wanda van een jaar of drie als een wat in de schulp gekeerd kind en ook later hebben mensen me zo weleens omschreven, terwijl ik die indruk niet maak. Ik heb zo'n goed sociaal masker ontwikkeld dat ik mezelf niet eens als schuchter zou omschrijven. Er was bij mij van jongs af aan al veel 'binnenleven'. En ik was in het gewone leven niet zo voor het 'open boek'. Ik was in zekere zin al vroeg op mijn hoede, niet naïef, niet spontaan. Daardoor kan ik wat afstandelijk overkomen, terwijl

Wanda, gefotografeerd door Mario Steenbergen, ca. 1974

iedereen die mij beter kent wel weet dat ik dat helemaal niet ben. Een vorm van zelfbescherming in een wereld die het niet altijd goed met je voorheeft.

Ik hou nog steeds van raadselachtigheid en van mythes. Ik hou er ook van om daartussen te slalommen. Ik ben gefascineerd door de mens achter zijn masker, maar vanaf heel klein heb ik uit een mix van hele en halve informatie en indrukken geconcludeerd dat het onverstandig is om je bloot te geven. (Iemands moeder zei altijd tegen haar man: 'Jan, je hebt je buitengezicht weer op.') Je krijgt me alleen als ik je volledig vertrouw. Maar gelukkig zijn er altijd gesprekken die ertoe doen met vrienden en familie, diepgaande gesprekken die je in een flits een inzicht en een doorzicht geven, gesprekken die me oprecht gelukkig maken, gevoerd in alle vrijheid van geest, zonder competitie of irritatie, zonder taboes of barrières. Dat is het grote voordeel van geestelijke rijping en ouder worden. Het zo vrij mogelijk zijn van complexen, hobbels en remmingen door wat je geleerd hebt van, in en door het leven. Een zekere geestelijke balans hebben bereikt. Dat je je beperkingen steeds beter kent en dus je zegeningen telt, je je vrijer kan uitspreken en je dan denkt: híér gaat het om, om dít gesprek, déze woorden, om déze vriendschap en verwantschap, nú. Op je volstrekt eigen manier, met al je makkes en rarigheden nieuwsgierig blijven en daar dan een beetje over schrijven. Dat beeld is mijn toekomst.

XxW

PS: Festival Jeruzalem klinkt interessant met die openbare gesprekken. Ik heb het even opgezocht: Etgar Keret en Gary Shteyngart komen. Jouw naam wordt Coch gespeld.

Amsterdam, 27 april 2012

Lieve Wanda,

Ik denk dat het het beste is om Coch maar gewoon te laten staan. Op de achterflap van de Engelse editie van *The Dinner* staat nu (behalve dat ik in Spanje woon) ook dat ik mijn middelbare school heb afgemaakt in Rusland: niet tegenspreken is in dit soort gevallen mijn devies. Gary Shteyngart ben ik net aan het lezen: is behoorlijk goed en geestig (*Supertriest waargebeurd liefdesverhaal*). Ik kijk sowieso uit naar Jeruzalem, treed ook samen op met de Hongaar László Krasznahorkai, van wie ik een keer in een impuls drie boeken heb besteld bij Amazon, na een nieuwsgierig makend artikel in *The New Yorker* van James Wood, maar natuurlijk nog geen letter in gelezen. Dikke boeken van vierhonderd pagina's zonder alinea's, en daarbovenop vaak ook zonder aanhalingstekens bij de dialogen, dat voelt als een best goed klaargemaakte, maar wel zware maaltijd waarvan je nog een bakje in de vriezer hebt staan, maar dat je vanavond even nog niet gaat ontdooien. Ik blijf wel altijd gefascineerd door dit type schrijver: dwars tegen alle heersende winden in, dat moet wel blijven bestaan, een beetje hetzelfde gevoel als vroeger met Thomas Bernhard toen hij nog niet zo beroemd was: want wie zal al die boeken echt gelezen hebben?

Het buitengezicht is een mooie titel voor een verhaal of roman. En het is allemaal waar over wat je eerder schreef over het gezicht dat we naar buiten toe opzetten, en dat andere gezicht dat maar weinig mensen, of helemaal niemand, ooit ziet. Er is een mooi boek van Robert Penn Warren (titel schiet me nu niet te binnen, en het staat ook niet in de kast: uitgeleend waarschijnlijk weer, maar aan wie?), waarin hij schrijft dat de enige plek waar we nog onszelf zijn de auto is waarin we van A naar B reizen. Zodra we iemand ontmoeten en beginnen te praten, zijn we al iemand anders. En zetten we het andere gezicht op, dat gezicht dat we soms het liefst met 'je' zouden willen aanspreken.

Ik vind mensen die geen open boek willen zijn altijd leuker. Verlegen is soms onhandig (en sommige mensen verwarren het inderdaad met arrogantie), maar de ene verlegen mens herkent de andere uit duizenden. Ha, een lotgenoot! 'Hoe doe jij dat nou, als je in een winkel...?' etc. Het uitwisselen van de toptien Ergste Verlegen Ervaringen in een praatgroep. Ik heb jou ook altijd als verlegen ervaren, maar volgens mij hadden we het daar in de jaren zeventig en tachtig niet over, omdat we allebei probeerden er juist van af te komen, ieder weer op zijn eigen wijze, je moet me maar tegenspreken als het niet zo is. De grootste wens van de verlegen persoonlijkheid is om niet als verlegen te worden ontmaskerd. Ik ken wat betreft dit aspect eigenlijk maar twee reacties van niet verlegen mensen op mezelf: 1. 'Jij bent in wezen heel verlegen, hè?' 2. 'Jij, verlegen? Daar heb ik nou echt nooit iets van gemerkt!' De echt verlegen types glimlachen elkaar alleen maar veelbetekenend toe (en slaan daarna snel hun ogen neer).

En nu een kleine onderbreking. Terwijl ik dit zit te typen voor het raam staat daar opeens Anna Enquist met een kinderwagen. In de kinderwagen ligt haar verse kleinzoon die ze komt laten zien. 'Maar ik zie dat je druk bezig bent,' zegt ze... Mijn buitengezicht mompelt dat dat wel meevalt, 'je' wil gewoon door. Maar het prettige van twee schrijvers is dat we wel meteen weten waar we het over hebben.

Daarom nu ook graag jouw begrip: ik moet weer eens on the road, naar Kleve dit keer, en beter is het om voorafgaand aan de reis te douchen. Door de toch nog uitgelopen bezichtiging van de kleinzoon is de deadline nu verstreken. Ik had nog wel meer, maar dat komt dan weer bij de volgende keer.

Liefs,
Herman

Amsterdam, 30 april 2012

Lieve Hrmn,

Ja, *Het buitengezicht* klinkt goed als titel. Over verlegenheid het volgende: Ate en ik interviewden voor filmblad *Skoop* eens Fons Rademakers. Hij, de bourgondische acteur, wist niet eens wat verlegen zijn ís. Ik was onder de indruk van de bravoure waarmee hij elke anekdote voorspeelde, met zijn buitengezicht op, zal ik maar zeggen, niet zo gek voor een acteur. Fons gaf ons een voorbeeld van hoe hij als regisseur een acteur uit zijn tent lokt: 'Stel, zij,' (en hij wees op mij) 'is wat in de schulp en ik probeer haar daaruit te lokken, dan zorg ik dat...' Hij had haarfijn door dat ik daar een beetje van zijn persoon overdonderd zat te wezen met een schrijfblok op mijn schoot, en trok mij handig zijn voorbeeld in. Ander voorbeeld: mijn idool Harold Pinter was een aantal jaren geleden in Nederland omdat Toneelgroep Amsterdam een stuk van hem speelde. Ik kon hem na de première ontmoeten. Geen haar op mijn hoofd. Spreken met je idool? Dat kan helemaal niet, dat verplettert alles. Ik zou niet weten wat ik uit had moeten brengen. In mij bekend gezelschap kan ik wel brutaal en gevat zijn, daar voel ik me veilig. Maar ik herken geen andere verlegenen, zoals jij, en wissel er ook geen tekens mee uit. Van erg verlegen mensen word ikzelf vaak ongemakkelijk. Een beetje schrijver moet toch een gevecht leveren, verlegenheid of iets anders overwinnen, een bepaalde gespletenheid cultiveren, zodat je je innerlijke stem, die je als je ware stem beschouwt, vindt. Er zijn schrijvers die weinig fantasie zeggen te hebben en beter zijn in het beschrijven van wat ze in de werkelijkheid meemaken, die ook literair goede brieven en dagboeken schrijven. En andere schrijvers, tot wie ik mezelf reken, die in de werkelijkheid een soort haken vinden om hun verbeelding aan op te hangen. Ik heb vaak maar een begin van een draad uit de buitenwereld nodig om mijn motor te laten aanslaan, een gelezen of gehoorde zin of een klein voorval, soms is één beeld genoeg om mijn schrijven aan te zetten. Ik ben geen na-verteller. Ik gebruik zelden scènes 'uit het leven gegrepen'. Tot ongeveer mijn dertigste had ik grote moeite om mezelf serieus te nemen, of: ik nam mezelf wel serieus, maar naar buiten toe relativeerde ik dat. Uit schaamte? Onzekerheid? Ik ontbeer gewoon de ijdelheid en het egoïsme die veel ambitieuze mensen kenmerken.

Ik weet niet hoe jij dat ervaart, maar op een heleboel punten ben ik blij met het ouder worden, gelukkig heel veel niet meer te doen, en al helemaal niet meer iets voor de eerste keer. Nooit meer dralen. En dat doet me weer denken aan de uren waarop wij vroeger met het Zeelandclubje, hangend over onze sturen van fietsen en brommers nadat we de middag bij iemand thuis hadden doorgebracht, niet wisten naar wie we wilden maar wel graag naar een andere plek en dat we met zijn allen, in een kluit van zes of zeven of acht, een uur of zelfs langer bleven staan ouwehoeren en grappen maken en niemand een beslissing wilde nemen, niemand wilde de verdenking op zich laden iets te forceren. Hadden we het toen ook weleens over boeken? Dat moet haast wel. Wie van ons was er zo bezig met Pauwels & Bergier? En met het ouijaspel? Mij interesseerde dat occulte geen klap. Ik luisterde begin jaren zeventig altijd op de radio naar VPRO-*vrijdag*, naar de americana die in de nacht aangeprezen werd door de gruizige stemmen van Wim Noordhoek en Jan Donkers. Die stemmen vertegenwoordigden het levensgevoel waar ook ik bij wilde horen. Ik had het sleuteltje van een witte mobylette van een schoolvriendin en ik scheurde daar in het weekend mee rond, ik paste op kinderen van familie, kennissen en leraren. Ik mocht helemaal niet op een brommer rijden van mijn ouders, dus vond ik mezelf geweldig stoer; *Easy Rider* op de mobylette, in mijn eentje door de stad, vrij, onafhankelijk, heerlijk. En ik had er geen chopper of Harley voor nodig. Ik voelde me heel anders dan in het Zeelandclubje, waar onder het oppervlak veel concurrentie bestond (wie is hier het scherpst en *witty*?). Mijn 'parallelle leven' was dus al veel eerder begonnen, al kan ik me niet herinneren wanneer exact. Elk kind heeft heimelijk verlangens naar het overtreden van grenzen en exploreren van verboden, nieuwsgierigheid naar het leven. Ik ben zes of zeven jaar. Het gaat erom te kijken hoelang het duurt voordat een heel doosje vlam vat als je een brandende lucifer steeds dichter bij het opengeschoven doosje met de andere lucifers houdt en hoe hoog de steekvlam dan zal zijn. Ik gooi het hoog opvlammende doosje in de metalen prullenmand in mijn kamer, maar er begint van alles in de prullenbak te branden en te stinken: andere papieren, haren uit een borstel. Ik schuif de fikkende prullenbak snel in de hangkast met jurken en sluit de deur, hè hè, die is weg. Het vuur is gelukkig uit gebrek aan zuurstof gedoofd. Dat het huis had kunnen affikken besefte ik pas decennia later.

Xx Wanda

PS: Ik was eens in Schloss Moyland bij Kleve, waar ze het hebben volgestouwd met Joseph Beuys-kunst, wel heel veel tekeningetjes van het genie. Maar ik ben helemaal klaar met die Beuys met zijn grandioze ideeën en mythes, zijn vilt, zijn vetbrokken en zijn heroïsche naziverleden als Stuka-vlieger. Een geniale oplichter vooral. De video's waarop hij spreekt en geïnterviewd wordt, zijn onthullend. Geniaal omdat hij zijn publiek en critici altijd heeft weten te overtuigen van zijn eigen 'systeem' en mythes. De scheidslijn tussen kunst en oplichterij is tegenwoordig dun. Maar goed: zonder narcisten, idioten en neuroten geen kunst, geen literatuur, geen muziek.

Amsterdam, 4 mei 2012

Lieve Wanda,

Ja, de stiekeme dingen... Ik was nooit zo van vuurtjes stoken, ik herinner me dat tenminste niet. Eén keer: tot mijn vijftiende deed ik aan plastic bouwpakketten, van Messerschmitts en Spitfires tot Sherman- en Tiger-tanks, alles beschilderd in camouflagekleuren en aangevuld met militairen die de vliegvelden bewaakten. Op een middag (bijna zestien, denk ik) vond ik mezelf opeens te oud voor de modelbouw, wie weet was er een meisje thuis geweest dat er iets over had gezegd ('Wat kinderachtig!'), of was er een meisje in aantocht dat het niet zou mogen zien, hoe dan ook: ik zette alles in de bloembakken op ons balkon en stak de boel in brand. Vooral die geur van brandend plastic... (zie ook: *À la recherche du temps perdu*), ik maakte foto's in de hoop dat ik er in elk geval nog realistische oorlogsfoto's aan over zou houden, maar ik kon niet ver genoeg inzoomen, waardoor later overal die bloembakken op te zien waren. Die foto's heb ik toen, als nog kinderachtiger dan de werkelijkheid, ook maar weggegooid. Verder herinner ik me wel vuurwerk, kanonslagen in de tuinen beneden gooien, wegspurtende katten – dat blijft tot op hoge leeftijd leuk. En van Zeeland herinner ik me een keer dat Barten en ik elkaar bestookten in de tuin met uit de hand afgevuurde vuurpijlen (niet de allergrootste, maar toch). Het had iets bevrijdends, zozeer dat we er van de zenuwen de slappe lach van kregen. Alle voorzorgsmaatregelen (NOOIT vanuit de hand afsteken, NOOIT op iemand richten, WACHT tot de lont helemaal gedoofd is) in één keer in de wind slaan, dat moet je toch een keer hebben meegemaakt. Later heb ik ook de allergrootste vuurpijlen vanuit de hand gelanceerd, maar nooit als er kleine kinderen in de buurt waren.

Wat fijn dat jij je die namen van Pauwels & Bergier nog herinnerde, was ik allang vergeten, niet de titel van het boek: *De dageraad der magiërs*. Het kwam niet alleen van Barten, de spiritistische, mystieke kant, ook van mij. *Waren de goden kosmonauten?*, het ouijabord, bij mij direct gelinkt aan kaarsen ontsteken in kerken door heel Europa, belangstelling voor kloosters, monniken en een algehele fascinatie voor religie.

Ik sta er inmiddels heel ver van af, van spiritisme, bijgeloof etc., alhoewel je het nooit helemaal kwijtraakt als je het een keer hebt meegemaakt; zo geloof ik nog altijd dat de dingen in het algemeen meer in de lift zitten bij een wassende dan bij een afnemende maan, waar dus ook bij hoort dat je weet wanneer de maan wast en wanneer juist niet. Het lijkt heel simpel, maar een heleboel mensen weten dit niet omdat ze er nooit op letten, vermoed ik. Het is niet zo dat ik er dingen astrologisch op afstem, eerder werkt het als aanvulling: ik heb bijvoorbeeld een bijzonder goed humeur, bruis van de energie, en dan zie ik opeens het eerste dunne schilletje van een wassende maan aan de hemel staan. Zie je wel, zeg ik op zo'n moment tegen mezelf. Ik dacht al zoiets. Het is net zoiets als met het communisme: als je ooit warme sympathie hebt gevoeld voor de Vietcong op je vijftiende, kun je later een behoorlijke ruk naar rechts maken, maar iets van die oude sympathie blijft. Che Guevara is misschien uit de mode, maar zijn haar en baard (en de vroege, nog niet grijze baard van Fidel Castro) zijn fotogenieker voor op een poster dan de hoofden van Pinochet of Franco (zie ook: 1. Osama Bin Laden 2. fotogeniek).

In mijn nieuwe boek probeer ik hier iets mee te doen, met de intuïtieve sympathie voor revoluties en gewelddadige bevrijdingsbewegingen, en het besef dat het bijna altijd omslaat in terreur en minachting voor het menselijk leven, maar dan toch je eigen ongelijk niet toe willen geven.

In een roman wil je niemand iets inwrijven, maar het is wel heel boeiende materie om het zo maar eens te zeggen. Bij films over een gevangenisoproer ligt de sympathie toch ook bijna altijd bij de gevangenen, terwijl dit moreel gezien misschien wel fout is, want weten wij veel voor welke gruwelijke misdaden die gevangenen allemaal zijn veroordeeld. Daarom gaan veel van die films natuurlijk ook zo veilig mogelijk over een of meer gevangenen die onterecht vastzitten. En daarom prenten de gewelddadige onderdrukten zich eerst in dat ze onterecht onderdrukt worden. Ha, eindelijk draaf ik door (zie ook: Harry Mulisch, *Het woord bij de daad* en zijn latere sympathie voor Geert Wilders).

Liefs,
Herman

PS: In Schloss Moyland hangt nog steeds overal Beuys. Ik was er de enige gast in een hotel naast een golfbaan waar konijntjes rondhuppelden. Ik denk dat ik maar vroeg naar bed ga, dacht ik als in een tekening van Peter van Straaten, en dat heb ik toen ook maar gedaan.

Straks naar Zeeland, morgen naar Gent voor de Gouden Uil. Niet echt zin, maar als ik er eenmaal ben, en na de eerste twee snel achterovergeslagen biertjes valt het vast wel mee. Jij hebt het al vaker meegemaakt, ik alleen twee keer bij die Publieksprijs: het lijkt een luxeprobleem, maar ik ken inmiddels ook het gevoel van enorme opluchting als je niet wint. Daarna mag je weer langzaam uit het zicht verdwijnen, terwijl de winnaar nog de hele avond en een deel van de volgende dag winnaar moet spelen.

Amsterdam, 6 mei 2012

Lieve Hrmn,

Moest enorm lachen om de scène van het vuurpijlengevecht tussen jou en Barten. Dat móét je echt een keer in je leven gedaan hebben! Je vingers eraf laten vliegen of een lont in je oog! Volslagen idioterie en ik kan het zeker navoelen, die spanning van het verbod; ik steek zelf ook graag vuurwerk af en in mijn opgefokte oudejaars-enthousiasme heb ik weleens iets heel doms gedaan. Het was een paar jaar geleden op een oudejaarsfeest. Ik stond uitgelaten en aangeschoten rotjes aan te steken voor kinderen. Maar op een gegeven moment liet ik me even afleiden en vergat ik het rotje in mijn hand. Een paar verdwaalde kosmische seconden later en ik zou een paar vingers of een hele hand hebben moeten missen, realiseerde ik me met een schok.

Net aan een ongeluk ontkomen zijn is me eerder gebeurd; bij werk aan de snelweg in Duitsland was ik heel even spookrijder tot ik met één ruk aan het stuur en heel koel weer op de goede weghelft terechtkwam. Dat moment ging zo snel (ik reed ineens recht op de koplampen van een truck af) dat mijn lichaam niet de kans kreeg om mijn angst te registreren. Ik was er merkwaardig koel en kil onder. Mijn brein wist klaarblijkelijk van niets omdat het misschien niet te begrijpen was hoe ik op die andere weghelft terecht was gekomen.

Wat? Jij in spiritisme? Monniken, kloosterordes? Mijmeren bij kaarsjes in kerken? Alles, maar dát had ik nooit achter je gezocht. Nu begin ik er langzamerhand wel wat van te begrijpen. Misschien is het zoals Pé Hawinkels het ooit omschreef: 'Was ik maar gelovig opgevoed, dan had ik iets om me tegen af te zetten.' Als je niet in een religieuze traditie bent opgevoed, kun je als volwassene dat geloof niet alsnog als een nieuwe jas aantrekken. Daar geloof ik niet in. Ik denk dat als je als kind de geloofsrituelen met de paplepel kreeg ingegoten, dit met je magisch denken vermengd is. Dat haal je later als ongelovige nooit meer in, dan is het allemaal te bedacht. Het verbeeldingsvermogen van een kind en dat van een schrijver komen denk ik uit dezelfde bron en is de noodzaak voor het creëren van een eigen universum.

Geloof, onrecht, mishandeling in de jeugd zijn zoals bekend des schrijvers goudmijn. 'Wraak is een heel legitieme drijfveer om een boek te schrijven,' heb je in een van je brieven gezegd. Daar ben ik het volkomen mee eens. Wraak op alle onrecht jou aangedaan, waar je in je jeugd de woorden en de macht nog niet toe had. Dat schrijft inderdaad fijn.

Wassende en afnemende maan vallen mij nooit op, wel vollemaan, alhoewel ik er een kei in ben om een maan algauw voor vol aan te zien (omdat het zo leuk is om 'Hé, kijk! Vollemaan!' te kunnen zeggen) en dan is het steevast zo dat Wim zegt: 'Nou, nog niet helemaal...' Het beeld van jou, Joël en Mario pissend in de maanloze nacht op Ibiza en boven ons de Melkweg, ja, dat vergeet ik nooit meer. (*Pissend in de nacht*, aardige titel voor een roadnovel.)

Ik zal je bekennen dat ik, net als iedereen van onze leeftijd, het iconische affiche van Che jarenlang aan de muur had als middelbare scholier. Symbool van verzet tegen 'de' maatschappij (die weerzin is al heel lang mode) en nog steeds heb ik wel een beetje een crush op de charismatische Fidel (over verliefdheid als politiek identificatiemiddel heb ik niet veel gelezen). Ik heb ergens een uit de krant uitgeknipte collage van vijftig pasfoto's van Fidel Castro vanaf ongeveer zijn vijfde jaar tot zijn vijfenzeventigste. De kleuter Fidel is al om op te eten, en dan zie je hem geleidelijk van een *chubby* jongetje naar een adolescent met een verwende uitstraling uit een rijke familie steeds knapper en steeds charismatischer worden, zijn baard komt op en speelt daar – goed gezien – een grote rol in. De erotische aantrekkingskracht van dat slag mannen mag niet onderschat worden. Mannen die mannen bewonderen om hun charisma heeft volgens mij alles te maken met militarisme, met oorlogen en veldslagen waarin mannen andere mannen, die hun leiders zijn, bereid zijn tot in de dood te volgen. Misschien draaf ík nu een beetje door. Het vermogen aangeraakt te kunnen worden door een ideologie en het volgen van iemand die dat geluk belichaamt, Fidel bijvoorbeeld, dat soort verliefdheid raakt iemand inderdaad waarschijnlijk nooit helemaal meer echt kwijt.

We komen in de zomer een keer langs in Hulst. Wij aten er eens op de terugweg uit Frankrijk Oosterscheldekreeft. En als jullie zin hebben om in juni een visje op het strand van Bergen te verschalken, komen jullie maar langs.

Ik was overigens een paar weken geleden nog in Zeeland, in Goes, waar ik door de christelijke leeskring Passage geïnterviewd werd over *Nacht over Westwoud*. Interessant dat als je een arena als het platteland gebruikt en een streng christelijke man de bocht uit laat vliegen, je meteen belangstelling uit die hoek krijgt. Maar ik kreeg ook kritiek van een paar vrouwen: ze vonden het zo'n cliché om een streng gereformeerde man op te voeren die een jong meisje misbruikt. De huisarts uit de Nederlandse Biblebelt die ik er tijdens mijn research over sprak, vertelde dat misbruik in gesloten geloofsgemeenschappen erg vaak voorkomt. Het gaat linea recta de doofpot in.

Veel liefs, hasta pronto,
Wanda

PS: Ik was nog naar *This Must Be the Place*, grappig en intrigerend. Sean Penn als een soort *down & out* Keith Richards, die op zoek gaat naar de nazi die zijn vader ooit vernederde. Dat klinkt net zo bezopen en onwaarschijnlijk als het is, maar desondanks bleef het boeien.

Amsterdam, 10 mei 2012

Lieve Wanda,

Gisteren terug uit Barcelona, vandaag een beetje moe, maar de koffer voor Jeruzalem is alweer gepakt: morgen om 11.20 u. vertrek ik.

Het was allemaal vrij intens, maar niet onprettig. Amper geland woensdag en meteen het eerste tv-interview op het dak van het hotel waar een zwembad was (dat is handig als het in de titel van het boek voorkomt).

’s Avonds diner met acht man van beide uitgeverijen (Spaans en Catalaans), leuke mensen, dus verre van saai, maar wel van 21.00 u. tot 00.30 u. Weinig drank, want je moet ook de volgende dag nog naar je eigen gelul kunnen luisteren.

De dag daarop in de lobby om 09.15 u. het eerste interview, dan non-stop door tot 14.00 u. (lunch op terras met grootste deel familie), en daarna hetzelfde recept van 16.00 u. tot 19.00 u.

Of je wilt of niet, je gaat je toch een beetje een soort Bono voelen bij deze aanpak, maar dan een Bono zonder die vieze bril en die vervelende meningen.

Je vraagt je terecht af hoe je ooit nog aan schrijven toekomt bij dit soort toestanden, de afgelopen drie dagen helemaal niet natuurlijk, maar het heeft ook iets verfrissends om even afstand te nemen, en tijdens de vlucht terug kreeg ik zowaar een ingeving die het vervolg van het boek weer net in een ander licht zet.

Ook vragen die interviewers vaak waar het volgende boek over gaat, en aangezien ik al aardig ver ben (en er dus geen gevaar meer bestaat om een nog te pril idee met te veel uitleg om zeep te helpen), hoor ik mezelf dan wat hakkelend een kort antwoord formuleren. Na de derde keer lijkt het dan net of dat boek al echt bestaat.

Ik heb overigens geen deadline, ik wilde deze keer ruim de tijd nemen, dus eerder dan eind 2013 zeker niet, maar ik schat dat het wel 2014 zal worden.

En na Jeruzalem is er weer volop tijd tot aan de zomervakantie. Ik vind het overigens wel leuk om ondanks dat reizen toch door proberen te schrijven, dus de laptop gaat altijd mee, al is het maar een alinea: het voordeel van die buitenlanden is dat je er toch net iets anders tegen aankijkt. Zo hoop ik daar op een hotel met balkonnetje en de ingrediënten voor een gin-tonic in de minibar: thuis alles eerst rustig met klinisch oog overlezen natuurlijk.

Ik moest bij die mannen met baarden en erotische uitstraling ook ineens aan Charles Manson denken. Iets minder lief dan Fidel, maar wel met het charisma van een Anton Heyboer. Fascinerend vind ik dat altijd, van die sekteleiders die iedereen domineren (en uiteindelijk terroriseren) zonder dat de slachtoffers/volgelingen het zelf in de gaten hebben. Een recent voorbeeld van de baard met uitstraling is de singer-songwriter Josh T. Pearson, je moet maar eens op YouTube kijken, en dan vooral zijn optredens in het programma van Jools Holland, hij zingt over

Bijbelse hel en verdoemenis in dreigende nummers met titels als 'Sweetheart I Ain't Your Christ' en 'Woman When I've Raised Hell'. Je hoeft het echt niet goed te vinden, maar hij heeft wel een mooie stem, en het perfecte hoofd voor een heilige martelaar.

In het kader van jongensachtig te ver gaan herinner ik me hoe ik kort na de dood van mijn moeder in Terhofstede op de oude motor van de vader van Barten zonder rijbewijs over die wegen met knotwilgen scheurde. En toen net iets te hard ging en uit de bocht dreigde te vliegen. Eigenlijk ging het maar net goed. Een paar weken later reed ik met de motor van Peter Nedervelt voor het Spinoza Lyceum te hard door, knalde tegen een tuinhek en belandde tussen de rododendrons. Motor total loss. Ik zou Peter Nedervelt niet meer op straat herkennen, maar het gezicht dat hij toen trok, zou ik nog altijd met houtskool op handgeschept papier kunnen uittekenen (als ik kon tekenen).

Heel toevallig zit ik nu op de iPod naar muziek te luisteren en er komt op ditzelfde moment een nummer uit de film *Drive* voorbij... Die (bijna-)ongelukken waren bevrijdend, maar ook wel eng: zo herinner ik het me tenminste, ik mocht eventueel dood, en natuurlijk is de overlevingswens altijd sterker geweest, maar het opzoeken van het risico nam wel toe. Gelukkig was deze fase allang voorbij toen jij bij mij achterop door de Spaanse vlakten reed, maar ik herinner me experimenten met bij ruim honderd kilometer per uur op een verlaten landweg zo lang mogelijk de koplamp uitzetten... Was het misschien vollemaan?

Che had ik ook aan de muur, en verder foto's van de Vietcong en het Noord-Vietnamese leger die ik uit tijdschriften knipte die ik bij de communistische boekhandel Pegasus in de Leidsestraat kocht. Tijdens een spreekbeurt op het Montessori verdedigde ik het Russische ingrijpen in Tsjecho-Slowakije, over doordraven gesproken, maar het was wel een geweldig middel om die halfzachte leraren op de kast te jagen.

Als tegenwicht stond ik in 1967 vierkant achter Israël, net als iedereen toen trouwens, en heb ik nog in een demonstratie meegelopen en geld overgemaakt naar het Israëlische leger. De Palestijnenmode dateert van veel later, jouw oudste broer heeft mij toen aan allerlei pamfletten geholpen voor een radicaal pro-Palestijns werkstuk (weet jij dat nog?), waarmee de aardrijkskundeleraar (naam even vergeten, maar hij had wat we in de volksmond een blotebillengezicht noemen) zo mogelijk nog verder op de kast gejaagd kon worden. Hij weigerde me zelfs een cijfer te geven, omdat het veel te eenzijdig was, en dat was het.

Morgen ga ik eindelijk zelf poolshoogte nemen, hoewel ik echt niet van plan ben om meteen aan de bezette gebieden etc. te gaan snuffelen.

Eerst maar eens de geur van de stad zelf opsnuiven.

Liefs,
Herman

Amsterdam, 15 mei 2012

Lieve Herman,

Ik ben in Terhofstede een keer bijna in de sloot gereden op die motor. Het was een zwaar en imposant Harley-achtig ding. Ik reed er een stuk de dijk mee af, misschien een paar honderd meter. Maar het keren van het gevaarte vereiste meer stuurmanskunst dan ik bezat, dus dreigde ik, half gedraaid door te veel gas geven ineens, mezelf met motor en al de sloot in te rijden. Maar ik heb het gered en ben met een pokerface teruggekeerd. Ik herinner me dat gevoel van triomf nog altijd.

Je noemde Peter Nedervelt. Hij heeft die foto van ons allen voor het Spinoza gemaakt. Peter, die al tijdens school op kamers woonde, mocht bij ons thuis zijn foto's afdrukken. Daar zat hij vaak hele dagen pijp of shag rokend in de doka. Tot mijn vader ontdekte dat er schroeiplekken op de werkplank zaten en hij een waarschuwingsbriefje schreef dat *'celluloid erg brandbaar was en dus levensgevaarlijk!'* Einde verhaal.

Ik zag laatst de documentaire *Marley*. Ik had nooit zo diep in Bob Marley gekeken, maar hier hebben we behalve met opzwepende muziek met grote bezieling te maken (en ik weiger dat woord tussen aanhalingstekens te plaatsen). Het sekteachtig gedrag dat óók kenmerkend is voor de seventies. Deze bezieling is echt. Van dat rastafarigeloof heb ik nooit veel begrepen, een soort doe-het-zelfgeloof, noodzakelijk voor mensen die geen kans hadden om uit de armoede te ontsnappen.

Ik heb de spirituele kant van de hippiebeweging indertijd niet serieus genomen. Of het spirituele van soul, reggae en popmuziek (door de zwarte gospel, blues en jazz beïnvloed) écht was, of dat het oppervlakkigheid of ironie was van onze generatie, daar heb ik nooit bij stilgestaan.

Je zag het ook bij de krakers, er zit een hedonistische en egoïstische component aan zo'n beweging: het bewieroken van nietsdoen (mogelijk dankzij een samenleving die 'af was' en op aardgasbaten dreef), het uitwalsen van de puberteit en adolescententijd. En onderschat de aantrekkingskracht van 'gratis' niet. Ja, wie wil dat niet? Paradise on earth. Forever young? Ik moet er niet aan denken. Ik ben het van harte met Frank Zappa eens, die hippies maar uitvreters vond. Aan de andere kant wil ik niet ontkennen dat het toen een ontzettend leuke tijd was, en dat er heel veel geweldige popmuziek en films zijn gemaakt (voornamelijk in de VS en de UK dan). Ik heb me nooit tot het spirituele aangetrokken gevoeld, ik vond dat allemaal verdacht en zag het als folklore, franje van die tijd met zijn 'omm-omm-omm'-neuriërs. Maar waarschijnlijk heb ik mijn generatiegenoten onderschat in hun serieuze hang naar het spirituele. Misschien was dat misverstand tussen Bob Marley en de opstandige westerse jeugd helemaal geen misverstand en wilde die jeugd juist geëvangeliseerd en verlost worden van willekeurig welke dictator, je vader, je leraren, de universiteit... Onder invloed luisteren naar goddelijk geïnspireerde muziek, stoned turen naar vloeistofdiaprojectie, losraken van de kutwereld met zijn rotoorlogen, al waren die ver weg. Vrede ja. Eeuwige vrede, eeuwig roken, eeuwig kind van de zon...

Lfs,
Wanda

Amsterdam, 20 mei 2012

Lieve Wanda,

Marley (de film) staat ook op mijn lijstje. Met reggae ben ik er nooit helemaal uit gekomen: aan de ene kant wel bewondering, aan de andere kant toch behoorlijk saaie muziek: zoiets als bongo's in de verte uit een zomers Vondelpark. Maar live heeft de reggae wel iets wat kracht uitstraalt, op de iPod heb ik een poosje geleden Bobs *Legend (Bonus Track Version)* gedownload, maar dat ik dat nou vaak afspeel... Op de een of andere manier komen bij 'No Woman, No Cry' lome herinneringen van lang geleden naar boven, niet de prettige lome herinneringen, eerder de passieve: 'Wie gaat er thee zetten?'

Gisteravond met Amalia naar *On the Road* geweest. Overal geprezen, maar wat een slaapverwekkende onzin is dat allemaal. Eerst de positieve kritiek: mooie landschappen, mooie auto's en goede acteurs. Maar verder vooral veel 'trippende' beelden, veel drugs en whisky, en te veel in herhaling vallend neuken. Alle clichés boven op elkaar gestapeld, kortom: nou, dat was me een wilde tijd, en oud werden we ook al niet! Je moet het me niet kwalijk nemen, want misschien wilde je nog naar deze film toe, en ga je nu bevooroordeeld, maar het moest er even uit. De regisseur is er ook niet voor teruggeschrokken om een schrijver achter een Underwood te filmen die voortdurend zijn vellen papier tot proppen verfrommelt en ze in de prullenbak gooit... Ik heb sowieso nooit zoveel met Kerouac opgehad, jij wel? Ik heb dat boek lang geleden tot drie keer toe na dertig pagina's weggelegd. Het is meer het *beeld* van de beatgeneration dat aanspreekt, geloof ik. Maar heeft die generatie één goede schrijver opgeleverd? Burroughs? Allen Ginsberg? Ze zagen er goed uit in hun colbertjes en truien, en met hun sigaretten, zo'n beetje als Sartre en Juliette Gréco in Parijs. In de film viel me verder op hoe vaak Sal/Jack de bus neemt. De bus! Dat is toch een stuk softer dan met een mobylette naar Zuid-Frankrijk, vind ik. Ik ben benieuwd wat jij vindt/vond, want je gaat vast/bent al geweest. Je moet er wel heen, want je verveelt je toch niet echt, ik alleen een beetje tegen het eind van de twee uur en een kwartier dat het doormoddert. Het is leerzaam, we zullen straks bij de verfilming van onze brieven niet in dezelfde valkuilen trappen, en ook is er geen rol voor Pierre Bokma of Thom Hoffman als Peter Nedervelt.

Jeruzalem was indrukwekkend, misschien heb je het verslag in *Vrij Nederland* al gelezen. Ik was niet met Arnon mee naar Ramallah, wel kwamen we elkaar vrijwel dagelijks tegen en zijn we een keer om halftwaalf 's avonds met zijn tweeën uit eten geweest. 'Ik wist helemaal niet dat jij met Wanda Reisel bevriend was,' zei hij in de taxi. En over bevooroordeling gesproken: ik heb nooit anders gehoord dan dat Israëli's zo bot en onbeschoft en voordringerig zijn, maar daar heb ik dan weer eens niets van gemerkt. Wellicht komt dat voor een deel door het gezelschap dat ik daar had (andere schrijvers, uitgevers, literair publiek), maar ook op straat ben ik niet weggeduwd of omvergereden. Opvallend was verder hoe vaak de organisatoren benadrukten dat ze zo blij waren dat je er was, 'want dat spreekt niet vanzelf'. Bijzonder in hun nopjes waren ze met de komst van een Algerijnse schrijver.

Ik heb me dit keer beperkt tot Jeruzalem en ben niet van de Westoever via de Dode Zee naar Tel Aviv gerend. Ik ga nog weleens terug, eerst de sfeer proeven, houd ik mezelf altijd voor bij dit soort bezoeken, niet alles proberen te zien. Op de eerste avond kreeg ik een hand van David Grossman, ik vertelde hem naar waarheid dat ik in het vliegtuig in zijn essaybundel *Writing in the Dark* had zitten lezen, waarop hij zei: 'In het vliegtuig! Dat is meer een boek voor op een onderzeeër.' Waarna hij ook nog zei dat hij met veel plezier *Het diner* had gelezen. Diezelfde avond werd ik uitgenodigd door de Israëlische psycholoog dr. Eli Katz om met zijn vrouw en twee vriendinnen in een restaurant te gaan eten (ik had de dag daarop een openbare samenspraak met hem, vandaar dat hij zich kwam voorstellen). Zelden zo'n ontwapenende, lieve man ontmoet (met een eveneens heel lieve en leuke vrouw, met wie hij al zesendertig jaar samen was), met wie het na een kwartier al zo klikte dat we er toen al achter waren dat allebei onze moeders op hun zevenenvijftigste waren overleden. Dat schept natuurlijk een band, maar door dit onverwachte etentje dat tot laat doorging had ik meteen die eerste avond het gevoel dat ik was 'geland', en dat is eigenlijk zo gebleven. Meer verslag, als je wilt, een keer later met iets te drinken erbij bij Riva of Puerto Negro.

Soms is het neveneffect van een film als *On the Road* wel dat ik opeens ontzettende zin kan krijgen in Gauloises zonder filter, whisky zonder ijs, en drugs (en zelfs in jazz). Om dit uit mijn hoofd te zetten ga ik dan maar een rondje gezond rennen...

Liefs,
Herman

Amsterdam, 27 mei 2012

Lieve Herman,

Ik had dat stuk in *VN* nog niet gelezen, maar internet staat voor niets, dus meteen de nieuwe iPad erbij gepakt. Israël is een land van uitersten, dat er meer doden in het verkeer gevallen zijn sinds 1948 dan in alle oorlogen samen die het land gevoerd heeft, is inmiddels een cliché. Israëli's dringen net zo brutaal voor als Chinezen, iedereen doet het, het is de cultuur, ze schreeuwen als Italianen, ze zijn nogal bot, ze zeggen alles wat ze denken.

Ik geloof ook dat een fout regime niet een reden hoeft te zijn om er niet naartoe te gaan, het is vaak juist een reden om er wél naartoe te gaan. Toen ik een aantal jaar geleden in Iran was, werd ik daar om de haverklap op straat aangesproken door jonge mensen die behalve een kans benutten om hun Engels te oefenen, wilden weten wat ik van hun land dacht en of ik werkelijk dacht dat ze terroristen waren. Ze vertelden dat ze niet konden wachten tot er democratie zou zijn. Dat contact was dus belangrijk voor allebei de kanten.

On the Road heb ik ook na precies dertig pagina's weggelegd en me tevredengesteld met mythes van Jack Kerouac, Ken Kesey, zijn Merry Pranksters en zijn bus.

Voor de performances van Allen Ginsberg heb ik altijd een zwak gehad. De *biopic* die ik een tijdje terug over hem zag, vond ik heel aandoenlijk. Hoe een heel klein clubje kunstenaars in San Francisco, eigenlijk begonnen als grap, het hippiedom predikte: hordes jongeren, pubers nog, overstroomden Haight Ashbury in San Francisco om gratis (toverwoord) aan drugs, eten, rookwaren en vrije seks te geraken. Rijke hippies die kringloopwinkels openden, om middels ruilhandel een nieuwe maatschappij te stichten. Een chaos werd het, en na een tijdje brak er in San Francisco een epidemie uit van darm- en geslachtsziektes. Jimi Hendrix stikte in zijn braaksel door een overdosis en ook Janis Joplin deed iets verkeerd. Allen Ginsberg en zijn vrienden organiseerden in dat legendarische Summer of Love-jaar 1967 een processie met doodskisten door de straten van San Francisco, om te verkondigen dat de hippiebeweging dood was, en dat de jongens en meisjes uit Poughkeepsie weer naar huis moesten gaan: *Stay where you are! Bring the revolution where you live! Don't come here!* Maar de beer was al los. En nu zitten we hier met mensen opgescheept die in plaats van in Jezus, in verlossing door kiemen, noten en zaden geloven.

De hele maand juni zit ik in het voormalig spookhuis van Jany Roland Holst te Bergen te werken aan mijn nieuwe roman. Bij goed weer zijn we altijd te porren voor een fietstocht langs de Eeuwige Laan, door naar de strandtent voor een visje met witte wijn of een lamspootje. En ja, leuk, een keer liveverslag over je avonturen in Jodië met een glas erbij. Dat zal dan juli of augustus worden (ik kom in juni wel af en toe een dagje naar Amsterdam voor lopende zaken).

Succes met de verhuisdozen, ik kom gauw kijken met een fles prik.

Lfs,
Wanda

PS: Net de film *Jagten* van Thomas Vinterberg (*Festen*) gezien. Retegoed. En wat een fantastische acteurs (Mads Mikkelsen weer!) in kafkaëske setting: de jacht op een vriendelijke peuterleider, die door een kind (valselijk) beschuldigd wordt van seksuele handelingen. Perfect geproblematiseerd in een westerse maatschappij die van onderen pornografischer en meer macho wordt naarmate die van boven puriteinser, feminiener en infantieler wordt.

Amsterdam, 3 juni 2012

Lieve Wanda,

Langzaam beginnen de dozen minder plaats in te nemen en is het echte wonen begonnen. Nog wel steeds een beetje ongeconcentreerd, want er is nog van alles te doen, en wat moet eerst en wat ben ik nu alweer vergeten? Behalve een overgelopen riolering zijn er geen grote tegenslagen: we blijken niet opeens naast een mondhygiëniste te wonen en er ritselen 's nachts geen vreemde dieren achter de plint (we hebben trouwens helemaal geen plint, en ook nergens een drempel, het is allemaal één groot speelvlak).

Hoe is het in Bergen? Krijg je weleens bezoek, of was het juist je bedoeling om even wat minder mensen te zien? Mag Wim blijven slapen of zijn daar strenge regels voor? Zus Els woont in een hofje in Haarlem en daar zijn logés taboe, zelfs haar eigen zoon komt er niet in.

De afgelopen weken waren verder één grote duik in het verleden. Eerst was Isabel op bezoek, het leuke van haar/ons is dat er niet alleen maar verleden is, maar ook iets nieuws, dat je het goed met elkaar kunt vinden, voor een deel vanwege dat gemeenschappelijke verleden, maar niet uitsluitend omwille van de nostalgie: 'Weet je nog wat jij toen deed, en wat ik toen zei?' Wel hebben we in Holysloot het etentje herhaald dat we exact veertig jaar geleden in de Gerrit van der Veenstraat hebben gehouden. Barten en ik hadden toen gekookt en de kersverse verloofdes Margot en Isabel naar 'de beste film die er op dat moment denkbaar was' (volgens ons) gestuurd. Te weten *Straw Dogs*. Daar ging het nog bijna mis, want dat hadden we dus helemaal verkeerd ingeschat, wat meisjes wel of niet een goede film vinden. 'Hoe kunnen jullie ons daar nou heen sturen?' etc. Maar het eten werd koud en de wijn moest open, en daarna moesten er dingen 'gebeuren', daar hebben we dan wel weer lang over doorherinnerd: nieuw voor mij was hoe eng die twee het hadden gevonden van tevoren, bij twee jongens eten in een huis zonder ouders: mijn moeder was een halfjaar dood en mijn vader woonde half en half bij zijn laatste vrouw. Tegelijkertijd is er het vreemde besef dat het voor Isabel en mij allemaal veertig jaar geleden is, terwijl Barten en Margot nog steeds tegenover elkaar aan tafel zitten, waardoor er minder verleden is, denk ik, het in ieder geval minder lang geleden lijkt dan de Tweede Wereldoorlog.

Had ik je nou al geschreven over dat artikel in een krant van een maand of wat geleden over succesvolle Amerikaanse series als *Mad Men*? De teneur was kortom dat nostalgie vooral aanslaat als het veertig jaar geleden is. Niet vijftig, niet dertig: veertig. Wat dat betreft zitten wij dus helemaal gebeiteld met onze terugblik op 1970-1980. Ik ruik een tv-serie. Wie speelt jou? Carice of Jelka? Ik laat in mijn contract zetten dat het in ieder geval niet Barry Atsma mag worden.

In hetzelfde kader (veertig jaar geleden) staat er deze week een kortverhaal van mij in *Vrij Nederland* (vanaf morgen in de kiosk van Bergen-Binnen) over de Finse periode (1973).

En tot slot, als je vandaag nog *Het Parool* koopt: de hele voorpagina wordt in beslag genomen door de tragische dood van Hidde Maas (er is toch ook een acteur die zo heet? Nou, die dus niet) door nalatigheid van 112. Veertig jaar oud. Veertig jaar geleden geboren, in 1972. Vroeger (in 1978 om precies te zijn), in het huis van de laatste vrouw van mijn vader, trof ik soms ook haar zoon. Die had twee kinderen, een meisje van vier en een jongetje van zes. De zoon van de laatste vrouw van mijn vader heette Maas van zijn achternaam. Het jongetje heette Hidde.

Veel liefs,
Herman

Bergen, 4 juni 2012

Lieve Herman,

Burengerucht is een van de ergerlijkste dingen, daarom dien je in nieuwbouw met dikke muren te wonen. In de Korte Leidsedwarsstraat draaide mijn onderbuurvrouw elke zondag Nederlandse schlagers, maar alleen op zondag, godzijdank. Op de Zeeburgerkade was de stilte, toen ik er in 1992 kwam wonen, een van de grote verrukkingen (naast de centrale verwarming en een uitzicht dat voor driekwart uit blauw bestond).

Straw Dogs vond ik ook een schokkende film in 1972 en is het nog wel, maar het is niet zo dat alle meisjes dat soort films niet goed of spannend vinden. Ik weet in ieder geval dat ik hem toen geweldig vond. Nou heb ik bepaalde geweldsfilms altijd wel opwindend gevonden, en er zijn denk ik heel wat vrouwen die daar ook van gecharmeerd zijn, kijk maar hoeveel detectives en krimi's er door vrouwen worden verslonden. Of zijn bange mensen juist het meest gefascineerd door dit genre?

Dat artikel over *Mad Men* heb je me niet gestuurd. Dat speelt toch in de jaren zestig? Dat is dan wel weer vijftig jaar geleden, als ik even mag pietlutten...

Ik heb hier in Bergen minder boeken gelezen dan ik wilde, mijn ogen zijn ook sneller vermoeid dan vroeger, wat wel jammer is. En dan nog al dat voetbal en tennis op de tv...

Zag je de correspondentie tussen Auster en Coetzee nog in *de Volkskrant*, over het kijken naar sport? Vond het inspirerend, hoe zo'n dul onderwerp (voor mij dan) in een correspondentie tussen twee heel verschillende schrijvers ineens boeiend kan worden. Laten we mailen/bellen, dan kom ik even tussen de dozen zitten met een glas. Misschien woensdag of donderdag a.s.? Gaan jullie nog weg?

Veel liefs, ook voor A.
Wanda

Amsterdam, 5 juni 2012

Lieve Wanda,

Ja leuk, kom langs. Woensdag zijn we grotendeels op pad, maar donderdag misschien: ik ben wel veel bezig met nog dingen van het oude huis inpakken, maar het is zo dichtbij, dus als je even sms't of belt, dan kom ik.

En wat ga jij nog doen deze zomer? Ik zal je even mijn fijne schema geven tot september: 13-23 juli met Amalia naar San Sebastián (Pablo ondertussen met vrienden naar discodorp Albufeira in de Algarve), dan van 24-26 juli ik alleen naar Londen en Dublin voor de publicatie van *The Dinner*, daarna Amalia, Pablo en ik van 29 juli-12 augustus naar Aiguablava (hotel aan de Costa Brava waar Amalia en ik vorige zomer tien dagen waren: na het zien van foto's vond Pablo dit een uitstekend idee), op de terugweg misschien nog een paar dagen Zeeland, vervolgens Amalia en ik van 16-19 augustus naar Granada, waar vrienden van ons hun 25-jarig huwelijk vieren (ook een gemengd Spaans-Nederlands huwelijk, vandaar Granada: haar geboorteplaats), wellicht wil Pablo op het laatst nog mee, daarna ik alleen van 23-25 augustus naar Edinburgh (Literature Festival) voor verdere promotie van *The Dinner*, tot slot van 31 augustus-3 september met het complete gezin naar de bergen boven Barcelona voor de verjaardag van Amalia's moeder. Daarna ga ik even liggen.

In dat huis in de bergen zijn we al eens eerder geweest (een keer met kerst en ook vorig jaar september), gewoon gehuurd, groot, met diverse open haarden, pingpongtafel en zwembad. Dan komt de hele familie, voor zover nog niet gescheiden, is leuk met eten en drinken en barbecues (ook toen met kerst, want dat kan daar gewoon). En over gescheiden families gesproken: ik weet niet of ik dit al had verteld, maar wij hebben momenteel Pablo's even oude nichtje te logeren, al sinds begin mei (en tot half juli), dat even zo ver mogelijk van haar gescheiden ouders vandaan wilde zijn. Het voelt als gezinsuitbreiding, een zeventienjarig meisje in huis, dat je toch ook (maar weer op een heel andere manier dan bij een jongen) moet vertellen hoe laat ze thuis moet zijn. Sinds we zijn verhuisd, zie ik haar regelmatig op straat zoenen met een van Pablo's beste vrienden. Die is dan de gelukkige, want als ik zie hoe ze zich uitsloven in haar nabijheid, zou Pablo's hele vriendenkring wel iets met 'het Spaanse nichtje' willen hebben. Als je naar de verhalen over haar ouderlijk huis luistert, blijf je je verbazen hoe ingewikkeld sommige mensen het elkaar en zichzelf kunnen maken.

Natuurlijk is *Mad Men* meer de jaren zestig en zitten we nu vijftig jaar verder, het blijft nattevingerwerk, maar dat verhaal ging ook meer over wie die series in eerste instantie hadden ontwikkeld: bijna altijd schrijvers die in of kort na die periode geboren waren, en er daarom een bijzondere fascinatie voor hadden opgevat, want: ouders in die tijd nog zelf jong etc. Wellicht wat wij met de Tweede Wereldoorlog hebben. Laten we niet meer terugrekenen, maar vaststellen dat 1971-1979 een periode is waar we ons blijkbaar veel van herinneren, en ook een periode waar je misschien juist nu precies de juiste blik op kunt richten: een perspectief met meer diepte, waardoor het een soort afgerond geheel lijkt.

Ik heb dat toch veel minder met de jaren tachtig, dat hoort op de een of andere manier meer bij 'nu'.

Aan het eigen boek doe ik momenteel niets, maar dat komt ook net goed uit: iets is 'afgerond', iets anders moet worden 'opgestart'. Aan de andere kant is zo'n adempauze heerlijk, en alleen maar gezond, denk ik. Je blijft toch wel doormijmeren, en tegelijkertijd vergeet je het een beetje, waardoor je zomaar opeens op een 'briljant idee' komt: wat je dan allang (veel eerder) blijkt te hebben bedacht. Maar ook dat is niet alleen maar zinloos: wat je twee keer bedenkt, is blijkbaar belangrijk genoeg om niet te vergeten.

Misschien tot over een paar dagen. Leuk!

Liefs,
Herman

Amsterdam, 16 juli 2012

Lieve Herman,

Je hebt helemaal gelijk dat we de periode 1971-1979 nu zowel breder als dieper kunnen bekijken, breder dan de tijdgeest. En complexer omdat we er samen meer kleur en meer beeld en vraagtekens aan toevoegen, omdat we nu het vogelperspectief hebben. Die spreekwoordelijke coming-of-agejaren waarin je karakter op de proef wordt gesteld en gekneed door je *peers*, door school en buitenstaanders, de tijd dat je er alleen voor staat en ook voor wílt staan. Dat heeft die Knausgård goed getroffen, net zoals Salinger in *Catcher* en Philip Roth in *Portnoy's Complaint*. Bij uitheemse stammen word je op die leeftijd met speren en vleesetende mieren bestookt om te testen of je wel wat waard bent.

Ik heb mijn eigen meningen maar langzaam veroverd, ik zat nog lang vast aan de opvattingen van mijn ouders. En misschien kom je er nooit los van. Ik heb een genuanceerde manier van denken meegekregen waar ik niet zo gek veel tegen in kon brengen. Behalve een zeker conservatisme en paternalisme van mijn vader waar ik me als vijftienjarige – vanzelfsprekend links en rebels – tegen verzette. Maar ik kreeg van hem weer wel op mijn zestiende verjaardag – heel verrassend – het *Communistisch Manifest* cadeau, niet omdat hij plotseling communist was geworden, maar omdat hij dat manifest een historische gebeurtenis vond die onafhankelijk van politieke voorkeur bestudeerd moest worden (en het voordeel van het *Communistisch Manifest* voor een zestienjarige is dat het maar heel dun is en niet heel moeilijk om te lezen). Van redelijke ouders is het moeilijk afstand nemen.

Ik ben me er altijd van bewust geweest dat ik met een zilveren lepel in de mond geboren ben en ik ben nieuwsgierig op welk moment jij constateerde dat je uit een milieu kwam waar het aan niets ontbrak. Je hebt me weleens verteld dat het te maken had met de familie van Amalia. Maar het moet toch ook een besef van eerder geweest zijn. Vanaf toen ben je je pijlen gaan richten op het 'verwende milieu' waar je zelf vandaan kwam, maar was die ontkenning wel zo terecht? Schoot je daarmee niet ook een deel van jezelf overhoop? Ik geef toe dat ik in die jaren ook weleens heb gewenst dat ik rotouders had waardoor ik me harder had kunnen afzetten in plaats van hen met mildheid te bezien, gekleurd door de oorlog bijvoorbeeld. Ik heb in ons groepje op het Spinoza nooit zo sterk gemerkt dat iedereen zich specifiek tegen ouders verzette. Waren we er ons van bewust hoe elitair we zelf waren? Hoe vrij onze ouders ons lieten? Die seculiere generatie die de oorlog had meegemaakt, een bepaalde status had, hogere middenklasse, allemaal artsen en advocaten en kunstenaars. Die het leven voor hun kinderen (en voor henzelf ook) misschien 'niet te zwaar' wilde maken, maar het leven wilde vieren. Dat was ook jouw achtergrond. Wij waren die nieuwe generatie voor wie luxe vanzelfsprekend was, die in grote vrijheid is opgegroeid en die snakte naar oproer. Vandaar de titel van jouw roman *Eindelijk oorlog*? Of was het allemaal maar provocatie om de provocatie? Met dit verschil dat wij nog uit een tijd stammen dat we politieke of gepolitiseerde idealen hadden (of *dachten* te hebben?), althans zo gaven we onze persoonlijke rebellie vorm en was het volgens mij meer het rellerige dat onze generatie bond dan een of ander verheven ideaal of idee.

In een interview spreekt de schrijver J.G. Ballard (*Crash*, *Empire of the Sun*) zijn verbazing uit over het fenomeen dat juist een generatie die zoveel aan de westerse vrijheid te danken had, zich daar tegelijk zo sterk tegen verzette. Misschien waren we te veel een onbedreigde diersoort. Machiavelli beschrijft een stad waar al een hele tijd vrede heerst en waar de inwoners aan luiheid en onoplettendheid ten onder gaan omdat ze niet meer kunnen vechten, omdat de noodzaak daartoe is weggevallen, verwendheid en navelstaarderij hebben hen verzwakt. In de VS dreigde in die tijd voor leeftijdgenoten de dienstplicht voor Vietnam, maar wat bedreigde ons hier? Volgens mij helemaal niets. Niet dat ons levensgevoel onecht was, maar het hing volgens mij meer samen met wat jij de montessoriziekte noemde, de wolligheid en lieflijkheid van die tijd (nu knuffels, kaarsjes en kinderhelmpjes), die de echte, wat rauwere kanten van het leven wil ontkennen. Het montessorikind is, net als de EO-mens, altijd moreel goed, terwijl dat maar zeer de vraag is. Het moet nog maar blijken in een situatie die daarom vraagt. Het is net als met de mode onder beroemdheden om een zwart kindje uit Afrika te adopteren en daarmee hun morele weldoenerschap te etaleren. Zo word je in ieder geval heilig.

Liefs daar in het Baskenland met die lekkere tapas,
Wanda

PS: Ineens schiet me de naam Hota te binnen. Dat was toch een kunstzinnige vriendin van Mario indertijd? Zou ze echt zo geheten hebben?

Amsterdam, 21 september 2012

Lieve Wanda,

Ik geloof dat er begin jaren zeventig ook een einde kwam aan het politieke, d.w.z. aan de politieke standpunten bedoel ik dan, want hadden wij die destijds? Jij kreeg het *Communistisch Manifest*, maar verder, geloofde je toen ergens in? Ik weet het echt niet meer, ik geloof dat in onze weken in het huis in Zeeland de politiek niet of nauwelijks ter sprake kwam. Het was niet hip of cool, zeker de Nederlandse politiek niet. Ik herinner me dat ik met Joël in een verkiezingsjaar (1973?) affiches van zowel de PvdA als de VVD voor het raam plakte in de Gerrit van der Veenstraat, naast elkaar, dat vond niet iedereen even leuk. Het moest natuurlijk zoiets betekenen als 'het is allemaal van hetzelfde laken', maar een VVD-affiche was wel echt taboe in die tijd, en zie: veertig jaar later wordt dit onze nieuwe regering.

In Zeeland hielden we ons meer bezig met de 'dingen die er echt toe deden in het leven', dit bedoel ik zonder ironie: we keken hoe we waren, wat we zouden worden. Verderfelijke invloeden van buiten werden afgeschaft: zo was het in Zeeland verboden om kranten te lezen, want oppervlakkig. Ik herinner me een discussie uit die tijd met mijn vader, waarin hij het met mij over de treinkapingen wilde hebben, en ik antwoordde dat die 'totaal oninteressant' waren. Tja, pubers... Je moet je toch ergens tegen af kunnen zetten. Dus als mijn vader met mij over politiek wilde praten, zei ik dat hij een oppervlakkig leven leidde.

Maar er ging een periode aan vooraf waarin de politiek wel degelijk een rol speelde, zo rond mijn vijftiende, zestiende, nog op het Montessori. Het begon met de oorlog in Vietnam, eerst nog vreedzaam en redelijk, met algemene verontwaardiging over de Amerikaanse bemoeienis, maar ik radicaliseerde snel. Binnen een halfjaar verkondigde ik op school alleen nog het Noord-Vietnamese standpunt, bij Pegasus kocht ik Noord-Vietnamese tijdschriften over het verloop van de oorlog. Aan de muren van mijn kamer hingen grote portretten van Che Guevara, Ho Chi Minh en Mao naast foto's van Noord-Vietnamese kanonnen. Op school hield ik spreekbeurten over het imperialisme en de rassenoorlog van de Black Panthers. Een goede vriend van mij uit die tijd had een lichtgetinte huid en hij vertelde vol trots dat hij naar een bijeenkomst was geweest waar hij Stokely Carmichael had gesproken. Blanken waren daar niet welkom, ik vond blank zijn een tijdlang een ernstige handicap, want de meeste revolutionairen waren toch gekleurd. Thuis radicaliseerden de discussies aan tafel in die tijd ook. Dan zei mijn vader bijvoorbeeld: 'Het is toch raar dat de Russen hun ruimtereizen pas wereldkundig maken wanneer ze geslaagd zijn', en antwoordde ik: 'Helemaal niet. Hoezo? Dat is juist goed.' De invasie van Tsjecho-Slowakije was een lastige dobber, ik vond die mensen op straat tegen de Russische tanks in mijn hart revolutionairder dan de communisten, maar tegenover de pro-Amerikaanse hardliners op school verdedigde ik de standvastigheid van het Sovjetblok tegenover de imperialistische dreiging vanuit het Westen. 's Nachts in bed luisterde ik naar de Engelstalige uitzendingen van Radio Tirana (die waren tegen de Sovjet-Unie, want voor Mao). Ongenuanceerd denken, dat was het, en het voelde eigenlijk heel lekker: vanuit die achtergrond voel ik ook nog altijd stiekem een beetje mee met de fanaten van onze tijd, dat raak je nooit meer kwijt.

Hota hoorde inderdaad bij Mario! Ik zie nu ook iets: groot en fladderend in een witte overall en met rood haar. Ze was al een paar jaar ouder dan wij, geloof ik, en dus ook een stuk 'ervarener', dat sprak tot de verbeelding.

Liefs,
Herman

Amsterdam, 4 oktober 2012

Lieve Hrmn,

Het was de afgelopen tijd druk met een aantal lezingen en festival. Dichter aan Huis in Den Haag was erg leuk, ontbijten in het Hilton met A.L. Snijders en zijn vrouw, bijzonder geestige en aardige mensen, ken jij ze? Ook zijn vrouw heeft een fijnzinnig gevoel voor humor. Goed huwelijk, lijkt me, tussen al die kippen en varkens en vijf kinderen door. Ook had ik schilders over de vloer en moest ik veel in huis opruimen. Ik kwam grappige ansichtkaarten van jou en Joël tegen uit Frankrijk 1975. Ik probeer nu vijfendertig jaar correspondentie en kaarten in acht schoenendozen te ordenen. Maat 39. Die kunnen dan later zo naar het Letterkundig Museum! Het ordenen van je verleden per brief heeft zeker iets. Je leest hapsnap en schoffelt door je geheugenpaden. Soms is het ook wel confronterend, dan kom je kraters in je geheugen tegen, kaarten en brieven met namen die je niks meer zeggen. En dan ineens de ansicht *Lieksa, Pielisen Museo, Kelovaaran Tupa* van 12 juli 1973 met '*Veel liefde en geluk van Herman Huibert*', uit Finland, ik blijk een romantische toekomst samen met jou misgelopen! Bij de postzegel staat op het stempel: 'Goed geschreven, vlug gelezen, vlot bezorgd.' Die kaart is geadresseerd aan Van Eeghenstraat 100, Hollanti, maar mijn moeder heeft hem die zomer doorgestuurd naar Oslo, waar ik bij mijn oudste broer logeerde. Een hele reis voor zo'n kaart. Ik had natuurlijk even bij je langs moeten komen in het donkere land van muggen & Alvar Aalto. Dat museumpje op de ansicht behelst een volkenkundige uitstalling met opengewerkte kamers en een typisch Finse sauna, en er hangt een wel heel erg grote pollepel aan de muur die eruitziet of hij eerder door de lokale bevolking voor lijfstraffen is gebruikt dan voor het opscheppen van de Finse peulensoep, die jij vast goed gekend hebt. Enfin, ik kan je het ordenen van je correspondenties van harte aanraden, ouder worden tussen zoveel mooie herinneringen is geen straf.

Misschien vanwege het desolate Finland moest ik denken aan *Caribou Island* van David Vann dat ik een tijdje terug las. Hij is onmiddellijk een van mijn lievelingsschrijvers geworden.

Net als de vader en zoon in zijn vorige boek, *Legend of a Suicide*, zijn het hier Gary en Irene, een ouder echtpaar, waarvan de man tegen de klippen op in barre weersomstandigheden, onhandig en onvoorbereid, een hut wil gaan bouwen in Alaska op een afgelegen eiland. Een hut die het symbool moet worden van zijn vrijheidsdrang, de mens in de natuur. Alles wat hij gedroomd heeft, moet daar uitkomen. Maar het wordt alleen een manifestatie van zijn onvermogen en zijn eenzaamheid, van zijn onvermogen lief te hebben wat hij heeft. En daarmee weet hij iedereen te zieken en de verhoudingen te vernietigen, omdat alles aan het bouwen van de hut ondergeschikt moet worden gemaakt. Een mannelijke oerkracht om iets tot stand te brengen drijft hem, iets groots moet dat zijn. Maar het mislukt jammerlijk, want hij is er de man niet naar. Hij is een academicus en hij gebruikt zijn vrouw alleen als slaaf die aan zijn meesterplan moet meebouwen. Hij dringt haar zijn vorm van vrijheid op, een die in feite niet zonder haar kan bestaan. Hij bouwt aan een wrakkige illusie.

Irene, de vrouw of de schim die er nog van over is, had vroeger (en nu alleen in haar verbeelding nog) wel instinctieve kracht. Ze is een boogschutter, bezit dezelfde vrijheidsdrang als haar man, is ook een jager en een dansend dier. Maar daar is niets meer van over. Ze heeft het aan zichzelf te wijten dat ze al haar kaarten op haar man heeft gezet en zich in dienst van zijn ideaal heeft gesteld. Hun kinderen staat misschien hetzelfde lot te wachten. Irene is ook een heel moeilijke, veeleisende vrouw, voorbestemd door de depressie en zelfmoord van haar eigen moeder. Haar keuze voor Gary is de verkeerde geweest. Ze heeft zich niet kunnen verzoenen.

Dit is het gebied waarin Vann wil vertoeven, een blinde vlek op leven en dood, tussen een ideaal en de verzoening met de teleurstellende werkelijkheid, wat een huwelijk, wat het hele leven vaak is.

Al deze personages zijn in Vanns handen gedoemd. De een meer dan de ander, maar ze stevenen allemaal op hun ondergang af. Niemand ontkomt eraan. Dit is geen pose van de schrijver, dit is diep doorvoeld. Hij beschrijft bijna klassiek het onafwendbare lot van een middenklassefamilie van een gedoemd geslacht, genetisch getekend. Ik vind het gruwelijk en schitterend.

Ik was eigenlijk van plan te schrijven dat het nog even duurt voor ik weer een brief aan je af heb, maar deze is ineens veel langer geworden dan een excuus.

Tot snel, liefde (en geluk),
Wanda

PS: Overigens kon Mario zich die PvdA- en VVD-affiches goed herinneren (hij dacht dat het er drie waren: ook het CDA). Hij vond dat een heel goed statement, wat het ook is. (Mario heeft trouwens een behoorlijk goed geheugen, blijkt, moet ook wel als editor.)

PS 2: Wim is weer met werken begonnen, de wekker gaat nu elke werkdag om 06.30 u. Krijg ook weer meer ideeën tussen waak en slaap als hij vertrokken is.

New York, 17 oktober 2012

Lieve Wanda,

Ik heb A.L. Snijders en zijn vrouw een paar maanden geleden ook ontmoet tijdens iets voorlezen in Café Cox, bijzonder aardige mensen inderdaad, leuk mee staan praten. Hij zei tegen me: 'Elke keer als mijn vrouw en ik in onze rammelende Volkswagenbus door een Jaguar worden ingehaald, zeggen we tegen elkaar: "Kijk, daar gaat Herman Koch!"'

Ik was de afgelopen tijd veel op reis, eerst Istanbul (indrukwekkend, iets te groot, mooi, in elke straat net zoveel mensen op de been als in Amsterdam op Koninginnedag), en van daaruit door naar Helsinki. Tijdens de landing scheerden we laag over de eeuwige, al een beetje herfstkleurige dennenbomen, en toen opeens, vanuit het niets, schoten me een stuk of wat Finse woorden te binnen die kennelijk ergens bijna veertig jaar lang op een niet meer gebruikte harde schijf hadden gestaan, maar dus toch niet helemaal verloren waren gegaan. Ik had tijdens de vlucht natuurlijk al wat Fins om me heen horen kakelen, dus dat kan ook een rol hebben gespeeld, maar ik weet zeker dat die dennenbomen de trigger waren: een landschap dat je nergens anders ziet, behalve wellicht in Canada. En nu komt het, die woorden waren: 'dank je', 'tot ziens', 'moeder' en 'dood'.

Ik probeer het leven niet interessanter te maken dan het is, maar nu lig ik op mijn hotelkamer in New

York. *The Dinner* komt hier pas in februari uit, maar dit is een soort pre-publicity tour, met etentjes, cocktailparty's en mensen die je de hand moet schudden. Soms voel ik me als een onbekende senator die de gunst van zijn kiezers probeert te winnen. Morgen met de trein naar Boston en zaterdag weer naar huis, en naar bed. Ik kom hier ook op omdat je het over de halfslaap hebt, en welke ideeën daar soms bij opkomen. Ik had dat hier met de zogenaamde jetlag, die volgens mij niet bestaat zolang je hem glashard ontkent, maar goed: helemaal normaal voel je je toch ook niet. Je kan er last van hebben, van die jetlag, maar je kan hem ook als vriend beschouwen: in elk geval hem tot je voordeel aanwenden dat je je wonderlijker en losgekoppelder voelt dan normaal. Zo lag ik de eerste nacht vanaf drie uur 's ochtends wakker, niet handig, want ik moest de volgende dag normaal overkomen, maar ondertussen maalde er van alles door mijn hoofd, zeker niet onprettig. Er gebeurde ook iets met het boek waar ik op dit moment aan schrijf: er kantelde iets, een lichte verschuiving die alles in een iets ander (niet eens radicaal ander) perspectief plaatste. De dag erna (gisteren) deed ik net of ik wel vaker maar twee uur sliep, tegen het eind van de dag werd het wel even zwaar, maar toen, in een mooi restaurant, voelde ik me bij het eerste en tweede biertje opeens zoals ik me thuis nooit voel: ver weg en toch dicht bij mezelf, ik weet niet hoe ik het anders moet formuleren. Dat alles samenvalt en je juist helemaal niet meer naar slaap verlangt, maar dat je het liefst zo lang mogelijk aan die restauranttafel wilt blijven zitten. Wat ik toen ook heb gedaan. Op de hotelkamer begon ik nog optimistisch aan het debat Obama-Romney, maar na de eerste twee antwoorden van de kandidaten was het opeens afgelopen. 's Ochtends om zes uur stond de tv nog steeds aan, en om zeven uur zat ik alweer in de Starbucks. Het hotel ligt tegenover het theater waar de *David Letterman Show* wordt opgenomen.

De beste invallen komen bij mij tijdens de leegste, minst belaste momenten van het bestaan, de momenten zonder verplichtingen en bijgedachten: een terrastafel, in de rij bij het inchecken, tijdens een lange autorit alleen, het eten van een Snickers in een benzinestation, een wachtkamer bij de eerste hulp zolang ik niet zelf de patiënt ben. En bij jou?

Ik moet hier stoppen, word over een kwartiertje opgehaald voor drinks & small talk.

Love,
Herman

Amsterdam, 25 oktober 2012

Lieve Herman,

Invallen, ideeën, trekken van personages, zelfs hele opzetten en structuren voor romans, inzichten: die doen zich allemaal voor in mijn dromen vlak voor de wekker, in halfslaap en dagdroom. Je moet ze herhalen bij het wakker worden of ze meteen opschrijven, anders krijg je carmiggeltiaanse toestanden ('Konijntje op grote weg'). Er ligt dus altijd een stapel blaadjes met een potlood op mijn bedtafeltje (met dat potloodje streep ik ook al lezend in boeken, sommige boeken staan vol met onderstrepingen en uitroeptekens). Ook wakend kan ik de associatieve stroom soms opwekken als ik heel geconcentreerd aan het werk ben, ik in de zogeheten flow verkeer, dat is wanneer mijn kritische agent even koffie is halen. Ik vind een geluksgevoel als ik op mijn creatieve onderbewuste kan koersen.

Aan de andere kant ben ik er, zoals elke schrijver, doodsbenauwd voor dat de poort op een dag gesloten zal blijken. De zaak is failliet en ik krijg er geen toegang meer toe. Ik heb er geen idee van hoe mensen denken die niet schrijven, hoe ze hun ideeën gebruiken en verwerken. Vanaf mijn vijftiende ongeveer begon ik me af te vragen waar ideeën eigenlijk vandaan komen en of je überhaupt wel een origineel idee kan hebben zonder voorkennis. Want ik verzette me ertegen om klakkeloos de interpretatie van iemand over te nemen. Dat wil zeggen: ik nam die alleen over als het echt onontkoombaar was maar die bleef toch tweedehands. Waar vond ik mijn eigen ideeën? Hoe maakte ik die aan? Hoe kwam ik aan 'een eigen mening'? Of was het altijd zo dat mensen de meningen van anderen nakwekken en doen alsof het hun eigen mening is? Dat vond ik ronduit teleurstellend.

Waaruit bestaat denken dan?

Mijn eerste volzin schijnt 'Zelluf doen!' geweest te zijn. In mijn familie is het stellig poneren van ideeën en meningen een tak van sport: probeer het maar te weerleggen. Stelligheid met een knipoog. En ik ben altijd geïnteresseerd in waar andere mensen hun stellige opvattingen vandaan halen. Uit boeken en tijdschriften en kranten en het nabauwen van deskundigen. Ik begon op de middelbare school zoveel voorbehouden te formuleren over een eigen mening en over originaliteit dat ik mezelf daarmee lamlegde: wie empathisch is, kan zich beide zijden indenken, wie veel weet, weet van alle kanten veel en kán er dus helemaal geen eenduidige mening op na houden. Het soort tautologisch gepieker waar pubers en beroepsdenkers zich mee bezighouden. Wat ik wel weet, is dit: er bevindt zich een diepzee in je onderbewuste waar het donker is en waar je blind moet leren vissen. Er zijn verschillende manieren waarop je er je weg kunt vinden. Noem het sonar of intuïtie. Hoe de bekleding er daar precies uitziet weet ik niet, het kan zijn dat ik maar één kamer goed ken, het kan zijn dat er een wijdvertakt gangenstelsel achter ligt, maar misschien is het niet meer dan die ene kamer. Wellicht geldt dit ook voor mensen die geloven. Dan is het 'reli-gen' slechts een variant van het 'creatieve gen' en maken kunst en geloof een overlap in de verbeelding. Lacan zei: 'Het onderbewuste is gestructureerd als een taal.' Als je dit aanneemt, bestaat er een grammatica van het onderbewuste en is daar ordening in te vinden. Die natuurlijke ordening kan zich als een chaotisch scenario voordoen, zoals de meeste dromen. Maar als je de juiste sleutel bezit, kun je de chaos ontsluiten. Door middel van taal. Ik ben ervan overtuigd dat taal en beeld zich in je onderbewuste mengen en verstrengelen: taal roept een beeld op, beeld roept taal op, en dit produceert vonken voor ideeën die de intelligentie voeren. Ik droomde eens over een vriendin die mij rottig had bejegend, dat zij touwachtig haar had waarin tanden gevlochten zaten. Dat riep de magie van Afrikaanse afgodsbeeldjes op (die soms inderdaad van dat stro-achtige haar hebben met bijvoorbeeld schelpen erin geknoopt). Na het ontwaken uit die droom dacht ik: 'tanden op je haar', en dat riep weer de uitdrukking 'haar op je tanden' bij me op. De geest is een inventieve husselaar, hij klutst beeld en begrippen door elkaar. Zodra je de taal erop loslaat, rolt er toch iets begrijpelijks uit.

Ik heb hier trouwens nog steeds jouw exemplaar van Koestlers *The Act of Creation* dat ik ongaarne teruggeef, omdat het ook antiquarisch bijna niet meer te krijgen is. Een uitgever zou eens aan een heruitgave kunnen denken, want de theorieën van Arthur Koestler over de origine van creativiteit in kunst, wetenschap en humor zijn erg inspirerend. Omdat Koestler (die zich op heel veel verschillende, ook quasiwetenschappelijke en zelfs vage terreinen als parapsychologie bewoog) een unieke, veelzijdige, uiterst creatieve persoonlijkheid bezat, durft hij in zijn werk veronderstellingen te poneren die wetenschappers niet onderbouwd of gefundeerd vonden.

Maar dat dondert wat mij betreft helemaal niet, omdat het alleen al boeiend is om te proberen zijn gedachtegang te volgen. Misschien lopen die wegen dood, maar hoe erg is dat? Ik houd van zo'n onderzoekende geest die zich niet aan banden laat leggen, 'fuzzy logic', het naast de gebaande paden denken. Het beeld dat Koestler van creativiteit geeft – en mij altijd is bijgebleven – is, zoals je je vast herinnert, dat van een kleine hoge kamer met een archiefkast erin die tot het plafond reikt. De ontwikkeling van een creatief idee kun je je volgens hem zo voorstellen: als schrijver, wetenschapper of satiricus trek je, al nadenkend, steeds twee verschillende (ideeën)laatjes open, telkens weer en weer, van willekeurig heel hoog tot heel laag, dichtbij of ver uit elkaar gelegen laden. Dan ontstaat er ineens een creatieve vonk, omdat twee opengetrokken laden een verbinding zijn aangegaan. Die vonk is de kiem van het originele idee dat uit de botsing van twee nooit eerder zo ten opzichte van elkaar geplaatste onderwerpen of thema's ontstaat. Dat levert een originele grap, inzicht of wetenschappelijke vondst op.

Het domein van de schrijver, kunstenaar, wetenschappelijk onderzoeker, cabaretier moet dus altijd anarchistisch zijn, in de zin van: los van regels. Je hebt jezelf getraind om buiten de gebaande paden te lopen. Dat boek kwam niet voor niets bij jou vandaan. Ik vermoed dat je Koestler ook las in verband met zijn theorie over humor? En wat de training betreft: de proustiaanse horizontale positie is door hem beschreven als ideaal voor het krijgen van ideeën. Inderdaad, een jetlag of een slapeloze nacht of een hele ochtend in bed kan erg goede ideeën opleveren. Ook warme douches. Door de euforie van een bergwandeling, door endorfinen die ook bij hardlopen vrijkomen, krijg je de juiste concentratie. Vroeger dachten we dat alleen met roken en drinken te bereiken. Ik heb nooit lsd gebruikt, uit angst voor hersenschade, maar ik roep de laatste jaren dat ik het nu wel zou willen proberen, omdat mijn geheugen toch achteruitgaat. Een snorkeltochtje in je eigen neurologische soep vind ik wel een aanlokkelijk idee. Hoewel ik gewoon snorkelen ook een fantastische trip vind. Onder water doe ik trouwens ook ideeën op.

Peace, luv & understanding, yours truly,
Wan

Amsterdam, 30 november 2012

Lieve Wanda,

Ik heb altijd en overal een notitieboekje bij me, maar er staat nooit wat in. Er staan wel aantekeningen in notitieboekjes die ik thuis heb liggen, maar op de een of andere manier wordt er buiten de deur nooit iets genoteerd. Ideeën komen er wel, maar ik mijmer dan liever nog een poosje door dan dat ik ze al meteen concreet wil vastleggen: bang zelfs dat er met het concreet vastleggen ook iets essentieels verloren kan gaan, de 'onlogica' van het oorspronkelijke idee wellicht. Maar mijn ervaring is dat wat goed genoeg is vanzelf wordt onthouden: tot de volgende dag, op zijn minst tot het moment waarop je weer thuis bent. Invallen die ik wel noodgedwongen buiten de deur noteer, hebben vaak een hoog eekhoorntje-op-lange-weggehalte. Ik zie het meestal meteen aan het handschrift later: duidelijk op een ligstoel geschreven en met al twee gin-tonics achter de kiezen. Vroeger overkwam het me nog weleens dat ik dronken op de wc van een café stond met een 'geniaal' idee. Zo geniaal dat ik het vast wel een paar uur zou kunnen onthouden. Niet dus.

Halfslaap, endorfine, iets heel anders aan het doen: je noemt al een paar van die ideale omstandigheden waarin de invallen de meeste kans krijgen. Ik heb het ook vaak na hardlopen, doorgaans loop ik dan nog een uur in gewoon wandeltempo, maar het zijn vaker huis-tuin-en-keukeninvallen dan iets wat een verhaal of boek verder helpt. Dus bijvoorbeeld: als ik nou die papieren in die kast boven leg, dan heb ik meer ruimte onder in die la van mijn bureau. Een ander ideaal vehikel om de mijmerende gedachtestroom op gang te brengen is voor mij autorijden. Het schijnt dat meer mensen dat hebben: de combinatie van concentratie en het niet voor honderd procent geconcentreerd te hoeven zijn, of anders gezegd: je wordt eerst gedwongen je te concentreren, maar je hebt die concentratie vervolgens niet meer nodig voor alleen het rijden. In een auto ben je helemaal jezelf, je wordt niet echt gezien, je trekt al je ware gezicht, wellicht brengt dit ook je ware aard naar boven. Dit in tegenstelling tot de trein waar je ook wel een eind weg kunt mijmeren, maar je toch vaak wordt afgeleid door geleuter van medepassagiers. Mijmeren in vliegtuigen lukt me zelden tot nooit, hooguit een halfuur na het eerste biertje. Mijmeren op vliegvelden weer wel.

En een andere mijmertrigger is toch ook het lezen: ik lees daarom ook zo langzaam. Al na een paar alinea's beginnen mijn gedachten alle kanten uit te waaieren en wil mijn hoofd zelf iets doen. Ik begrijp mensen ook niet die altijd maar lezen, volgens mij is er dan geen ruimte meer vrij voor eigen gedachten. Nog een voordeel van de auto: je kunt niet lezen terwijl je rijdt. Anderen vinden dit juist een nadeel en kiezen daarom voor de trein. Ze vergeten gemakshalve dan even de koude wind op het perron of de stem die de vertragingen omroept. Ik sta/zit honderd keer liever in mijn eigen auto en eigen ruimte in een file. En ze vergeten dat je in een trein niet hóéft te lezen, dat je ook alleen naar de voorbijdraaiende koeien kunt kijken. Volgens mij is het niet-lezen essentieel voor het schrijven, hoe graag je ook je gedachten door anderen een bepaalde kant op wilt laten sturen.

Wat leuk dat jij *The Act of Creation* nog hebt, ik dacht dat ik het kwijt was. Ik herinner me inderdaad vooral nog zijn voorbeelden over de humor: bananenschil, mens, zwaartekracht. En dat zowel de scheppende als de wetenschappelijke creativiteit uit een en hetzelfde vaatje tappen, namelijk door twee tot dusverre onverenigbare werelden met elkaar te verbinden: Archimedes, bad, steen. In het schrijven is hiervan de vergelijking het meest sprekende voorbeeld. 'Schommelde in de lucht... als een aap die nog nooit...' Vul de ontbrekende woorden in en je hebt er al een paar. Je mag het natuurlijk niet zeggen, maar vergelijkingenschrijvers zijn doorgaans slechte schrijvers, behalve als het een heel goede vergelijking is natuurlijk. Maar het blijft een kunstje: kijk mij eens zonder handen de ene na de andere uit mijn mouw schudden!

Je snijdt in je brief veel te veel ineens aan, Wanda! Op deze van jou kan ik er zeven terugschrijven (doe dat dan, luiwammes!). Over het moment van eigen ideeën en meningen krijgen bijvoorbeeld. In het begin heb je geen eigen mening, dat verandert rond je dertiende/zeventiende: dan heb je er opeens te veel. En zijn ze ook veel te onwrikbaar en te stellig. De geldingsdrang. Op de lagere school hoorde ik een keer een leraar over mij zeggen: 'Die? Die waait met alle winden mee.' Daar heb ik toen wel van wakker gelegen, want blijkbaar was ik een slappe figuur, zo had die klootzak het toch bedoeld! Maar veel later, nadat de ergste puberteitsstormen wat waren gaan liggen, ben ik geleidelijk steeds meer mee gaan waaien. Tot ik uiteindelijk, nog veel later, tot de conclusie kwam dat de eigen mening niet het hoogst verdedigbare goed is. Zeker niet voor een schrijver. Ik merkte hoe ik eerst het ene standpunt aanhoorde en het daar vervolgens mee eens was, om het al een paar minuten later volledig eens te zijn met het tegenovergestelde standpunt. Makkelijk beïnvloedbaar, heet dat in de volksmond. En inderdaad: dat ben ik. Het kost wat tijd om dit aan jezelf toe te geven, want alle bijklanken zijn negatief: geen ruggengraat, alle winden mee... etc. Maar voor een schrijver is het je voor honderd procent kunnen verplaatsen in de meningen van anderen (en in die anderen zelf) alleen maar een voordeel. Ik zal nog net niet zeggen: een vereiste (want dat zou een mening zijn).

'Waar men meningen afserveert, zal men eens mensen afserveren.'

Hetzelfde geldt ook voor andere eigenschappen van jezelf die je misschien aanvankelijk negatief beoordeelt omdat ze een slechte naam hebben, terwijl je met de erkenning van die eigenschappen een heel eind verder komt. Ik noem hier de luiheid. Lui is erg. Ik ben lui. Toch doe ik nog weleens wat zo nu en dan (een boek schrijven). Ondanks mijn luiheid, zou ik vroeger zeggen. Dankzij mijn luiheid, zeg ik nu. Want door zo vaak dingen niet te doen en uit te stellen, heb ik de tijd overgehouden om 'lui' achterover te liggen en te mijmeren. En dan zijn we weer terug bij het begin.

'Wie altijd iets doet, doet uiteindelijk niets.'

Liefs,
Herman

Amsterdam, 4 december 2012

Lieve Herman,

Ja, qua aansnijden van onderwerpen kan het me nooit genoeg zijn. We bevinden ons in een merkwaardige levensfase: we voelen ons nog jong maar om ons heen is het sterven nu echt begonnen, ook van leeftijdgenoten. Het besef dat ook ik de gevarenzone binnen begin te lopen, dringt zich steeds meer op: je begint vanaf je middelbareschooltijd samen met je leeftijdgenoten en je vrienden aan een wandeltocht. Eerst geeft die wandeling uitzicht op schitterende Himalaya's en Alpen, op ruige avontuurlijke bossen en zonovergoten meren en onafzienbare zeeën. We lopen er met zijn allen heen, we verkennen de aarde naar alle kanten. Maar op een gegeven moment, zo na je vijftigste, blijkt dat landschap om ons heen ongemerkt in een slagveld te zijn veranderd. We verliezen ouders, familie, vrienden, bekende schrijvers, kunstenaars, figuren die we vanaf onze schooltijd bewonderden en die allemaal ook met ons meereisden. Mensen die heel belangrijk voor ons waren, vallen ineens dood naast ons neer. We zijn gedwongen ze achter te laten. Want we moeten alleen verder, terwijl het om ons heen donker wordt.

Zo was ik vorige week op de begrafenis van een vriendin. Wanneer staan ze hier om mij te begraven? vroeg ik me ineens af, een gedachte die ik nog nooit eerder had gehad. Het was een treurige maar mooie bijeenkomst, 58 was ze nog maar. Terwijl ik naar de speeches luisterde, zag ik schuin voor me een man staan van onze leeftijd, met rossig lang haar, in een donker pak met een krijtstreep. Ik bestudeerde de zijkant van zijn gezicht. Hij deed me aan iemand denken, iemand uit mijn studietijd of van het Spinoza Lyceum. Na een tijdje zoeken in mijn geheugen kwam, god weet waarvandaan, ineens de naam Axel Fink naar boven. Weet jij nog wie dat was? (Hij werd, meen ik, door ons ook wel Axel Nort genoemd, naar de detective van die melige Vlaamse tv-serie.)

Op de nazit met witte wijn sprak ik hem aan en jawel, hij bleek Axel te zijn. Ik herinnerde me van vroeger zijn jongensachtige verschijning met blozende konen en nu was hij ineens een stoere man geworden met een Ray Ban-zonnebril op zijn hoofd en een pak met cowboylaarzen eronder. Hij woonde vroeger geloof ik in de Holbeinstraat en ik herinnerde me dat we daar weleens thuis zijn geweest. Zijn ouders waren gescheiden, er was vaak alleen een huishoudster. Was zijn moeder niet operazangeres en vaak op reis? Wij hingen in de zitkamer en rookten hasj uit een waterpijp. Zat hij bij jou in de klas? Ik herinner me dat hij een bepaalde periode, misschien maar kort, met ons clubje optrok. Maar hij is nooit mee geweest naar Zeeland. Als ik naar huis moest (ik moest om twaalf uur thuis zijn) en jullie 's nachts nog doorgingen naar De Roode Baron op de Zeedijk, ging hij ook wel mee. Jij en de andere jongens en Axel kwamen daar in het weekend wel vaker. Ik was jaloers als ik de volgende dagen de verhalen van jullie hoorde.

Enfin, ik raakte op die begrafenis geanimeerd met Axel in gesprek. Hij bleek eind jaren zeventig iets met die vriendin die net overleden was, gehad te hebben, dat wist ik niet. Hij woonde een tijd op Ibiza en nu heel mooi op Sint-Maarten en doet daar in vastgoed (vakantiedorpen). En hij heeft een kantoortje in... de Van Eeghenstraat! Wel in het smalle, 'mindere' gedeelte. Hij herinnerde zich mijn ouderlijk huis daar, vertelde dat hij er een paar keer was geweest en dat hij toen al dacht: later wil ik ook zo'n huis. Hij had goede herinneringen aan mijn moeder, zei dat hij haar zo'n mooie, aardige vrouw vond, en – of hij dat nou alleen zei om een beetje te flirten, weet ik niet – dat hij toen verliefd op mij was. Ik wist daar helemaal niks van. Hij heeft nu een veel zelfverzekerder uitstraling dan op school, in ieder geval in de buurt van meisjes.

Gisteren nog een potje toneelgespeeld (haha). Ik had een tijdje terug een opdrachtje gekregen van Schrijvers uit Oost (jou ook bekend) om een toneelscène te schrijven die met de geschiedenis van het Lloyd Hotel te maken heeft. Dat werd een monoloog (*Moeder & Zn* geheten) die ik baseerde op de moeder van Arnon Grunberg, die ik niet persoonlijk ken, maar die als meisje tijdens de oorlog in het Lloyd geïnterneerd zat. Marlies Heuer las de cynische Moeder en ik speelde, liggend op een bed, de Zoon (die alleen de tekst 'Mama' heeft, in allerlei toonaarden, en probeert zijn moeder te kalmeren).

Lfs,
Wanda

Amsterdam, 11 januari 2013

Lieve Wanda,

Afgelopen zondag liep ik over de Zeedijk en toen vertelde iemand mij iets over iemand anders waarbij ik meteen dacht: dit moet ik onthouden, dit moet ik in elk geval morgen meteen aan Amalia vertellen. Het was iets ergs, iets schandaligs, een roddel kortom. Maar, je raadt al waar dit heen gaat: de volgende ochtend bleek alles te zijn gewist, een blanco papiertje waarvan je toch echt zeker wist dat je er 's nachts een zeer bruikbaar idee voor een nieuwe roman op had genoteerd, een verplaatste folder uit je computer, inmiddels al een paar lichtjaren van de aarde verwijderd, ver voorbij Pluto. Dit wordt de laatste tijd alleen maar erger. Deze zomer kocht ik in Londen het nieuwe boek van Anne Tyler, *The Beginner's Goodbye* (ken jij dat? Is echt goed), maar in het vliegtuig naar Dublin liet ik het in het vakje met het kotszakje en de instructies bij een noodlanding zitten. Ik kocht het boek nogmaals in Dublin, en daarna vloog ik al lezend (ik was al op pagina veertig) terug naar Amsterdam. De rest van dit verhaal maak ik niet af, het heeft een open einde. Maar wel een open einde dat alleen maar geloofwaardig is omdat het zich in de werkelijkheid afspeelt.

Maar nu dit: van Sinterklaas kreeg ik een iPad-mini cadeau die ik vollaadde met boeken en tijdschriften. En met kerst gingen we naar Barcelona. Op de terugweg (...) tot op de dag van vandaag nog niet teruggevonden bij de Lost & Found-afdeling op Schiphol. Er is een moment dat je denkt: ik moet niet vergeten om... dan is er de black-out, en breekt het volgende moment aan waarin je geen enkele gedachte meer vuilmaakt aan datgene wat je absoluut niet mocht vergeten.

Die gelegenheid heette niet De Roode Baron maar De Witte Ballon, op de Geldersekade. Het was een pure jongensaangelegenheid, ook het interessant vinden om daar uren na een concert nog bandleden te zien binnendruppelen met wie je dan een pilsje dronk (The Soft Machine). Eén keer ben ik er na een optreden in Paradiso in mijn eentje naartoe gefietst, mijn moeder leefde toen nog, dus ik zal niet ouder dan zestien zijn geweest. Bill Wyman zat al aan de bar toen ik binnenkwam, verder was het daar zo goed als leeg. Ik hakkelde en stotterde iets over 'fantastic guitarplaying', maar Bill zat zich duidelijk te vervelen, dus tegen een uur of vijf vroeg hij mij of ik nog ergens iets wist wat open was. Het enige waar ik alleen over had gehoord maar nooit was geweest, was The Drama Queen, in de Warmoesstraat achter de Dam, ik wist toen nog te weinig van het leven om te begrijpen dat dit een nichtendisco was. Het werd inmiddels, zoals in die tijd niet ongewoon, alweer licht. Zo zijn we uiteindelijk met een taxi bij mij thuis beland, waar mijn moeder al op was en een geweldig ontbijt voor ons heeft gemaakt. 'Wat een leuke en beleefde man!' zei ze na afloop toen ik Bill Wyman had teruggebracht naar zijn hotel. Je zou denken dat dit verhaal nog een staartje had, bijvoorbeeld dat hij en ik elkaar daarna nog vaker hebben ontmoet of op zijn minst geschreven, maar niets in die richting. Na een maand schreef ik een redelijk lange brief aan zijn management, en toen er geen reactie kwam, twee maanden later nog een iets kortere. Maar er werd nooit meer gereageerd, zo'n totale stilte dat ik aan mezelf begon te twijfelen, en me na verloop van tijd zelfs begon af te vragen of ik iets verkeerd had gezegd of gedaan. Dat soort twijfels, ken je die? Aan het ontbijt van mijn moeder zal het niet gelegen hebben.

Liefs,
Herman

Amsterdam, 24 januari 2013

Lieve Herman,

Axel vertelde dat hij in de jaren zeventig sociologie was gaan studeren maar daarnaast – en waarschijnlijk voornamelijk – allerlei handeltjes had waaronder militaire dump, hij leverde laarzen aan Loe Lap in de Reguliersbree, waar ik in die tijd weleens rondscharrelde voor een duffelse jas of een mariniersbroek.

In de keuken van zijn studentenflat bakte hij koeken die hij van Brinta-havermout met water brouwde en hij leverde die 'biokoeken' in authentiek grauwe zakken aan natuurbakkers. Flinke winst natuurlijk.

En het had weinig gescheeld of hij was in het spoor van de Rote Armee Fraktion verzeild geraakt. In die studentenflat (wij waren hem uit het oog verloren) heeft hij onderdak verschaft aan twee leden van de RAF, geen kopstukken maar wel jongens met wapens en explosieven die door de Duitse en Nederlandse politie gezocht werden. Het begon weliswaar met een keer zijn studentenkamer afstaan aan een RAF-lid, maar na een tijdje werd hem ook verzocht wapens te verstoppen. Hij zei dat hij me nog veel meer kon vertellen over bepaalde types uit die tijd, ook over mensen die ik en jij gekend hebben. Materiaal voor een roman! riep hij nog lachend.

Later is hij in het vastgoed op Sint-Maarten terechtgekomen. Ik denk dat ik hem op school maar een paar keer heb meegemaakt. Misschien schud jij mijn geheugen op.

Over geheugen gesproken: ik was laatst naar *Einstein on the Beach* van Robert Wilson en Philip Glass. Die iconische minimalmusic-voorstelling was in 1976(!) ook al in Amsterdam. Ik zat toen net op de regieopleiding en zou er met mijn klas heen gaan, toen mijn vader plotseling overleed. Dus nu een herkansing, maar zoals dat gaat, zijn herkansingen het meestal net niet. Het was indertijd hot. Inmiddels ben ik geen Glass-fan meer. Er zaten leuke stukjes in maar soms moet je de tijd niet willen inhalen.

Liefs,
Wanda

Amsterdam, 15 februari 2013

Lieve Wanda,

Ik wist helemaal niet dat Axel Fink op Sint-Maarten woonde.

Hij was destijds op het Spinoza al een fascinerende figuur, inderdaad wat stilletjes en verlegen, maar wel altijd met onduidelijke handeltjes, want... en nu komt het: Axel kwam via Barten met wie hij in de klas zat ook, samen met... Klaas Bruinsma. Barten raakte in diezelfde klas (de vijfde?) bevriend met Klaas, en Axel was toen al vrienden met Klaas, als ik me goed herinner. Zelf heb ik overigens ook een jaar met Klaas Bruinsma in de klas gezeten, maar ik was nooit met hem bevriend. Terwijl iedereen in Afghaanse jassen met patchoelilucht rondliep, droeg Klaas vaak driedelige pakken. Aan het eind van dat jaar bleef hij zitten en kwam toen, samen met Axel en Barten, in 5 havo terecht.

En Axel is wel degelijk een keer mee naar Zeeland geweest, zij het inderdaad maar één keer, misschien dat je het daarom niet meer weet. Er waren wel meer van die types die na één keer niet meer terug hoefden te komen. Wij hadden een nogal strenge ballotage, dus iemand met de verkeerde schoenen of het verkeerde haar mocht wel even aan ons clubje ruiken, maar daar bleef het dan bij. Naarmate ik er met meer afstand naar kijk, moet ik steeds vaker aan een soort sekte denken. Herinner jij je bijvoorbeeld nog dat Wendela een keer mee was, en dat ze een kruiswoordpuzzelboekje mee had genomen? Nou, dat kon echt niet, kruiswoordpuzzels! Dat was zoiets doms! Ik weet nog dat Manfred er het eerst over begon: ‘Wat ben je in godsnaam aan het doen?’, en dat ik hem later bijviel. Ik schaam me soms nog als ik eraan terugdenk. Het oplossen van een kruiswoordraadsel viel onder ‘de tijd doden’, en de tijd moest juist ‘beleefd’ worden, niet gedood. Ik moet je eerlijk zeggen dat de achterliggende gedachte me nog altijd aanspreekt, me op zijn minst als begrijpelijk voorkomt, maar het was toch onze intolerantie die me nu, achteraf, als sekteachtig overkomt. Laat ieder vooral doen wat hij het liefste doet, zo denk ik er nu over.

De lijst van één-keer-en-daarna-nooit-weer is lang: onder anderen die vriendin met wie Barten heel kort was. Voor wie we toen nog ergens bij een huisarts in Sluis of Cadzand een morning-afterpil moesten gaan zoeken. Kort na die week Zeeland maakte Barten het uit. ‘En wat zei ze?’ vroeg ik. Zonder ook maar een seconde na te denken antwoordde Barten: ‘Ze zei de hele tijd: “Al die paperassen toch! Al die paperassen toch!”’ Ik kan er niets aan doen, maar ik vind dit vandaag de dag nog net zo grappig als veertig jaar geleden.

Hoe dan ook, die keer dat Axel mee was, zijn we die wandeling naar het Zwin gaan maken zonder dat we iets mochten zeggen. Weet je nog? Ook zo’n anti-kruiswoordpuzzelexperiment, maar opnieuw: helemaal niet zo’n slecht idee. Ik geloof dat we in totaal meer dan vier uur weg waren, het laatste stuk werd het al donker en verschenen er duizenden sterren aan de hemel. Zo'n sterrenhemel zoals je hem alleen op het platteland ziet, en in Nederland vaak zelfs helemaal nooit. Daar stonden we, nog buiten het tuinhekje van het huis, allemaal met ons hoofd in de nek naar boven te staren. We vonden het geloof ik echt jammer dat we straks naar binnen zouden gaan en weer zouden mogen praten. Alsof we dat moment zo lang mogelijk uitstelden. Het had natuurlijk alles met de lichtjaren en de afstanden te maken, daar hadden we het vaak over, hoe lang het licht erover deed om de aarde te bereiken, dat die sterren er misschien al niet eens meer waren, en dat als je sneller zou kunnen reizen dan het licht, je vanaf een planeet op vijfhonderd lichtjaren van ons vandaan door je telescoop Columbus de Atlantische Oceaan zou kunnen zien oversteken.

Er was nog iets anders met Axel: hij had een krantenwijk. Dat had niemand van ons, een krantenwijk. Ik geloof zelfs dat niemand van ons een baantje had, dat was niet nodig met al die ouders die ons van tijd tot tijd vroegen of we nog genoeg zakgeld hadden. Of vergeet ik iemand? Mario is natuurlijk gaan werken toen hij in de derde van school af ging, maar dat is toch iets anders.

Ik dacht die hele week in Zeeland dat Axel in Valti was geïnteresseerd, maar toen we daar buiten bij het tuinhek stonden, kreeg ik op zeker moment pijn in mijn nek van het naar de sterren turen en het zwijgende peinzen over de lichtjaren, en keek ik om me heen. De enige die net als ik niet naar boven keek, was Axel. Hij keek naar jou.

Liefs, Herman

Amsterdam, 26 februari 2013

Lieve Herman,

Die stille wandeling naar het Zwin herinner ik me, maar ik zie Axel er niet bij, terwijl jij je duidelijk herinnert dat hij naar mij keek, toen op die sterrennacht (weet je het zeker? Was het daar niet veel te donker voor?). Wat is het geheugen toch selectief! Maar het kan best, in die tijd had ik helemaal niet door welke jongens iets van me wilden, en dat is geen koketterie. Ik heb jaren later vaak pas doorgehad dat die en die eigenlijk iets met me wilde, maar ik zat in mijn middelbareschooltijd een beetje met de kraag omhoog, als je begrijpt wat ik bedoel. Stoer gedrag was de camouflage voor verlegenheid, niet vanwege blozen of zo, maar ik voelde me verlegen als ik alleen was met een ander. In een groep was geen probleem.

Dokter Bom! In Retranchement. Daar moest de morning-afterpil voor die vriendin van Barten worden gehaald, en ik herinner me dat we daar met zijn allen op zondagmorgen op de stoep stonden, maar dat zal wel niet waar zijn.

Bij wie kwamen die sektarische ideeën met al die

geboden en verboden eigenlijk vandaan? Of is dat ontstaan uit het befaamde 'spontane groepsgevoel'? Wat waren onze voorbeelden? CCC Inc. en andere bandjes? Al sla je me dood. Ons ideaal was om met zijn allen naar het platteland of Frankrijk te trekken, ook zoiets, en daar in een commune met elkaar muziek te maken en te leven van groente uit de tuin. Dat waren toen onze dromen: ons afkeren van de burgerlijke en materiële levens van onze ouders.

Consumptiegoederen als elektronisch huishoudspul kwamen er in ons gedroomde onderkomen niet in, alles kon met de hand, slagroom kloppen met een vork, appeltaarten bakken van echte appels. In Zeeland aten we voor vijftig cent met zeven man boerenkool en aardappelen van de boerbuurman en een gekochte worst voor twee gulden. Eigen muziek maken was gezellig, niemand kon er echt wat van, dus het kwam neer op de anarchie van een improvisatiebandje. We leken achteraf nog het meest op het soort VPRO-programma's dat in die tijd populair was. Er werden strips getekend (jij) en er werd misschien wel quasi aan liedjes geschreven. Er kwam inderdaad geen halma of monopoly op tafel. Goedgekeurd was, zoals gezegd, het occulte waarzegspel ouija: met zijn allen hielden we met de vingertop een plastic schuitje vast tot het uit zichzelf begon te bewegen en naar letters van het alfabet op het bord bewoog, waar het al heen en weer schietend woorden begon te spellen die voor ons raadselachtig of veelbetekenend waren. Een van de zinnen bevatte de naam van Spinoza-rector Goudeket, waarvan het schuitje wild begon te dansen en ineens de hel losbrak...! En je weet vast nog wel dat, om te sparen voor dat gezamenlijke huis in Frankrijk, we ieder een aantal keer vijf gulden in een koekblik hebben gestort, en natuurlijk waren er een paar laks (daar begon het gedonder al). Echte vrienden waren we en hopeloos naïef. Het siert ons achteraf. Ik geloofde eerlijk gezegd toen al niet in zo'n huis, ik had sowieso vaak te veel scepsis en wie weet de beperkte blik van een spelbreker.

De zwijgende wandeling naar het Zwin herinner ik me deels. De natuur niet verstoren, jezelf en de groep op de proef stellen, daar begint me iets heel vaag te dagen. Op de terugtocht in het donker werd er een griezelverhaal verteld door Barten.

Ik sprak trouwens laatst met Wendela, die memoreerde dat zij net als ik in het groepje niet erg veel durfde te zeggen. Ook Mario en Rogier geven toe dat ze soms beducht waren voor jouw scherpe tong. Barten moest overal altijd om grinniken en maakte een soort *deadpan* opmerkingen terug. Wij waren een dankbaar publiek. Het was alleen voor ingewijden en taboedoorbrekend want als ik dan iets wilde zeggen, was het: 'Nee Wanda, nu even niet, want jij bent joods.' Daar moest ik om lachen, ik vond die humor heel bevrijdend.

Dat sektarische zat overduidelijk in de tijdgeest, je kunt in het groepje denk ik niet één persoon aanwijzen die dat dwingend voorschreef. Het was een draaierig makende mix van hormonen, romantiek en toekomstverwachting. Met elkaar in een afgelegen huisje in slaapzakken om de houtkachel liggen, samen in het vuur staren, wat zou er allemaal met ons gebeuren? En als saamhorig groepje een hoop onzin uithalen, dat was gewoon leuk, ook achteraf nog. We waren vrij, er waren geen ouders bij, we belichaamden een zelfbedacht soort samenleven. Maar wat me achteraf ook opvalt: wij waren als groepje vrienden erg aan elkaar gehecht, en Rogier en Mario en ik zien elkaar op diverse etentjes en gelegenheden, jij ziet Manfred, Barten en Margot geregeld.

Ik hoor op dit moment Ry Cooder op de achtergrond spelen, ik zie *tumbleweed* over de verlaten dijk van Terhofstede rollen, de fluisterstem van Richard Attenborough wuift ons uit. Ik stap achter op de motor bij jou, en daar gaan we, on the road...

De wat serieuzere gesprekken tussen jou en mij, meer persoonlijk, over schrijven en schrijvers, dateren volgens mij allemaal van de tijd dat jij in de Weteringstraat en ik op de Keizersgracht woonde, dat was halverwege de jaren tachtig. Onze rondreis op de motor naar Zaragoza en Lérida dateert van nog later, toen ik jou en Amalia een paar keer bezocht in Barcelona. Die eerste keer bij jou achter op de motor in Spanje was verschrikkelijk spannend. Ik herinner me jouw grappige verbazing nog toen ik uit angst om van de motor af te lazeren mijn armen stevig om jouw middel legde, en hoe jij toen omkeek...

Liefs,
Wanda

1987, Aragón

PS: Wij gaan met de ICE-trein een dagje naar Keulen voor de grote Hockney-tentoonstelling in het Museum Ludwig. Wij waren ook al eens met de ICE naar Berlijn, eerste klasse. Wim verheugt zich nu al op de ober in de trein die het hoge, perfect schuimende glas Hefeweizen komt serveren (ik ben geen bierdrinker, maar sommige Duitse bieren vind ik wel lekker. In Keulen moet natuurlijk de Kölsch gedronken worden uit zo'n fijn recht, slank glas).

Amsterdam, 28 februari 2013

Lieve Wanda,

In mijn herinnering was het toch vooral een mooie, noem het een idealistische tijd, de een was misschien wat onzekerder dan de ander, maar dat hele streven naar een soort puurheid (geen kranten, geen meegebrachte muziek, de bandrecorder was overigens van mijn vader) was ook een manier van afzetten tegen onze ouders, en tegen onze bevoorrechte jeugd. Mijn vader wilde het aan tafel altijd over de actualiteit hebben, en dan sloeg ik alles dood met de opmerking dat het nieuws en de actualiteit niet belangrijk waren. Dat waren ze natuurlijk ook niet, wat dat betreft klopt het nog steeds als een bus, voor mij althans. Natuurlijk volg ik net als iedereen alles, de kranten, de weekbladen, *DWDD*, maar soms, in ons huis in Zeeland(!), probeer ik een heel weekend geen krant in te kijken en ook de tv uit te laten. Een soort schoonmaakoperatie voor het hoofd, het klinkt misschien wat zweverig, maar ik word daar simpelweg gelukkig van. Sterker nog: ik probeer soms ook om niet te lezen, om uitsluitend over de akkers uit te staren. Zo zie je: alles is veertig jaar geleden begonnen en nooit helemaal geëindigd.

Een paar jaar geleden vloog ik naar Guatemala, vijftien uur onderweg, en ik had het dikke boek al in mijn tas zitten. Maar het is er nooit uit gekomen. Ik had geen medepassagier met wie ik in gesprek raakte, ik heb ook geen film gekeken. Ik heb daar uitsluitend voor me uit zitten mijmeren, met af en toe een hazenslaapje. Het was heerlijk! Ik had het voor geen goud willen missen. En dan te bedenken dat vliegen toch de saaiste vorm van je verplaatsen is; er is niets, je zit nooit lekker, het is altijd te warm of te koud, als enige afleiding is er, zoals in het bejaardenhuis, het karretje met de drankjes en het warme eten. Daar neem ik dan ook alle tijd voor, en de regel dat je in het vliegtuig beter geen alcohol kan drinken, lap ik aan mijn laars. Let wel: ik zet het niet op een zuipen, ik wil juist wakker blijven, en ik heb ook geen zin in de droge bek en het nog drogere hoofd na afloop, vanaf dat moment wordt vliegen pas echt ondraaglijk.

Natuurlijk past onze hele hang naar de natuur achteraf gezien ook naadloos in de tijdgeest. De opzettelijk zwijgende wandeling naar het Zwin, überhaupt het feit dat we lange wandelingen maakten, ook door sneeuwstormen, voor hetzelfde geld waren we gewoon een hele week voor de kachel blijven liggen, niemand die er iets van kon zeggen. Op een bepaalde manier waren we misschien passief, maar in andere opzichten ondernamen we toch best veel. In het terug-naar-de-natuurgevoel past ook het plan om een huis of heel dorp in Frankrijk te kopen en daar geiten of ander vee te houden, mijn reis naar Finland (een beetje om het boerenvak onder de knie te krijgen, voor als dat dorp er eenmaal was, maar toch voornamelijk om even zo lang mogelijk heel ver weg te zijn van de beslissingen en terugkerende vraag van mijn vader 'wat ik nu eigenlijk wilde in dit leven'), en ook latere/eerdere reizen met Barten op mobylettes door Frankrijk en later op motoren door Marokko. Ik bedoel, de disco kwam bij ons toch echt op de tweede plaats, of herinner ik me dat verkeerd?

Het is dat jij erover begint, maar ik vond het in elk geval fijn om te horen dat jij een opmerking als 'Nee, Wanda, nu even niet, want jij bent joods' als bevrijdend hebt ervaren. Dat was het namelijk voor degene die hem maakte, denk ik, ook. In mijn herinnering waren het vooral Mario en ik. 'Vandaag moeten de joden de afwas doen,' was er ook een die me is bijgebleven (Mario), die sloeg dan op jou en Valti. Ik denk dat het alles te maken had met de gevoeligheid van het onderwerp in 1971 (of zou het dat nu nog steeds zijn?). Een onderwerp waar door ouders en leraren altijd met een soort eerbiedige fluistering en terneergeslagen ogen over gesproken werd. Die eerbied bliezen wij in één keer op, achteraf vroeg ik me alleen weleens af of er geen slachtoffers bij waren gevallen. Ik herinner me nu opeens een discussie na een optreden van Max Tailleur in de aula van het Spinoza Lyceum. Iemand beschuldigde mij van 'antisemitisme' omdat hij had gezien dat ik opzettelijk niet één keer had gelachen. En ik zei toen: 'Ik zou een antisemiet zijn als ik uit valse eerbied wel om de slechte grappen van die sukkel had gelachen.' Of woorden van gelijke strekking, einde discussie.

En ja, de serieuzere gesprekken waren meer van later, dat heeft denk ik ook alles met de groepsdynamiek te maken, we gingen wel de diepte in, daar in Zeeland, maar dan toch meer de kosmische diepte van de afstanden van de sterren en het ontstaan van het heelal. Later, toen jij op de Keizersgracht woonde en ik in de Weteringstraat, waren we al beginnende schrijvers, zij het zonder nog maar één gepubliceerde letter, maar dat ging wel gebeuren, dat wisten we toen al zeker. Ook aan onze motortocht door de lege landschappen bij Zaragoza heb ik alleen maar mooie herinneringen, de arm om mijn middel herinner ik me ook, maar mijn reactie was ik vergeten... Op een terras in Lérida hebben we toen tot diep in de nacht door zitten ouwehoeren, volgens mij met gin-tonics, en midden in de nacht kreeg ik de openingszinnen voor *Red ons, Maria Montanelli* door, waarna ik van opwinding geen oog meer dichtdeed.

Liefs,
Herman

Amsterdam, 5 maart 2013

Lieve Herman,

'Vandaag moeten de joden de afwas doen!' Ineens herinner ik me die zin weer. Wat is dat toch heerlijk om samen een geheugen te hebben. Dichte luiken in elkaars brein openzetten en het dan laten waaien. Je hebt soms maar één beeld of zin nodig om in een andere tijd te belanden. Dat zou verplicht gemaakt moeten worden, aangesloten worden op de batterijen van je vrienden en je familie: een gigantisch neuraal netwerk aanboren.

Ja, zo'n opmerking was voor ons humor, maar voor de buitenwereld een provocatie, nu zeker. Hij werd heel onschuldig binnenskamers gebezigd. Ik herinner me dat Mario eens vertelde dat zijn moeder hem zoiets tegen mij hoorde zeggen ('Nou effe je mond houden, Wanda, want jij bent joods') en dat ze ontsteld was ('Dat kan je toch niet tegen Wanda zeggen!'). Mijn vader kon wel om mijn Hitlergrappen lachen. Ik speelde na het eten weleens met zijn met gel achterovergekamde haar, daar kon ik liefdevol mee klieren. Omdat ik hem vaak zo autoritair en onredelijk vond, kamde ik eens zijn haar in een Hitlerlok over zijn voorhoofd en met twee vingers dekte ik aan beide kanten zijn snor af en vroeg: 'En? Wie ben je nu?' Daar moest de rest van de familie, maar vooral mijn vader zelf, erg om lachen. Het is helemaal waar dat joden zelf de hardste grappen over joden (kunnen/mogen/willen) maken (zie Ischa Meijer en Lenny Bruce). En terecht! Eerst een hoop doffe ellende meemaken en er dan ook nog eens geen grappen over mogen maken? Dat gaat te ver. Mijn ervaring is verder dat als ik zelf een grap over joden maak, het gezelschap gegeneerd maar bevrijdend de slappe lach krijgt. Dé aanrader tegen discriminatie en politieke correctheid: je hand met humor in eigen boezem steken; je voelt de opluchting bij je publiek. Er zijn tegenwoordig heel wat joden (en andere minderheden) zonder zelfrelativerende humor, wat jammer is. Dat Max Tailleur een sukkel was, zou mijn vader wel beaamd hebben. Wat een onbegrijpelijk flauwe moppen, dat vond ik als kind al gênant.

Ik ben het helemaal met je eens dat die Zeelandtijd een mooie tijd was. Ik wil niet de miesjmacher spelen, maar idealiseren hoeft ook niet. Hoe ouder ik word, des te meer besef ik wat een grenzeloze tijd het was. Wat een vrijheid. Tegenwoordig is het dagdagelijkse digitaal grenzelozer, maar tegelijk ook zoveel cynischer, meedogenlozer, commerciëler. Het is steeds lastiger om in je eigen besloten universum origineel te zijn. Door één druk op de knop weet je via Google of het idee dat net aan je brein is ontsproten, al ergens op de wereld eerder is uitgewerkt. Origineel zijn lijkt bijna onmogelijk. In onze tijd hoefde je niet te checken. Nu we in de wereld bij elkaar op schoot zitten, is iedereen elkaars concurrent geworden. In onze jeugd kon je je nog illusies maken. Maar deze tijd biedt wel weer andere, onvoorstelbare mogelijkheden. Ik ben gevoelig voor internetverslaving: de snelheid waarmee je je gedachten kan voeden met feiten, beelden, weetjes of persoonlijke openbaringen. Gulzig als een veldmuis die zich door een kaas met een diameter van vijftig meter aan het graven is. Ik graaf me al associërend door die berg informatie heen; de ene vondst lokt het zoeken naar een andere uit. Het bedenken van een roman of een filmscenario werkt met diezelfde associërende principes als hits op Google: een gigantische flipperkast. Ik wil steeds meer ballen afschieten: is je hoofdpersoon soms een sadomasochistische necrofiele serial killer, dan kun je op internet enorm veel van je gading vinden. Is je hoofdpersoon een huisvrouw met een allesverslindend libido met thuis een grijze muis op de bank, dan kun je er ook terecht. Internet is een tijdoplosser, het briljante en gestoorde, vrolijke en zielige pakhuis van onze bovenkamers waarin je rond mag dolen. Een schrijver kan daar van alles vinden voor een roman.

De schelle werkelijkheid van alledag, de tv, de radio, de kranten kunnen me ook danig storen. Een tijdje zonder de werkelijkheid is restaurerend. De rondrit in Spanje die Wim en ik de afgelopen drie weken maakten, was een heerlijke onthechting van de Nederlandse werkelijkheid: de kroning finaal gemist, de digitale krant twee keer ingekeken en denken: waar gaat dit over? Het is geweldig om een tijdje los van Nederland te zijn met zijn boerenslimme fraudepraktijken, zijn bonnetjesaffaires, zijn om de tuin leiden van de goedgelovige consument met borrel- en verkooppraat over groen en duurzaam en biologisch en puur, al zijn pogingen om zijn hypocrisie te verbergen, iets wat vroeger nog tolerantie heette maar niets anders blijkt te zijn dan rek in de wet. Jezus, hoe ben ik hier nu weer beland? O ja, de gatenkaas en de veldmuis, internet en het hijgend afhollen van creatieve paden. En dan ben je plotseling op reis en zit je heerlijk met een portie gefrituurde babyinktvisjes op een terras aan de Atlantische Oceaan en waait er alleen maar wind in je hoofd...

Liefs,
Wanda

Amsterdam, 17 juni 2013

Lieve Wanda,

Wat mij altijd is bijgebleven over de joden en de onbespreekbare dingen, is een uitspraak van Ischa Meijer. Ik sprak hem weleens in de tijd dat hij met Connie was. Op een zeker moment ging het over de winkels die fout waren geweest in de oorlog. Bij ons in de Beethovenstraat had je bijvoorbeeld speelgoedwinkel Pruis (of Pruijs, geloof ik), waar je na de oorlog niet mocht komen, en in de Utrechtsestraat de bekende schoenenwinkel Zwartjes. Ik vroeg hem hoe hij tegenover deze boycot stond, en toen zei hij: 'Ik laat me niet de wet voorschrijven over waar ik wel en niet naar binnen mag. Als er nu nog steeds winkels zouden zijn waar ik niet in zou mogen, dan hebben de Duitsers de oorlog alsnog gewonnen.' Dit was niet provocerend bedoeld maar echt, dat weet ik zeker. Ik vond het zeer verhelderend; zo had ik er nog niet tegen aangekeken. Dit voorbeeld lijkt op wat jij schrijft over het maken van harde grappen, dat het te ver zou gaan als dat ook al niet zou mogen. Maar harde grappen over joden door niet-joden was destijds taboe, en is het nu volgens mij nog steeds. En ik moet er meteen bij zeggen dat ik dat taboe ook volkomen begrijp. Wij doorbraken het in kleine kring, het was niet aan anderen uit te leggen, zeker niet aan ouders. We hielden het zogezegd voor onszelf. Zodanig dat ik me zelfs nu nog afvraag of we het in 2013 alsnog met anderen zouden willen delen.

Er is iets vergelijkbaars met de *niggers* (nigga's) aan de hand. Elke rapper gebruikt het woord zo vaak mogelijk, evenals *bitches* en *motherfuckers*, maar als een blanke (Tarantino) het doet is het fout, op zijn minst bedenkelijk. Ook weer begrijpelijk aan de ene kant, aan de andere kant weer net iets te politiek correct?

Voor zover er al een gemene deler bestaat tussen jou en mij, en Valti, Rogier, Manfred, Barten, Margot,

Wendela, Pim, Joël, Mario, Isabel, dan denk ik dat die is dat we allemaal, zoals jij zegt, bevoorrecht waren. Maar misschien is er ook nog iets anders? Zachtaardigheid? Geen echte macho's, en ook geen femmes fatales? Of om het iets onvriendelijker te zeggen: voornamelijk watjes allemaal. Zelf kan ik een 'macho' alleen maar spelen, en terwijl ik het speel, vind ik het nog leuk ook, dat geef ik graag toe. Maar iedereen, met name vrouwen, kijkt daar al na een halve seconde doorheen, dus dan hou ik er maar weer mee op. Ik had best iets meer van Axel willen hebben, want hij was/is er onmiskenbaar wel een. Tegelijkertijd sloot hij zichzelf buiten door deze eigenschap, al die lieve mensen waren misschien wel een beetje bang voor hem, of haalden hun neus voor hem op, wat in wezen hetzelfde is.

We waren elitair, het heeft geen zin het te ontkennen. En we waren tolerant, in de elitaire betekenis van het woord, waarin je de ander tolereert omdat je je boven hem verheven voelt. Later heb ik me vaak aangetrokken gevoeld tot het foute type, zowel mannen als vrouwen. Om te compenseren natuurlijk. Want echt fout was er bij ons niemand. Dat konden we zelfs niet spelen. Je zou een schaduwlijst kunnen opstellen van iedereen die het net niet heeft gehaald: toelating tot onze watjesclub, en dan kijken of er tussen die figuren die maar één keer of helemaal niet naar Zeeland mee mochten ook bepaalde overeenkomsten/raskenmerken zaten. Ze sneuvelden meestal in een vroeg stadium, vaak al tijdens de eerste excursie naar het Zwin of Knokke. En waar dat aan lag? Gewoon niet leuk genoeg, ben ik nog altijd geneigd te zeggen. Hoe erg dat ook klinkt. Maar de waarheid klinkt nou eenmaal vaker erg dan niet (tegelwijsheid!). Niet zo leuk als wij in ieder geval. Want we waren ook blij met onze bijzonderheid en feliciteerden elkaar daar openlijk mee.

Een kortverhaal van een paar jaar geleden begon ik ongeveer zo: 'Ik werd op school nooit gepest, integendeel, ik pestte zelf. Achteraf gezien is dat ook helemaal niet erg, want degenen die ik heb gepest, zijn later toch niet goed terechtgekomen.' Als ik dat voorlas in een zaal, ging er altijd een mengsel van gelach en plaatsvervangende schaamte door het publiek. Ook weer een waarheid die erg klinkt.

Het is lastig om het niet gênant te laten worden, we hebben allebei de neiging om het achteraf een beetje naar beneden te halen, terwijl dat misschien helemaal niet nodig is. Stel dat het gewoon bijzonder was, dat wij bijzonder waren, *so what*? We deden iets anders dan het gros van onze leeftijdgenoten. Ondanks onze Afghaanse jassen, kralenkettinkjes en af en toe een waterpijp waren we toch echt geen hippies. We zetten ons juist tegen hen af, volgens mij, tegen de passiviteit van het hippiedom vooral. En aan de andere kant van het spectrum had je de tuthola's en de suffe mannetjes die alvast een voorschot namen op het naschoolse kantoorbestaan.

XX Herman

Amsterdam, 5 augustus 2013

Lieve Herman,

Al mijn correspondenties zitten in de schoenendozen. Negen dozen vol verledens. Je laat nogal wat achter in je leven. Nu de Barcelona-brieven nog. Ik heb ook 'Miesje van Brugge' gevonden, een verhaal dat jij een keer voor mij geschreven hebt als verjaardagscadeautje ('Dit is het enige verhaal dat ooit over de kleine Miesje van Brugge geschreven is, en het is vrijwel zeker dat het niet vervolgd wordt. Meneer en mevrouw Van Brugge.' Zin 1: 'Miesje van Brugge hield van de herfst.'). En twee bijzonder grappige brieven uit Preggio uit 1982, daar zat je toen toch met je zus Els? Ik stuur ze mee.

Liefs,
Wanda

Herman Koch c/o J. Veenboer
Preggio 175 (PG) Italië 06060

Preggio, 22 april 1982

Lieve Wanda,

Hartelijk dank voor je brief + knipsels, die hier dus pas vanavond (22 april) arriveerde, terwijl je hem toch al op 8 april op de post had gedaan. Maar goed, de Italiaanse posterijen zijn dan ook nog Italiaanser dan het land zelf: brieven komen helemaal niet aan of worden dagenlang op het postkantoor besnuffeld alvorens aan oververmoeide brievenbestellers te worden meegegeven.

Wat je op de weerkaart hebt gezien klopt wel zo ongeveer. Vooral de eerste week was er een van ijzige rukwinden en tot nadenken stemmende temperaturen. Daarbij vormden de lange doornatte houtblokken waarmee de open haard gebrand moest worden een ware nachtmerrie. Die eerste week ben ik zelfs zo door het dolle heen geraakt dat ik 's nachts in halfslaap mijn elektrische wekkertje met lichtgevende (gloeiende!) wijzers voor een houtblok heb aangezien en de kamer in heb geslingerd, waar het op de tegelvloer in enkele stukken uiteenkletterde. 'Italiaanse toestanden', kun je wel stellen. Daarna is het veel beter gegaan: zodra de zon doorbrak was het dadelijk gloeiendheet en kon je tot laat in de avond over de maanbeschenen heuvels uitstaren. Verder valt er niets te mopperen. Het huis is prachtig en biedt vanaf het terras eindeloze vergezichten met klingelende schaapskuddes en door tientallen cipressen omgeven kastelen.

Ook de mensen zijn zeer vriendelijk en niet vijandig tegenover buitenlanders. De afgelopen week was Manfred hier op bezoek. Het was heel gezellig, alleen heeft uitgerekend hij weer bijna een week lang tegen typische Noordoostpolderwolkenformaties aan moeten kijken. Eergisteren hebben we samen een dagje Rome gedaan, vanwaar hij gisterochtend om zes uur met het vliegtuig naar Amsterdam terugreisde. Van deze dag + nacht + daaropvolgende ochtend en terugreis ben ik on this very moment nog steeds herstellende. Het zal de plotselinge overgang zijn geweest die mij de das heeft omgedaan: de avond en nacht in gezelschap van de tijdelijk in Rome wonende Esther (ooit vriendin van Manfred) door de hele stad gehoereerd, waarbij talrijke ontmoetingen met zeer uiteenlopende types: vijfjarige zigeunerbloemenmeisjes, kogelvrije carabinieri, op oude Beatles-hits schuifelende, cocaïne snuivende nouveaux riches, bedeesde schandknapen op straathoeken in uitgestorven wijken, en opdringerige taxichauffeurs die Esther en mij (waarbij ik mezelf gerust buiten beschouwing kan laten) in plaats van ons voor haar deur af te zetten het liefst tot onze slaapvertrekken hadden willen begeleiden.

Met het schrijven gaat het best naar mijn zin. Ik heb één nieuw verhaal af en werk nu al een poosje aan een korte novelle, die ik hier zover af wil krijgen dat ik in Amsterdam alleen nog maar hoef te herschrijven. Het schrijven zo zonder afleiding en in stilte bevalt bijzonder goed, en is iets om te herhalen. *New Found Land* komt inderdaad pas eind april uit (waarschijnlijk kwamen ze er pas op het laatste moment achter dat het peil van de overige bijdragen nogal hinderlijk vloekte met... etc. etc., en dat de hele boel weer opnieuw moest). Wel kreeg ik bericht

ROMA
Piazza del Popolo
Place du Peuple
Square of the People
Volksplatz

Lieve Wanda.
We zijn in Rome en het is hier vreselijk heet. Barten heeft 3 dagen griep gehad en de hond is dood. Gisteren hebben we hem gebakken. Vandaag vertrekken we weer en na in deze drukke, doch gezellige stad te zijn geweest naar Bordighera, en dan misschien naar Frankrijk. Ons geld is bijna op, maar de Heer heeft besloten ons ook op deze reis nooit te [illegible].
Veel liefs van Herman en Barten

37

[illegible] Wanda Reisel
van Eeghenstraat 100
Amsterdam
Holland

P. MARZARI S.R.L. SCHIO
L. 50

van ze dat meteen al in het volgende nummer weer een verhaal van mij wordt gepubliceerd, dus ik mag niet klagen. Ik vind het leuk om te horen dat je ook weer aan het schrijven bent geslagen, en ben zeer benieuwd. Jammer genoeg kon ik in maart niet meer naar het Shaffy komen, omdat ik net iets te overladen was, zo vlak voor vertrek.

Ik vond het heel leuk om iets van je te horen (en ook dergelijke knipsels gaan er hier in als koekjes). Mocht je nog een keer willen terugschrijven, stuur het dan per expres, dat scheelt ongeveer een week. Wij blijven hier nog tot ca. de derde week van mei. Voor nu groeten aan Ate, succes met de arbeid en heel veel liefs van je

Herman

Preggio, 6 mei 1982

Lieve Wanda,

Een prettige verrassing om al weer zo snel een brief van je te krijgen. Deze deed er heel wat korter over dan de eerste: vandaag aangekomen, dus dat is binnen ruim een week. Een nieuw Italiaans record. De post wordt hier bezorgd door J. Veenboer persoonlijk (de mannelijke helft van J & J Veenboer) in een groene Fiat Innocenti, en als wij het vertrouwde motorgeronk de landweg op horen komen weten wij al hoe laat het is. De afgelopen weken kwam hij steeds vaker, met de hele stroom achtergehouden of vermiste post. Toch is er nog veel zoek, zoals uit een enkel telefoongesprek met Amsterdam blijkt, en het is dus een wonder als er überhaupt iets aankomt. Deze J. Veenboer ('Jacques') woont hier overigens al dertien jaar en het is net of bij hem zijn hele biologische en/of dynamische klok ook dertien jaar geleden stil is blijven staan. Dat is te merken aan zijn taalgebruik (geen modewoorden, behalve een paar van lang geleden), maar meer nog aan zijn uiterlijk: Che Guevara-pet en al iets grijzende kabouterbaard. In de huiselijke kring heet hij dan ook gewoon 'De Hobbit'. Op dit moment (10.30 's avonds) waait er een orkaan om het huis, en ik zit bij flakkerend kaarslicht (zie: *The Romantic Agony*) te typen, want de enige lichtbol aan het plafond werpt alleen een soort geelzucht op de muren. Die orkaan is wel een uitzondering, en best welkome afwisseling. De afgelopen weken was het hier zeer heet, zodanig dat mijn kop + armen-tot-aan-de-ellebogen al een ware etnische minderheids-teint hebben aangenomen. De overige lichaamsdelen probeer ik zo veel mogelijk bedekt te houden.

Wat de nieuwsitems betreft ben ik wel een beetje op de hoogte: op meegenomen radio is Hilv. 2 's avonds goed te ontvangen, en tussen 11 en 12 luisteren we regelmatig naar de laatste score in de Falkland-zeeslag. Grappig dat jij nu *Livret de famille* leest: ik heb dat boek een half jaar geleden gekocht, er toen alleen een paar stukjes in gelezen, het nu mee hiernaartoe genomen en uitgelezen. Ik vond het heel goed, vooral het hoofdstuk waarin hij met zijn vader een bezoek aan dat landhuis vol jachtfanaten brengt en dan tot slot fantaseert hoe hij ze allemaal neer zal knallen. Als dit je trouwens bevalt, in het Frans lezen bedoel ik, kun je hierna meteen aan *Une jeunesse* beginnen: *Livret de famille* is namelijk een stuk moeilijker.

Wat een afschuwelijk bericht over Rea. Ik vind dit soort dingen altijd weer bijna onvoorstelbaar. Die sferen van na begrafenissen ken ik ook goed, het heeft misschien daarmee te maken dat mensen zo in de nabijheid van de dood eigenlijk opgelucht zijn dat het allemaal wel meevalt. De ángst voor het verliezen van vrienden, familie etc. is in wezen veel groter, en deze angst ontlaadt zich wellicht in de ontspannen nasleep van de begrafenis.

Met het werk gaat het moeizaam en langzaam: zoals het hoort, zullen we maar zeggen. Toch kom je al schrijvend steeds op nieuwe vondsten en beelden, en dat houd je gelukkig aan de gang. (Hallo, met wie spreek ik? Deze brief moet even worden onderbroken, omdat er nu net een schorpioen over de muur de tafel opkruipt (...) Pats! Een bloederige vlek op het Italiaanse woordenboek... Dat doet geen carabiniero mij na. En dit gebeurt allemaal live en heet van de naald, wat zal ik deze doodsangsten missen wanneer ik weer in Amsterdam ben! En dat terwijl zich al in drie weken geen enkele van deze niet-gevederde vrienden vertoond heeft!) Goed, we kunnen weer verder. Naast mijn lange verhaal ben ik zowaar begonnen aan een toneelstuk. Een paar scènes geschreven, het begin, midden en eind zitten vast in het hoofd. Ook mogen wij spreken van een prachtige eenheid van tijd, plaats en handeling, dus dat zit allemaal wel goed. De voorlopige titel luidt: *Bij het afscheid van collega N.*, en het speelt zich af in het milieu van kantoren, archiefkasten etc. Ik ben benieuwd naar jouw oordeel over dit voor mij geheel nieuwe probeersel. Met dit, en het afmaken van verhaal + enkele korte verhalen zal ik de zomermaanden in ieder geval aangenaam kunnen vullen.

Wij vertrekken woensdag de twaalfde, of anders het weekend daarop, en reizen langzaam in een dag of vijf à zeven via Frankrijk terug naar Amsterdam. Het heeft dus (helaas) geen zin om nog een keer terug te schrijven, want dan komt het toch niet meer bijtijds aan. Voor nu dan, groeten aan Ate, tot binnenkort en heel veel liefs,

Herman

Barcelona, 12 augustus 2013

Lieve Wanda,

Zodra ik de naam Miesje van Brugge zag staan, begon de déjà-vumachine op volle toeren te draaien. Maar ik zou daar toch niets meer van weten als jij dat verhaal niet bewaard had.

Die brieven uit Preggio maken me ook nieuwsgierig

naar meer, naar het 'levensgevoel' van toen. Ik zat daar inderdaad met Els, bijna zes maanden, ik keek iedere ochtend of het autootje van de postbode bij ons stopte, omdat ik het blad *New Found Land* opgestuurd zou krijgen met mijn allereerste gedrukte verhaal erin. Dat wilde ik toen toch echt live meemaken: voor het eerst in druk. Maar uiteindelijk zag ik het pas na die zes maanden in Amsterdam.

Over de Barcelona-briefwisseling meende ik me opeens te herinneren dat ik die waarschijnlijk heb (van ons beiden, bedoel ik). Ik dacht tenminste dat ik die een jaar of tien geleden hier thuis heb gezien. Nog geen tijd gehad om te zoeken, maar dat komt. Maar misschien vind jij ze ook wel.

Zie je zondag,
x Herman

Amsterdam, 2 september 2013

Lieve Herman,

Gevonden! De Barcelona-brieven in een oud koekblik van het Waterlooplein, keurig op een stapel met enveloppen en al, ook behoorlijk wat doorslagen van mijn eigen brieven, het zijn er een heleboel! En nog een paar ansichten van jou.

Liefs,
Wanda

1986 - 1988

Barcelona, 20 november 1986

Lieve Wanda,

Allereerst mijn hartelijke felicitaties met je verjaardag: dat deze brief je op de dag zelve moge bereiken. Ik heb even gewacht met terugschrijven omdat ik dacht: die zit toch in Venetië, maar nu werd het toch echt tijd, dacht ik zo. Schrijf mij alles over hoe het je in deze stad is vergaan, en als ik zeg 'alles', dan bedoel ik dat ook letterlijk: ook hoe hij de eerste keer zijn hand door zijn haar haalde toen het ijs eenmaal was gebroken op dat door een champagnekleurige herfstzon beschenen terras op het San Marcoplein, waar de verveeld rondscharrelende duiven zich jaar in jaar uit afvragen wat het leven voor zin heeft als je geen Campari kunt bestellen en het alleen met het oppikken van croissantkruimels moet stellen.

In deze andere mediterrane stad gaat alles werkelijk zeer goed. Ik weet niet wat het precies is, maar ik blijf Barcelona nog altijd als een 'vreemde' stad beschouwen, wat weer erg goed is voor de inspiratie en het opgeruimde en vrije gevoel. Ik bedoel, de sensatie die jij beschrijft als je in de trein stapt en de ideeën beginnen onmiddellijk aan te rollen, die sensatie beleef ik nog altijd, dag in, dag uit: op de terrassen, in de restaurants, wandelend door de straten of op de motorfiets langs een kronkelige weg de omliggende heuvels in. Ik ben eigenlijk voortdurend een beetje dronken, maar dan niet van de drank; als ik er ook nog bij zou drinken, zou ik waarschijnlijk een beetje oververhit raken, dus dat doe ik zeer met mate. Maar goed, over het algemeen voel ik mij kortom zeer sterk en evenwichtig, om de woorden 'tevreden' of 'gelukkig' hier even te vermijden. Tevreden mensen, daar valt vaak werkelijk geen greintje plezier meer aan te beleven: denken wij alleen maar eens aan de Bhagwan-glimlach...

Het voorafgaande heeft ook weer een bijzonder positieve invloed op mijn schrijfactiviteiten, en vice versa. Voor het eerst in mijn leven heb ik het gevoel dat ik aan een boek bezig ben dat werkelijk geschreven moet worden, zoals dat heet. Het voorafgaande was toch meer een oefening in een zekere stijlbeheersing (nu schrijf ik twee keer achter elkaar 'voorafgaande': over stijlbeheersing gesproken, maar ja, daarvoor is het ook een brief, waarin de gedachte altijd een hogere kruissnelheid heeft dan de manier waarop deze wordt uitgedrukt, als het goed is). Je hebt gelijk dat je nooit moet vertellen waarover het gaat, hoewel de verleiding soms sterk is. Af en toe vertel ik wat aan Amalia, maar in het Spaans, en dat is toch anders ('zij was altijd de eerste aan wie hij een nieuw hoofdstuk voorlas, en zij luisterde met gesloten ogen en knikte alleen af en toe even instemmend...'). Het wordt in elk geval een tamelijk dik boekwerk, naar het zich voorlopig laat aanzien, en de betiteling 'novelle' is allang niet meer van toepassing. Het is ook zeker dat ik wat ik nu schrijf nooit in Amsterdam zou kunnen schrijven, niet alleen vanwege de al eerdergenoemde inspirerende omstandigheden, maar vooral door de fysieke en mentale afstand van de beschreven onderwerpen, maar dat is een bekend verschijnsel dat al zo oud is als de wereld zelf. Ik wil niet direct zeggen dat de in den vreemde bedachte ideeën 'beter' zouden zijn dan die in de vertrouwde omgeving: ze zijn gewoon 'anders', en alleen al daarom de moeite om te verkennen waard, zonde om te laten liggen. In een land als Spanje ben je met weinig geld al behoorlijk rijk, en dat is zowel een onrecht als een voorrecht, maar het is wel een enorme geestelijke rust om bijna geen geld nodig te hebben. Hoe dan ook is het belangrijk voor een schrijver om voortdurend het gevoel te hebben 'alsof je in de trein zit', en deze gezegende staat bewust op te zoeken in plaats van er soms maandenlang op te moeten wachten.

Mijn reis naar het zuiden heb ik voorlopig even uitgesteld: dat wil ik pas doen als ik echt vast kom te zitten. Maar ik houd in gedachten dat het station om de hoek is, voor de motor is het nu in het binnenland iets te koud en zijn de dagen te kort. Hier in Barcelona is het weer ongeveer hetzelfde als toen jij hier was, alleen met wat langere schaduwen: in Barceloneta kan nog altijd in hemdsmouwen gegeten worden. Wel maak ik af en toe met Amalia korte motorexcursies van enkele dagen naar de binnenlanden, waarbij je soms al na enkele uren de illusie hebt aan een wereldreis te zijn begonnen.

Lieve Wanda, ik zou je graag weer eens in levenden lijve willen zien om weer eens flink live te ouwehoeren, waarbij ook zonder remmingen van alles gedronken mag worden. Voor nu, voorlopig een kus van je

Herman

Amsterdam, 24 juni 1987

Lieve Herman,

Zoals je ziet ben ik weer teruggekeerd tot het oude vertrouwde handwerk. Mijn videowriter is uiterst geschikt voor brieven, interviews en werk in een later stadium, maar direct erop schrijven, nee, dat gaat niet goed. Het ziet er te mooi uit, zodat je dubbel kritisch moet zijn of het werkelijk wat is. En het tikken maakt geen geluid, zodat er toch iets van de gezelligheid van het schrijven(!) af gaat. Daarom heb ik me voor *f* 80,- maar weer eens een portable aangeschaft. Ate heeft mijn oude Ahrend mee naar L.A. Dit is een goeie oude rammer en hij heet orgaplanmatic, is beige en de toetsen zijn ivoorgeel en nog vuil van de vorige gebruiker. Het heen en weer gaan van de rol is een genot om te zien. En het pesten van de benedenburen met het getik is ook wel heerlijk.

We hebben elkaar dus absoluut niet gezien in die lounge op Schiphol omdat wij juist aankwamen op het tijdstip dat jouw vliegtuig aan het vertrekken was. Misschien kunnen we die afspraak binnenkort wel inhalen, d.w.z. als jij/jullie hier in juli of augustus weer zijn. De zomer wil hier nog steeds niet de grenzen passeren, maar dat komt het werk wel ten goede. Is Michiel nu bij jou? En wat doet-ie? Heerlijk dit getikte geluid. Ik ben al mijn Spaans vergeten.

Maandagavond naar het concert van Prince in Utrecht geweest. Ja, ja, je bent jong en je wil wat. Ik was nog nooit bij een popconcert in een stadion geweest, dus dit was voor mij wel een openbaring met dat 'ge-wave' en honderden aanstekers die bij schuifelnummers aangaan. Het was vnl. een schitterende lichtshow, met kantelende schijnwerpers en snel wisselende lichtdecors, maar die muziek komt toch beter tot haar recht op de plaat dan in de regen in een stadion. Deze 'Osdorpse jongere', zoals Dirk hem noemt, levert een mooi musical/acrobatiekspektakel af, maar hij heeft toch niet de personality van, ik zeg maar, een Joe Cock. Het is ook wel van voorbijgaande aard, denk ik. Maar... leuk om meegemaakt te hebben.

Ik neem aan dat je nu, net als ik, hard aan het rammen bent in je salon, en stuur inderdaad eens wat op als je wilt.

Inmiddels begonnen aan *Money* van Martin Amis & dat is behoorlijk geestig, zoals je al zei. Voor mijn eigen verhaal worstel ik op dit moment met de stijl, maar ik ben van plan om eerst maar eens materiaal te maken voordat ik me daarmee bezig ga houden. De stijl zal vanzelf wel naar boven komen.

Ik verlang alweer erg naar La Floresta en een ritje

op de motor, maar nu ik binnenkort een auto heb, zal het wel een uitstapje naar de Veluwe worden, wat ook heel aangenaam kan zijn.

Ik ga maar eens beginnen met werken, want gisteren, de dag na dat Prince-concert, is het ook maar hangen geweest.

Tot zo,
Veel liefs,
Wanda

Barcelona, 24 juli 1987

Lieve Wanda,

Na lange tijd toch maar weer eens een briefje, want ik dacht steeds: eerst wat van het boek uittypen en dan opsturen, maar dat moet nog even wachten. Ik heb eerst gewoon doorgepeesd, in het klad, maar nu ga ik straks beginnen met de eerste vijf hoofdstukken in het net, dus die kun je over ongeveer een week verwachten. Het gaat werkelijk zeer voor de wind met het schrijven, ik ben het beroemde punt waarop het verhaal zichzelf schrijft allang gepasseerd. Met Meulenhoff heb ik afgesproken om het in oktober in te leveren, dus toen dacht ik: laat ik het maar gewoon kalm aan doen, elke dag een stukje, dat is eigenlijk heel plezierig. Ik bedoel: het gevaar dat ik er genoeg van krijg is er niet meer, het plezier in het eraan werken wordt elke dag eigenlijk alleen maar groter, en bovendien heb ik de grote lijn van het restant al zo ongeveer in mijn hoofd zitten. Het gaat allemaal behoorlijk goed, zoals je begrijpt. Ik zit niet te lang op individuele zinnen te broeden, maar stoot elke dag door naar iets nieuws zodat de stapel groeit en groeit, wat voor mij ook weer een heel nieuwe ervaring is.

Een week geleden was Manfred hier met zijn nieuwe vriendin, die heel leuk is, op de motor, en hebben we gezamenlijk ook nog een tocht van vier dagen gemaakt. In het begin vrijwel dezelfde route als die wij toen hebben gereden, alleen nu iets dieper in het binnenland doorgedrongen. Veel luchtige zomerkleding meegenomen, omdat we min of meer verwachtten het in die sierra-hitte wel af te zullen leggen, maar uiteindelijk moest dezelfde zomerkleding bij wijze van sjaals om de nek worden gebonden, omdat ook in Spanje het weer volkomen van slag was. Ongehoorde stortbuien, twee dagen lang, en een snijdende wind zodat je uiteindelijk zodanig tot op het bot verkleumd raakt dat je jezelf de bekende existentiële vragen gaat stellen. Nu is het hier in Barcelona allemaal weer een beetje normaal, 23 graden ongeveer, wat het ideale terrasweer is.

Ik kom voorlopig even niet naar Nederland, het leek me beter om eerst dat boek af te maken, dus het zal wel eind september of daaromtrent worden. Amalia is hard bezig je een brief te schrijven, maar voorlopig struikelt ze nog over de Nederlandse grammatica. Half september gaan we op de motor naar Extremadura.

Ik was natuurlijk ook nog tien dagen in Cadaqués voor het VPRO-vakantieprogramma van *Het gebouw*, wat al met al heel geslaagd was. Wel wordt dat Cadaqués naarmate de zomer vordert steeds meer een heksenketel, wat desalniettemin juist ideaal 'interviewmateriaal' oplevert. We hadden een prachtig modern appartement op een kaap ca. 3 km buiten Cadaqués, met een strandje vlak voor de deur. Twee badkamers, dus goed geschikt voor het betere 'radio maken'. Nadat we op een nacht nogal veel herrie op het terras hadden gemaakt, begonnen de Duitse buren luidkeels te klagen dat ze niet konden slapen. Wij waren inmiddels al zo ver heen wat betreft het alcoholniveau dat we iets terugriepen als 'dat onze ouders vijf jaar lang niet van jullie hebben kunnen slapen', dat het nu weleens voor één keer andersom mocht, allemaal in ons beste Duits. Nooit meer een klacht gehoord daarna, het zijn allemaal angsthazen. Een paar dagen later reed ik op mijn motorfiets langs ons strandje, waar Marjan en Ton zaten, en ook nog een tiental Duitsers. Ik had mijn mooie witte helm op en die weg lag wat hoger, zodat ze van mij alleen de bovenkant konden zien, als je begrijpt wat ik bedoel. Om kort te gaan maakte ik naar Ton en Marjan 'bij wijze van grapje' het bekende sommerende gebaar dat ze van dat strand op moesten rotten. Later vertelden ze mij dat meteen nadat ik was doorgereden al die Duitsers naar hen toe waren komen spurten, in paniek: 'Was hat den Polizisten dann gesagt? Darf man hier nicht baten?' Dat geloof je toch niet. Als je maar hard genoeg optreedt, is het overal een vakantieparadijs.

Goed, nu moet ik echt ophangen, maar over een week valt de nieuwe Nederlandse letterkunde in de bus. Morgen ga ik met Amalia tennissen, dus ik moet nu even gaan liggen. Laat gauw wat horen hoe het gaat, je schrijft toch wel een beetje door? Laten we de internationale uitwisseling weer even wat nieuwe vaart inblazen.

Veel liefs en tot gauw,
Herman

Barcelona, 11 augustus 1987

Lieve Wanda,

Hierbij de eerste vijf hoofdstukken, het eerste is ook wat veranderd, dus dat ook lezen. In hoofdstuk 6 en daarna wordt de toon wat rustiger, wat minder gekanker dus. Dat is vooral leuk om te schrijven, maar op de lange duur misschien enigszins vermoeiend om te lezen. Onze jonge held wordt iets melancholieker en gaat meer direct over zichzelf vertellen, ziet ook meer 'de positieve dingen', zoals al een beetje in hoofdstuk 5 te merken is. Goed, verder geen geouwehoer meer: leest en oordeelt. Uitsluitend positieve kritiek is natuurlijk altijd welkom.

Inmiddels heb ik al gehoord over jullie excursie naar Madurodam, ik zit hier in de Roger de Flor met de ex-*novio* van Merce, wat bijzonder gezellig is. Hij werkt in een bar tot elf uur 's avonds en daarna gaan we regelmatig de hort op. Laatst waren we tot zeven uur 's ochtends in diverse *moderno*danspaleizen, er is alweer een nieuw geopend, zo groot als een voetbalstadion, met vier verdiepingen, twee cafés, zeven bars en vier terrassen op het dak te midden van een wel erg onbedoeld postmodern landschap. Niettegenstaande de soms vreselijke katers zit ik 's middags altijd weer vrolijk achter de schrijfmachine: die echte humorloze discipline van de noorderlingen, die ik tot op heden nog niet achter mezelf had gezocht. Maar het is wel een feit dat 'de mooiste stukjes' vaak tijdens een kater tot stand komen: ook proberen!

Ik ben trouwens wel bijna elke ochtend in het zwembad te vinden, dus mijn algemene conditie is met sprongen vooruitgegaan, terwijl het gewicht met ca. 150 gram per dag afneemt. Ik kan dus wel 'veel meer hebben', dat moet er wel bij gezegd worden. Barcelona is in augustus volkomen uitgestorven, de helft van de winkels is dicht, je ziet alleen af en toe wat verdwaalde stelletjes op witte gymschoenen en in korte broeken met een plattegrond naar de Sagrada Família zoeken. Welnu, ik schrijf dit briefje in haast, want ik moet zo mijn bandje voor de radio naar het postkantoor brengen, dan kan dit pakket ook gelijk mee. Volgende keer meer, laat gauw wat horen, en schrijf ze ook...

Veel liefs,
Herman

Amsterdam, 17 augustus 1987

Lieve Herman,

Wat heerlijk dat je al zo snel en geheel naar waarheid de eerste vijf hoofdstukken hebt opgestuurd. Ik probeer dan ook gauw een eerste reactie terug te sturen zoals je merkt.

Ik heb het achter elkaar uitgelezen (natuurlijk) en het leest als een trein. De beelden staan, zoals dat heet, het is mooi en precies van observatie. Daar zitten een aantal schitterende beschrijvingen tussen, zoals het gesprek met de vader in de auto (favoriet!). Ook omdat het na het jongensgekanker ineens een heel gevoelig stukje is waar de stervende moeder geïntroduceerd wordt, en waar de auto voor de hele situatie model staat, zoals je zelf al aangeeft in de stijl. Maar ook de eetscène tussen de ouders, die hun verhouding tekent, vind ik erg mooi. De worteltenen van de leraar zijn wat mij betreft nu al klassiek, ik moet er steeds aan denken als ik weer zo'n man, net nog, in sandalen zie lopen. Erg fijn. Ook het stuk met Ferdinand Verwigt is goed, die sfeer van oudbakken Zuid. Bij verschillende stukjes zelfs hardop gelachen, en dat overkomt me al lezend niet zo vaak.

Bij eerste lezing gingen me de eerste twee bladzijden niet zo goed af, d.w.z.: je moet erg aan de toon wennen en aan de constructie van de zinnen. Die paar bladzijden zijn meer jongensachtig geschreven, met tussenvoegingen als: echt, al, en dat, ook best, alleen, helemaal... Het zit daar iets te vol met die bij hem horende zinnetjes: 'ik bedoel, om zo te zeggen, zoals men zegt', die hem natuurlijk heel goed typeren, maar misschien moet je niet meteen al met het type jongen in huis vallen, want je kan als lezer die toon gewoon (ook zo'n jochs woord) nog niet plaatsen, je begint pas na enkele bladzijden een beeld van het jong te vormen. Zoiets. Ik vind nog steeds de tegenstelling in de jongen zelf heel boeiend, dat hij zowel zijn agressieve kant als zijn gevoelige kant toont, dat alle emoties hem maar overkomen; dit lijkt later iets minder te worden, ook omdat het inderdaad, zoals je al in de brief schreef, in de laatste hoofdstukken wat rustiger en positiever wordt, wat goed is. Maar misschien moet je er nog eens over nadenken om hier en daar nog één zo'n kankerzinnetje of observatie in te voegen.

Tot nu toe vind ik het gedeeltetje met Gerard en Erik nog het minst, maar daar is ook het minste van. Het wordt daar anders omdat er een 'wij' ontstaat. Maar goed, daar moet ik eerst maar eens de rest voor lezen.

Het ambivalente taalgebruik vind ik nergens storend, als hij te moeilijke woorden gebruikt voor zijn leeftijd is dat niet erg, omdat je ook qua tijd heen en weer schiet, en hij bovendien ondanks alle gescheld deel van zijn omgeving is, daar kan hij ook niet onderuit, dat is weer leuk voor de lezer (dat hij bijvoorbeeld eerst lekker kankert op de kinderen van 'creatieve' ouders en dat fijn breed uitmeet, maar toch erg onder de indruk is van die beroemde vader van Erik...).

Telkens al die paradoxen in dat jongenshoofd maken het goed en geven de ambivalentie van een adolescent mooi weer, om het maar eens zo te zeggen.

Alvast een paar taaldingetjes:

Blz. 3: 'van meer dan één omstandigheid tegelijk' is geloof ik echt jongerenspreektaal, hiervoor moet je af en toe een beetje oppassen omdat het anders een soort *Achterwerk in de kast*-taal wordt ('Ik wou het hier houden over...')

Blz. 5: 'daar moet je zo ongeveer in verder gestudeerd hebt...' hebben: tikfoutje

Blz. 9: 'het leek trouwens helemaal wel of die kop bij de nek te hard was aangedraaid' erg fijn!
'te hoge kruissnelheidskapsel': perfect

Blz. 12: erg mooi

Blz. 24: 'van het oude stempel' moet geloof ik: 'van de oude stempel' zijn

Graag ontvang ik zo snel mogelijk het vervolg.

Zoals je inmiddels gehoord zult hebben, hebben Merce en María-José het hier eerst wel wat koud gehad maar is de rest van de week klimatologisch niet slecht verlopen. Dat Madurodam is een crime: ik was er nog nooit geweest, maar ik had het me allemaal toch iets groter voorgesteld, het terrein bedoel ik dus, nu was het je voetje voor voetje van het ene gemeentehuisje naar het andere begeven. Enfin, we zijn dus in de nieuwe en als modern aangeprezen Roxy-club geweest, maar daar vonden we niet veel aan. Met Nick Havanna is het geen vergelijk. Lijkt meer op Paradiso van vijftien jaar geleden, heeft geen enkel air van chic. Nee, voor zulke etablissementen kun je in Barcelona veel beter terecht.

Het afscheidsfeestje was erg leuk, vooral de Chileen die maar bleef hangen want hij had zijn zinnen op Merce gezet, die daar al die tijd al bang voor was geweest, zodat ze tegen het eind van de avond stomdronken maar tegen Ota aan ging hangen. Ota heeft toen de klassieke truc uitgehaald van te zeggen dat hij wegging, en omdat hij met de Chileen de laatste gast was, moest de Chileen ook wel opstappen, blijven was te *obvious*, maar net voordat Ota de deur uit wilde gaan bedacht hij dat hij nog even moest pissen, waar de Chileen natuurlijk niet op kon gaan zitten wachten. Zo heeft Ota de meisjes gered van die plakkerige Chileen die niemands type was, maar hij was niet onvriendelijk. Hij wilde de hele tijd de rumba dansen. Het is Merce en María-José dus weer niet gelukt een leuke man te vinden in een van onze plaatselijke cafés, maar dat komt nog weleens.

In ieder geval was het heel erg gezellig, hebben ze veel last van het daglicht gehad, waardoor ze vroeg wakker werden en de hele dag doodmoe waren, waardoor ik weer naar de Zeedijk moest om valium te halen of rohypnol, maar daar word je weer agressief van, mits in combinatie met alcohol of andere drugs. En nu is er net een onschuldig meisje doodgeschoten op de Westermarkt, omdat een paar Zuid-Amerikanen een woordenwisseling hadden, nou vraag ik je, je bent je leven hier niet meer zeker, waar nog wel? vraag ik me weleens af...

Laatst stond er een aardig artikel van K. Schippers in de NRC, ik heb het helaas net weggegooid. Ging over de Sagrada Família. Hij zag in een onooglijk winkeltje flesjes met kurken in de etalage en die bleken net zo gerangschikt als en dus te lijken op de Sagrada Família. Toen hij naar de werkelijke Sagrada Família ging kijken, regende het heel hard en gleed hij uit waardoor de flesjes met kurken die hij gekocht had, braken.

Ik ben erg benieuwd naar de voetbalstadiongelegenheid met al die terrassen en dat postmoderne landschap.

Inmiddels ben ik beland en gestrand op bladzijde 50 en kan daarom deze brief aan jou iets langer maken. Ook moet ik een interview met Ger Thijs voor *NRC Handelsblad* uitwerken, dus deze week zal wel vreemd verlopen maar niet noodzakelijk slecht. Het is hier intussen erg warm geworden, hoewel Lorenzo nog niet al zijn kanten laat zien.

Schrijf goed door, hou me op de hoogte en stuur meer.

Veel liefz,
Wanda

Barcelona, 29 augustus 1987

Lieve Wanda,

Heel hartelijk dank voor je snelle reactie, en voor de fijne reactie ook. Met je kritiek ben ik het wel eens, vooral dat er in het begin te veel stopwoordjes in zitten, dat was toen de motor nog niet helemaal draaide zoals het hoorde en ik als het ware nog 'zoekende' was naar de juiste toon. Om de lezer eerst langzaam aan de toon te laten wennen, zoals jij schrijft, valt te overwegen. Ik geloof zelf dat het toch beter is om meteen met de deur in huis te vallen. Jij wist namelijk al van tevoren dat er een opstandige puber aan het woord was, de argeloze lezer heeft daar als het goed is geen idee van. Ik was in elk geval zeer verheugd dat jij zijn latere, wat ingewikkelder taalgebruik niet storend vindt, daar twijfelde ik nog weleens aan of dat wel gepikt zou worden. Maar ja, al met al is hij inderdaad een product van zijn eigen milieu, zoals jij ook al zegt, het is een echte betweterige en arrogante gelijkhebber. Hij kankert dan bijvoorbeeld wel op verwende kinderen, maar is zelf net zo erg wanneer hij om een eigen trapauto zeurt of op tweedehands pick-ups en radio's kankert. Dat komt dus gelukkig, bij jou althans, goed over.

Het stukje over zijn twee vrienden vond je wat minder, ze komen verder ook niet zoveel meer voor, maar ik vond toch dat hij vrienden moest hebben, anders wordt het zo erg monomaan. Ik bedoel dat ik niet wil dat het een zielige en eenzame figuur is. Maar het ging mij toch meer om de ouders van Erik, een gezin dat hij bewondert en tegen zijn eigen situatie kan afspiegelen. In hoofdstuk 8 brengt hij een bezoek aan een psycholoog. Wanneer zijn ouders hem daarna vragen wat hij dan wel allemaal aan de psycholoog heeft verteld, antwoordt hij: 'Ik heb hem verteld hoe het is om in een gezin te moeten leven.' Ik kan je nu alvast verklappen dat hij zelfs een vriendin heeft, hoewel hij die pas heel laat in het verhaal te berde brengt, het is bijna alsof hij die liever voor zichzelf had willen houden. Zijn toon wordt dan ook anders, heel teder en beschermend, zij is ook het enige personage met wie hij in de toekomst denkt, terwijl de rest alleen maar terugblik is, alsof alles echt volkomen is afgelopen. In wezen gaat natuurlijk elk verhaal over het verleden, maar dat hij met betrekking tot zijn vriendin ook toekomstvisioenen heeft, leek me een mooie tegenstelling tegenover al zijn pessimisme, het is niet iemand die alle hoop heeft opgegeven. Maar goed, zoals je ziet zit ik eigenlijk te popelen om je nog veel meer hoofdstukken te laten lezen. Ze zijn wel vrij goed leesbaar, maar zitten toch te vol met krabbels en verbeteringen voor een onbevlekt oordeel, naar mijn idee. Ik wil eerst doorschrijven tot aan het eind, dat nu zeer nabij is. Daarna even rust, gekoppeld aan een reisje op de motor naar Extremadura met Amalia. Het lijkt me dan wel leuk om, telkens wanneer er weer een paar hoofdstukken 'in het net' zijn, je die op te sturen, dat het een soort feuilleton wordt, maar voorlopig dus tot mijn spijt 'even niet'. Ik vind zelf het gedeelte na de eerste vijf hoofdstukken 'beter', wat natuurlijk helemaal niet wil zeggen dat dat ook inderdaad zo is, maar het is in elk geval een goed teken, dacht ik.

Ik wou je nog een kleinigheid vragen, nl. of jij het storend vindt dat er helemaal geen namen van landen, steden of straten worden genoemd, daar zit ik nog een beetje over te dubben. Fictieve straatnamen zouden bijvoorbeeld een oplossing kunnen zijn. Hij heeft het bijvoorbeeld later wel over een oom 'in de Provence', dat kan dus eigenlijk ook niet als je consequent bent. Ook heeft onze jonge held zelf geen naam, wat ik ergens wel bij hem vind passen, dat hij zoiets intiems niet over zichzelf loslaat, maar aan de andere kant kan het de sympathie van de lezer voor het personage vergroten wanneer ze weten hoe hij heet. Ook hier graag jouw mening over.

Goed, en nu is het afgelopen met al dat geouwehoer over *Montanelli*. De meisjes zijn zeer tevreden teruggekomen uit Amsterdam, op het moment zitten ze alweer een week in Andorra. Eergisteren heb ik met Juan getennist op de zevende verdieping van het gimnasio, tot halftwaalf 's nachts met een prachtig uitzicht over de stad, wat ook weer een erg postmoderne ervaring was. De setstanden Holanda-España zijn voorlopig 6-3 en 6-2, wat mij wel anderhalve kilo in gewichtsvermindering heeft gekost.

En hoe gaat het met jouw boek? Vijftig pagina's is al een hele hoop, dat gaat dus de goeie kant op. Je kunt me nu toch op zijn minst weleens vertellen 'waar het over gaat', maar soms is zelfs dat gevaarlijk, dus *no hard feelings* als je daar geen zin in hebt, dat moeten wij schrijvers onder elkaar van de ander weten te respecteren. Ik ben alleen maar heel benieuwd, wil ik zeggen. Welnu, dan ga ik nu weer verder met het hoofdstuk over de geschiedenisleraar Bronstein, die zijn hond altijd in de klas meeneemt, dus ook alweer uit het leven gegrepen. Ik weet nog niet eens hoe het boek afloopt, maar dat houdt het tenminste spannend. Veel liefs en tot de volgende brief,

Herman

Amsterdam, 10 september 1987

Lieve Erman,

Kijk, zo komt er wat schot in de correspondentie. Niet te lang wachten met antwoorden, gewoon achter de machine gaan zitten (eindelijk dan dat echte 'kantoorgevoel').

Om te beginnen stuur ik je hierbij als vanouds een knipseltje betreffende onze gewaardeerde vriend Otakar die een prijs van *f* 10.000,- heeft gewonnen met zijn *Turkse Video*. Dat is pas goeie publiciteit voor die jongen. Hij vertelde dat hij doodziek is van het filmbedrijf en eigenlijk veel liever documentaires maakt, maar dat dat laatste toch moeilijk voor hem is omdat je *on the spot* moet reageren, terwijl een filmscript van tevoren vastligt. Zoals ze bij de film zeggen: bij speelfilm *'is the director god'* en bij de documentaire *'is god the director'*. Otakar wil alleen *Wings of Fame* maken en dan nooit meer een speelfilm. Zegt-ie nu... ja... nu.

Ik hoop dat je alweer goed gevorderd bent met *Montanelli*, zodat je me inderdaad weer eens wat kan opsturen, want daar zit ik namelijk op te wachten, een feuilletonsysteem van opsturen lijkt me uitstekend. De ideeën die je me verklapte voor het verdere verloop zijn benieuwd makend. Ik kan jou nu al vertellen dat adolescentenliteratuur érg goed verkoopt, al die kids, variërend in leeftijd van veertien tot achttien, kopen het, en als het niet al te veel bladzijden heeft, kopen álle eindexamenkandidaten *Red ons, Maria Montanelli*, om het op hun lijst te zetten.

Wat betreft het noemen van namen, toenamen, plaatsnamen en straatnamen: ikzelf ben ook geneigd om die te vermijden, maar soms kan het een spannend en wellicht ook commerciële(!) overweging zijn om ze wel te benoemen. Ik bedoel: voor ons is het beter om ze niet te noemen, er ten hoogste fictieve namen van te maken. Maar ik heb zo'n idee dat 'de mensen' het ontzettend leuk vinden om die straten te herkennen en zo een medeplichtige van de schrijver te worden. Zo heb je het bekende *Tramhalte Beethovenstraat* van Grete Weil dat ondubbelzinnig in die, jou bekende, buurt speelt, maar verder weinig met fictie van doen heeft eigenlijk. Toch erg mooi, vind ik. We hebben natuurlijk het voorbeeld van onze vriend Modiano, zo'n beetje de vvv van Parijs. Alles wordt bij hem heel precies uitgeduid, samen met het bepaalde sentiment dat bij zo'n straat hoort. En dan *last but not least*: 'Ik ben makelaar in koffie, en woon op de Lauriergracht, no. 37. Het is mijn gewoonte niet, romans te schrijven, of zulke dingen, en het heeft dan ook lang geduurd voor ik er toe overging...'

Kijk, Multatuli zegt zijn adres ook meteen, daar heeft dat boek zijn roem natuurlijk aan te danken. (Mijn zus Eva zei een keer toen ze net op het gymnasium zat: 'Multatuli betekent: "Ik heb veel gelezen"', in plaats van 'veel geleden'; van haar was ook de geweldige uitdrukking: 'Nou, die heeft de buskaart ook niet uitgevonden.')

Dus, waarde vriend, wilt ge beroemd worden in Nederland, noem dan gewoon alles bij de straatnaam, want daar houden ze hier van. In jouw boek, omdat het decor toch die specifieke buurt is met zijn schilders- en componistennamen, zou ik dat niet vreemd vinden.

Dat de jonge held zelf geen naam heeft, vind ik daarentegen weer erg goed en niet storend; in dit geval schept een eigennaam misschien zelfs wel afstand. We hebben hier alleen met een 'ik' te maken en door zijn ogen zien we zijn wereld. Ik zou het wel spannend vinden als hij geen naam heeft (ze heten in verhalen toch altijd al zo moeilijk en bedacht, zoals Victor Badoux of Hanna Picard, maar ja, zo is dat nu eenmaal in boeken).

Mijn hoofdpersoon heet Jurriaan Karton, en net als bij de Russen noemt de 'ik' hem de hele tijd ook

Jurriaan Karton, in welke intieme situatie dan ook, ik vind dat wel wat hebben. Ik schrijf het verhaal in de ik-vorm, maar daar ben ik nog niet zeker van. Op dit moment ben ik bezig meerdere lagen aan die ik-vorm te ontdekken, verschillende *points of view* ten opzichte van de 'ik' en de lezer. Daar ben ik nog niet uit. Ik ben wel op blz. 70 gekomen vandaag, het schrijven gaat nu iets sneller, soms wel twee bladzijden per dag, maar soms een dag helemaal niet, zoals jou bekend.

Het is een verhaal van een 33-jarige (wat ik, als het boek uitkomt, zo ongeveer zal zijn, ik word in november pas 32, hoor). De 'ik' is (voorlopig) advocate en heeft in het begin van het verhaal een toevallige ontmoeting met een jongen uit haar jeugd: 'Ik was zijn naam vergeten, maar hij heette Jurriaan Karton en dat vond ik een merkwaardige achternaam voor een schilder.' 'Hij droeg een spijkerbroek met daaroverheen een zwart colbertje en een brede bloemdas, aan zijn vingers zat geen verf en zijn haar hing in een dikke donkerblonde paardenstaart tot over zijn billen. Met zijn boxerogen keek hij me ongelovig aan toen ik zei dat ik hem van vroeger, van de straat kende en dat we samen op een foto stonden als bruidspaar.'

Die vrouw, nu nog Vera Andersen geheten maar misschien wordt dat Emy Sanders, heeft alleen die fotoherinnering aan die jongen. Jurriaan Karton is het type klaploper-kunstenaar dat plekken als Het Paleis (Ulysses hier) frequenteert, ijdel is, gigolo voor oude rijke dames is en diensten verleent aan oudere heren in het chique bordeel Palais Royal. Kortom: een opportunist. Vera kent hem maar vaag: 'Ze waren met z'n drieën en woonden schuin aan de overkant van de straat. Hij, een jonger zusje en een heel jong broertje. En allemaal hadden ze van die dikke ogen. Ze zagen er armoedig uit, met te dikke kleren in de zomer en hadden vegen in hun gezicht. Heel wit waren ze, het soort kinderen dat vroeger naar een kinderkolonie aan zee werd gestuurd om aan te sterken. Hij was blond en bij z'n slapen was het blauw doorschijnend. Ik geloof dat ik nooit bij ze binnen geweest ben. Voor de ramen van hun benedenverdieping hingen roodfluwelen gordijnen die altijd gesloten waren. Natuurlijk om een of ander vreselijk geheim te verhullen. Woorden als "bordeel", "alcoholisten" en "kindermishandeling" hoorden thuis achter die gordijnen. Ze spraken niet, die kinderen met de dikke ogen. Waarschijnlijk omdat hun vader, als ze die hadden, want je zag er nooit een vader of een moeder, alle woorden er met een leren riem uitgeslagen had. Ja, op hondjes, op vlasblonde boxertjes leken ze nog het meest, de kinderen uit het bordeel. En hij was de oudste en dunste van hen allemaal.'

Vera, of Emy, raakt toch gefascineerd door deze ongrijpbare jongen met de paardenstaart en er ontstaat een hete liefde tussen die twee. Maar het noodlot slaat als altijd weer toe en dat is het begin van een 'duivelse obsessie' waarbij de ene hoofdpersoon haar identiteit verliest, eerst in die liefde, later doordat zij door hem in de steek wordt gelaten. Het gaat voor een groot deel over de clash van twee mensen met een verschillende achtergrond, uit verschillende milieus, en de neiging van de hoofdpersoon om op te willen gaan in de identiteit van een ander. Er zal sprake zijn van een Jekyll & Hyde-achtige persoonlijkheid die in allerlei vormen in het verhaal opduikt. Liefde en geweld: wapens en wapenhandel, onze hoofdpersoon heeft net een schampschot op haar heup gekregen, 'per ongeluk' afgevuurd door Jurriaan Karton. 'Niets zou hebben doen vermoeden dat ik na die ontmoeting met Jurriaan Karton zo volhardend zou zijn en zo diep in de valkuil van de geest zou vallen dat ik mijzelf op een dag als een vreemde voorkwam en ik, net als Jakob met de engel, tegen mezelf moest vechten. Een litteken op mijn heup herinnert mij tot op de dag van vandaag daaraan.'

Wel, nu heb je misschien een idee van waar ik me mee bezighoud, ik heb er veel plezier in en heb het idee dat het schrijven steeds 'dikker' wordt, d.w.z. van meer lagen voorzien, ik ben me nu meer bewust van het schrijven zelf dan in de tijd van de verhalen van *Jacobi's tocht*.

Nou lieve H., later meer, dan ook meer van jou, ben je iets leuks gaan doen op je verjaardag? Mijn vorige zending kruiste de jouwe. Veel liefs van mij ook voor Amalia en veel plezier in Extremadura, gekust,

je Wanda

Barcelona, 16 september 1987

Lieve Wanda,

Hierbij nog drie nieuwe afleveringen van het feuilleton, mede uit hartelijke dank voor je snelle terugschrijven natuurlijk. Zo komt er inderdaad schot in de correspondentie, en zo hoort het ook. Ik moet trouwens zeggen dat jouw brieven mij altijd zeer inspireren tot snel antwoorden, en ook überhaupt inspireren wat betreft het verder werken aan mijn jongensboek. Dat is nu overigens min of meer af, ik zeg min of meer omdat de laatste drie hoofdstukken nog erg schematisch zijn, daar moeten nog allerlei detaillering en meerdere *case histories* aan worden toegevoegd, maar de 'aangrijpende slotscènes' en dergelijke staan al overeind. In totaal heeft het boek nu vijftien hoofdstukken en ca. 95 pagina's, maar dat zullen er bij die verdere uitwerking wel ruim 100 worden, hoewel het natuurlijk altijd kan dat er ook wat uit moet.

Ik werd een week geleden door Meulenhoff gebeld met de vraag of ze alvast wat konden lezen, als ik het namelijk eind oktober inlever, komt het al begin maart uit, hebben ze me verteld, maar dan moeten ze al wel ruimschoots van tevoren kunnen beslissen of ze het überhaupt willen hebben, in verband met de catalogus en dergelijke. Toen dacht ik: hoe meer, hoe beter, vandaar dat ik meteen ben begonnen met herschrijven, en vandaar ook deze nieuwe afleveringen, waarover natuurlijk graag weer jouw mening.

Je hebt me trouwens al volledig overtuigd wat betreft het gebruik van straatnamen, inderdaad is die buurt al zo overduidelijk, waar het is bedoel ik, dat het bijna zonde is om er niet meteen een hele aanklacht tegen Amsterdam-Zuid van te maken: bij boekwinkel Van Rossum zal het wel uit de etalage worden geweerd. Ook het argument, waar ik zelf nog helemaal niet aan had gedacht, dat het allemaal straatnamen van schilders en componisten zijn, zodat de creatieve medemens je bij wijze van spreken vanaf elke straathoek tegemoet grijnst, past eigenlijk erg goed in de algehele teneur van het verhaal.

Maar je moet natuurlijk wel de consequenties trekken van wat je me hebt aangepraat. Ik bedoel dat ik je wou vragen of je mij een fotokopie zou willen sturen van de plattegrond van Amsterdam-Zuid, de hele kaart hoeft niet, alleen dat stukje, dat gaat ook makkelijker in een envelop. Ik weet me namelijk nog maar weinig straatnamen te herinneren, en als ik het toch doe, is het natuurlijk leuker om de beste uit te zoeken. Dus als je dat voor me zou willen doen, dan ben ik je zeer dankbaar.

Over wel of niet een naam voor de hoofdpersoon, daar ben ik nog steeds niet uit. Nu jij zelf toch ook over commerciële overwegingen bent begonnen, dacht ik opeens dat je dan in alle kritieken leest: 'de (naamloze) hoofdpersoon/verteller', dat klinkt volgens mij niet aantrekkelijk, net zoals 'seksloos', 'hopeloos' en dergelijke, maar misschien is dit geen serieuze overweging? Ik zou trouwens niet weten hoe hij zou moeten heten, het maakt erg veel uit hoe iemand heet, geloof ik, het voelt net alsof ik een naam voor een kind moet zien te verzinnen. Ook voor de zwakbegaafde jongen heb ik nog geen goeie naam. Jan Wolthuis is namelijk hoe hij in werkelijkheid heette, en dat is natuurlijk niet zo leuk voor de nabestaanden.

Jurriaan Karton vind ik trouwens erg goed, in het begin klinkt hij een beetje naar Wim T. Schippers (Jacques Plafond), maar dat ontkracht je meteen door de verteller te laten zeggen dat die 'het een merkwaardige achternaam vond voor een schilder...'. Waar je wel voor op moet passen is dat-ie niet te ironisch klinkt, maar uit de fragmenten die je me hebt opgestuurd, lees ik in elk geval dat hij goed bij het type past. Vooral de zinsnede 'aan zijn vingers zat geen verf' typeert erg goed om wat voor soort schilder het gaat.

Die fragmenten maakten mij in elk geval nieuwsgierig naar meer, die zou ik dan ook graag tegemoet willen zien. En ook het hele verhaal en het thema klinken mij erg fijn in de oren. Het is trouwens grappig dat ik bij jou, met die milieus en dergelijke, ook heel duidelijk Amsterdam-Zuid ruik. Zouden we al kunnen spreken over een nieuwe stroming? En hoe moet die dan gaan heten? De 'New Oud-Zuid Wave', of 'De nieuwe verwendheid'? We hebben tenslotte min of meer dezelfde achtergrond, in elk geval komen we uit dezelfde buurt. Al met al vind ik de fascinatie van iemand uit een rijke achtergrond voor een heel ander milieu een erg mooi gegeven. Schrijf voort!

Omdat het er voorlopig tot oktober niet meer van

komt dat ik nieuwe afleveringen opstuur, hierbij als toegift nog een paar korte stukjes uit hoofdstuk 10 en 11, zogenaamde typeringen van twee leerkrachten. (Ach, wat is dat toch een dankbaar onderwerp! Alleen al daarom is het goed om ooit op school te hebben gezeten.) Daar gaat-ie: '... Angelina Romeyn, dat was onze lerares Duits, die er precies zo uitzag als waarnaar haar voornaam al klonk. Ik bedoel dat het gewoon een genot was om al die Duitse wanklanken over haar lippen te horen komen. Voor Duits had ik altijd een ruim voldoende of meer, terwijl ik van die taal op zich niet veel moest hebben, maar zoals Angelina Romeyn die woorden uitsprak, dat was puur visueel onderwijs, wanneer je naar haar mond keek, dan onthield je voor de rest van je leven dat het *die Sehnsucht* was en niet *der*. Ze was nog heel jong, te jong voor een lerares eigenlijk, en het was soms moeilijk om die twee dingen uit elkaar te houden.'

En de volgende gaat over Schutte, de gymnastiekleraar: 'Dat was zo'n type dat altijd in een trainingspak rondliep, ook wanneer daar geen directe aanleiding voor was, hij stond voortdurend van die boksbewegingen te maken en zogenaamd soepel verend op zijn sportschoenen op en neer te springen, dat was moeilijk om daar lang naar te blijven kijken, ook al omdat hij je veel te vaak van die joviale klappen op je schouder gaf of je een beetje jongensachtig onder je reet schopte, terwijl er in die kop verder niets joviaals te ontdekken viel. Die Schutte wou net zo jong doen als zijn leerlingen, maar dat jonge zat hem alleen in dat springerige sportlichaam van hem, verder noemde hij iedereen bij zijn achternaam, waarschijnlijk had hij uiteindelijk liever in het leger gezeten, wat ik wil zeggen is dat er uit die man zijn bek alleen maar zulke saaie zinnen kwamen, dat je het begin al vergeten was nog voordat hij was uitgesproken.'

En iets verderop, over zijn trainingspak: 'Het was inderdaad net iets te erg, van een draaierig makend zachtblauw en op het borststuk stond een konijn afgebeeld, het klopte allemaal heel goed, want dat was namelijk precies wat Schutte was: een jolig konijn, maar dan wel een van het soort waarvan je hoopt dat hij bij het graven van zijn holletje op een vergeten landmijn uit de Tweede Wereldoorlog zal stuiten.'

Pfft, dat lijkt me wel weer even genoeg. Ik vond trouwens 'Nou, die heeft de buskaart ook niet uitgevonden' wel heel erg fijn, zou ik die misschien mogen lenen? Er is ook nog een andere variant, ik weet niet of je die al kent: 'Nou, die heeft in ieder geval het warm water niet uitgevonden.'

Gisteren waren we in het nieuwe Zeleste naar een optreden van de Italiaanse popzanger Franco Battiato, wat te verschrikkelijk was om na te vertellen. Volgens José Miguel bestond het, overigens veel te enthousiaste, publiek uit 'kantoormeisjes van 34 die voor één nacht yuppie spelen'. Daar zou ik me graag bij willen aansluiten, want je moet toch wel erg veel goeie smaak opzij kunnen zetten om zo'n weeë, absoluut niet swingende Italiaan tot het einde toe aan te kunnen horen.

Ik had overigens een week geleden Dirk aan de

telefoon, en heb toen tegen hem gezegd dat hij 'het' ook mocht lezen, en dat hij het dan wellicht van jou zou kunnen lenen. Ik hoop dat je dat niet erg vindt, misschien kun je een kopie van de kopie voor hem maken, want anders zie je het wellicht niet zo snel meer terug. Als je dat zou willen doen, dan heel graag. Verder moet het gezelschap lezers voorlopig nog maar heel select blijven. Behalve jou heeft alleen Manfred de eerste drie hoofdstukken gelezen toen hij hier was, en natuurlijk Amalia, voor wie ik soms stukken vertaal, maar dat is behoorlijk lastig.

Over Multatuli gesproken, wist je overigens wat Harry Mulisch betekent? Harry, dat is Oudkerkbulgaars voor 'ik heb veel geschreven', terwijl Mulisch Sloveens-Jiddisch is voor 'niets begrepen'. 'Ik heb veel geschreven, maar niets begrepen', dat vond ik wel een origineel pseudoniem, ik had zoiets eigenlijk nooit achter die man gezocht.

Goed, lieve Wanda, het peil begint te zakken, ik moet maar weer eens ophangen. Overmorgen vertrekken we naar Extremadura, waar het inmiddels weer 41 graden is, ook hier is het bijna niet om te harden. Schrijf gauw terug, zodat er tenminste weer wat ligt als ik thuiskom, dan kom ik in oktober met mijn reisverslag.

Een zoen,
je Herman

Besitos,
Amalia

Amsterdam, 27 september 1987

Lieve Gherman,

O, die fijne postpakketten en ook zo groot dat ze bijna niet door het kleine luikje van de brievenbus passen. Dat is toch bijna 'per kerende post' en een tastbaar leesgenot op deze ochtend, zo bij het ontbijt. Zelfs de krant is er ongelezen voor blijven liggen, zodat ik me weer kon overgeven aan hardop gniffelen, het resultaat van de zo gespannen verwachting in de buurt van buik- en lachspieren. Weer in één ruk uitgelezen en inderdaad is er nu een verdieping van de reeds aangeslagen toon. De verteltoon blijft hetzelfde maar de 'ik' wordt breder in verteltrant, alsof je hem ouder ziet/hoort worden. Er komt nu ook een mooie, wat melancholieke toon in en het onvermijdelijke binnengaan in de volwassenenwereld is begonnen. Niet dat hij al volwassen klinkt, dat kan ook niet, tenminste niet zoals De Volwassenen om hem heen klinken. Nee, hij is op zijn eigen manier 'alleen tegen de wereld' en hoewel er weemoedigheid uit spreekt, is hij geen slachtoffer, niet zielig. Waar hij in het vorige gedeelte dingen uit zijn vroege jeugd voornamelijk met zichzelf in verband bracht (steppen, racekarretjes etc.), is die periode nu voorbij. Dat gaat heel ongemerkt, denk ik, als je het allemaal achter elkaar leest.

Ja, Dirk heeft gebeld en heeft nu de eerste hoofdstukken in handen, ik heb er geen kopie van gemaakt want ik zorg wel dat ik het van hem terugkrijg.

Hij zal geloof ik zijn reactie geven als je weer hier bent. Het aantal pagina's begint wel behoorlijk uit te dijen, hè. Dat is erg goed, een echt boek moet het worden, want dat verdient het. Ik zal straks op zoek gaan naar een goede plattegrond. Misschien heb je wel gelijk met de naam voor de 'ik'. Er zijn zowel argumenten voor als tegen, maar misschien is het net als met een kind, dat moet toch ook een naam. Als het maar niet gaat heten als de hoofdpersoon van Boudewijn Büchs nieuwste roman *Het Dolhuis*, Winckler Brockhaus, want dan kan hij net zo goed Larousse Prins of Thesaurier Bos heten, het moet een naam zijn die geen commentaar geeft. Ja, ik weet dat Jurriaan Karton die stripachtige bijklank heeft, maar ik vind hem ook goed klinken en zo helemaal passen bij de persoon die ik beschrijf, omdat je niet weet of je hem nou wel of niet serieus moet nemen, wel of niet moet vertrouwen, dat vind ik spannend.

Natuurlijk ruik je bij mij Amsterdam-Zuid en komen we allebei van eenzelfde liberale achtergrond. Dat geldt ook voor Dirk, voor Manfred, Barten, Valti etc. Het valt me op dat je vaak qua vrienden toch weer in hetzelfde milieu terechtkomt, d.w.z. mensen met min of meer dezelfde achtergrond. En dat er pas echt iets anders met je gebeurt als je mensen uit een ander milieu beter leert kennen. Ik heb dat altijd fascinerend gevonden en heb mijn vader zelfs gedreigd dat ik met een vuilnisman of een zwarte man (!) zou gaan trouwen. Ook legde ik vanaf mijn vroegste jeugd bewondering aan de dag voor stratenmakers, vuilnismannen, loodgieters, timmermannen, werksters, dienstmeisjes... Ik heb altijd het gevoel gehad dat ik door mijn beschermende milieu iets miste, het ware leven nl. Dus was ik heel benieuwd om met onze dienstmeisjes, twee zusjes die bij ons werkten, mee naar hun eengezinswoning in Osdorp of Slotermeer te gaan (ik weet niet eens waar het precies was, zo onbekend waren dat soort buurten voor me). En daar zag ik hoe dat gezin leefde: een zigeunerachtige vader die van een borrel hield, zijn derde of vierde vrouw, ook al zo zigeunerig en behoorlijk aangetast door de drank, en dan een stuk of zeven of acht kinderen uit de verschillende huwelijken die allemaal bij elkaar op piepkleine kamertjes sliepen (drie bedden boven elkaar). De zusjes vertelden me dat hun halfbroertjes hen 's nachts probeerden te verkrachten in hun eigen huis. Dat is wel even andere koek dan die warme deken van kunst, cultuur en verdraagzaamheid bij mij thuis. Nog steeds heb ik bewondering voor mensen die uit hun milieu zijn gevallen, die op hun eigen houtje smaak, kennis en een mening hebben opgebouwd, zonder dat ze die met de paplepel binnen hebben gekregen. Ik ben wel blij dat ik dat zelf wel gehad heb, maar het is zo vanzelfsprekend, ik heb geen moeite hoeven doen om die kennis te verwerven. Het is ook het verhaal van mijn vader, die uit een milieu kwam waarvoor hij zich schaamde (hoewel het allemaal niet zo erg was, ze hadden het niet breed, zijn vader was een klassiek geschoolde voorzanger en diamantverkoper), maar ze hadden, vertelde hij, bij hem thuis bijvoorbeeld geen echte pyjama's en poetsten hun tanden niet. Van zijn Russische ouders kon-ie niks leren want die spraken geen Nederlands. Hij was dus, zeg maar, tweede generatie gastarbeider/immigrant en heeft zijn kennis zelf moeten opbouwen. Zo'n verschil is al binnen één generatie verdwenen en dan weet je niet anders dan dat je uit een welgesteld liberaal milieu komt. Mijn moeder kwam uit zo'n milieu. Ze vertelde me laatst dat ze in haar dromen het huis in de Van Eeghenstraat en dat aan de Maliebaan in Utrecht, waar ze opgroeide, door elkaar haalde omdat die huizen zo op elkaar leken qua grootte, en ook een bijkeuken en jassenkast hadden, een waszolder en haardhoutkastje etc. Nu ja, je bent natuurlijk zo ambivalent omdat je van twee ouders bent.

Ik hoop dat deze brief er ligt als jullie beroet en bezweet uit Extremadura terugkomen, zodat je hem meteen met vingers krom van het omklemmen van de forse motorhandvatten kunt openrijten en tot je nemen. Heel veel besitos aan Amalia en aan jezelf. Ik denk veel aan jullie zoals je begrijpt en ook ik ondervind weldadige steun en inspiratie aan onze correspondentie. Ik zal je nog wat (zeer ruwe) gedeeltes van mijn verhaal opsturen.

Tot zo en heel veel liefz, (ha, heerlijk, zo'n tekstverwerker, want je kan van alles tussen de regels door frummelen).

Inmiddels is het 27 september geworden, terwijl ik deze brief op de 21ste was begonnen, dat zegt het informatiepaneel tenminste. Ik moest twee interviews maken en dat heeft nogal wat tijd genomen. Desalniettemin hierbij de uitvergrote plattegrond van Amsterdam-Zuid. Zou dat Nieuw-Zuid bij het Hilton beginnen? Geen idee.

Vertel me alles over Extremadura en wat jullie er gegeten hebben. K. Schippers schreef in de laatste *NRC* CS over Dalí en Port Lligat, nou niet héél bijster interessant geschreven. Wel een luizenleven die journalisten.

Lieve Herm, tot snel schrijfs of ziens eind oktober. Daaaaaaaag,

je Wanda XX

Barcelona, 12 oktober 1987

Lieve Wanda,

Hartelijk dank voor je mooie brief en de knipsels en de plattegrond. Ik heb niet meteen teruggeschreven omdat ik dacht dat het leuker was om er gelijk weer wat nieuwe gecorrigeerde afleveringen bij te doen. Ik heb inmiddels een zeer enthousiaste brief van Meulenhoff gekregen, dus dat zit alvast goed. Het grappige is nu alleen dat zij me juist afraden om ware straatnamen en dergelijke te gebruiken, ik had in de begeleidende brief geschreven dat ik dat van plan was, maar als ik nu die plattegrond bekijk, vind ik het werkelijk zonde om de Richard Wagnerstraat gewoon zomaar te laten liggen, die had ik bijvoorbeeld nooit zelf kunnen bedenken. Maar goed, ik zal het er nog wel met ze over hebben, het is vrij eenvoudig om die straatnamen er later nog tussendoor te strooien.

Heel erg fijn vond ik in elk geval jouw observatie dat de toon volwassener wordt, dat is namelijk typisch iets wat ikzelf niet zo bewust doorhad, vooral niet dat hij nu vooral verhalen over een meer recent verleden vertelt, en niet meer over steppen en dergelijke. Er was bijvoorbeeld een stukje in hoofdstuk 12, waarin hij weer iets vertelt over veel langer geleden, en om de een of andere reden beviel me dat helemaal niet, hoewel het op zich niet slecht was. Dat moest dus haast wel daaraan hebben gelegen, dat het zogezegd niet consequent is om opeens weer over veel vroeger te beginnen, dat is er nu dus uit, waarvoor nogmaals mijn hartelijke dank.

O ja, let op, de zwakbegaafde jongen heet inmiddels Jan Wildschut, dat je niet opeens denkt: waar heeft-ie het nu over?

Ik denk dat ik nog ongeveer twee weken nodig heb om de resterende hoofdstukken uit te werken, daarna stap ik in het vliegtuig, de bedoeling is dat het nog voor de Boekenweek (half maart) uitkomt.

Onze reis ging erg goed, ik heb zo ongeveer de hele Ronde van Spanje gereden, meer dan drieduizend kilometer: Barcelona, Zaragoza, Soria, Segovia, Madrid, Plasencia, Cáceres, Mérida, Sevilla, Granada, Almería, Valencia, Alicante, Barcelona. Vooral de streek ten oosten van Almería is prachtig, dat is dat woestijngebied waar ze ook westerns opnemen, kale bergen die direct in de zee uitmonden. Tussen Almería en Barcelona kwamen we in een waanzinnig noodweer terecht, met overstromingen en alles erbij inbegrepen. We moesten twee dagen in een kustdorpje blijven, omdat alle wegen onder water stonden, en we zijn ook echt door zo'n uit de hemel vallende watermuur heen gereden, dat is zo ongelooflijk dat je er alleen maar om kunt lachen, na vijf seconden ben je al zo doorweekt dat het niet meer uitmaakt, omdat je toch niet natter kunt worden dan je al bent. Zo kwamen we in een hotel aan, waar de eigenares zich verontschuldigde dat er 'geen water in de kamers was'...

Ik was ook nog bij mijn zus Els in Granada, wier vaste vriend Salvador in juli in een afgrond van dertig meter was gevallen, wat hij door een wonder heeft overleefd. Wel alles gebroken, maar nu was hij weer thuis, hij loopt nog voetje voor voetje, het is een oersterke man, voor wie ik een enorme bewondering heb, hij is ook zo ongelooflijk aardig, maar heel erg zwijgzaam en trots. Toen Els aan hem vroeg waar hij toch de hele dag aan dacht toen hij al die maanden in het ziekenhuis lag, antwoordde hij: 'Dat ik in een ziekenhuis lig en dat ik dankbaar ben...'

Ik moet nu eigenlijk ophangen, want straks gaat de kopieerwinkel dicht, en daarna moet ik nog naar het postkantoor. Volgende keer weer wat uitvoeriger. Voor nu veel liefs, ook van Amalia, en tot gauw terugschrijven, een zoen van je

Herman

Amsterdam, 16 oktober 1987

Lieve Herman,

Eerstens, welk een fantastische batterij aan postzegels van de heilige maagd, ze hebben wel vier keer een stempel op haar moeten zetten. Je productiviteit is bovenmenselijk, mag ik haast wel zeggen. Hoe is het spreekwoord ook alweer? Goede grond gedijt de vruchten uws schoots? Nou ja.

Er heeft opnieuw een geheime uitwisseling plaatsgevonden tussen Dirk en mij. Afgelopen dinsdag spraken wij om halfzes in Morlang af om elkaar de stukken onder de tafel toe te schuiven. Om twaalf uur 's nachts en honderd gulden lichter stonden we weer op een waaierige gracht, tevreden en voldaan. We hadden het namelijk uitgebreid over *Red ons, Maria Montanelli*. Ik begreep van Dirk dat hij je al had gebeld. Wat ons voornamelijk bond, was *trots*. Het is heel merkwaardig om in een café nogal luidruchtig en enthousiast over de pennenvruchten van een goede vriend te spreken als die er niet bij is. Toch hadden we daar enorm plezier in en uitten we gedetailleerd al onze lof over speciale passages, maar vooral over het feit dat je er op een zeer persoonlijke manier in geslaagd bent de verteller een heel eigen stem te geven. Volgens Dirk is er de laatste twintig jaar in de Nederlandse literatuur niet zo'n boek, uit dat milieu, verschenen, met die bepaalde sociale structuur. Daarom vonden wij het alle twee juist wél verstandig om de namen van de straten te noemen, omdat het over Amsterdam-Zuid gáát en daar inderdaad nog nooit zo over geschreven is. Als je er zelf van overtuigd bent, zal je die Meulenhoffers ook wel overtuigen. Ook waren we zo opgetogen en tevreden over je meer filosofische uitspraken die er heel mooi in verwerkt zitten. Ikzelf ben erg dol op de uitspraak over vrijheid, ik weet niet meer goed waar die staat (er staan er veel in want het gaat er ook over), dat vrijheid juist is dat wanneer je uit veel te kiezen hebt, je ook de vrijheid hebt om níét te kiezen; die is erg fijn, ook in verband met het Montanelli-systeem.

De nieuwste hoofdstukken zijn meesterlijk van toon en emotie, de vriendschap met de zwakbegaafde jongen, de episode met Bronstein, de bewondering voor Angelina Romeyn. Top. De lijn van het ouder worden, die zich in de vorige zending al had ingezet, voltrekt zich hier, nl. in de erotiek, de aantrekkingskracht; de relatie met Cristina, de verstandhouding met de vader: alles verwijst naar die ontwikkeling, die heel organisch verloopt. De 'ik' wordt zelfs veel ouder dan zijn leeftijd, met whisky, zalm en fijngesneden haring, maar dat is juist prachtig, omdat het de blauwdruk van een heel leven gaat worden waarin iemand zogenaamd achttien wordt en bij wijze van spreken het 'leven echt moet gaan beginnen', maar alles, het hele scala aan emoties, gebeurtenissen, indrukken, is allang in alle heftigheid losgebarsten. En dat doe je op een heel mooie en liefdevolle manier.

Wat fantastisch dat het al in maart uitkomt, het is ze ook geraaien.

Ik ben inmiddels op bladzijde 87 aangeland, het zogenaamde deel III, en dat gaat een moeilijk deel worden omdat daarin sprake moet zijn van de identiteitssalto die al een tijd aangekondigd wordt maar zich nu moet voltrekken. Hoe is altijd de vraag. Het materiaal is nog zo ruw en bekrabbeld en bekriebeld dat ik je het nog niet durf te laten lezen. Ook zijn personen uit het begin later samen gaan vallen met anderen, omdat het dezelfde bleken te zijn. Maar dat heb ik nog niet veranderd, dus dat zou nu nog te chaotisch lezen. Ik moet eerst door dit deel III, dan doorstomen naar IV en V, die veel korter zijn en waarvan ik al weet hoe die verlopen. Dan pas zal ik toe zijn aan het in alle rust schrijven van een tweede versie, maar dat duurt nog even. Ik ben de laatste weken ook wat afgeleid omdat er iets spannends is ontstaan tussen Stefan N. en mij, ik weet niet of je hem kent. Het is nog maar pril en hij komt net uit een andere relatie, maar het voelt meteen vertrouwd. Zou weleens kunnen klikken.

Vandaag waait het windkracht 10 dat het een aard heeft. De herfst heeft zich krachtig aangekondigd. Daarbij is het op dit moment niet koud, zo'n 17 graden, maar verandert het weertype elke vijf minuten.

Wat er ook gebeurt voor je het vliegtuig in stapt, zend me het laatste deel.

Werk goed, kus Amalia van mij en jezelf erbij.

(Lint is op.)

Ik doe hierbij het Martin Amis-interview, aardig als achtergrond. Hij wordt hier te lande nu ook al bejubeld én verguisd, let vooral op het gedeelte waarin Kingsley het boek *Money* door de kamer gooit!

Zet hem op!

Veel liefs en tot 9/11,

gekust,
je Wanda

Barcelona, 7 januari 1988

Lieve Wanda,

Jawel, de correspondentie gaat hierbij officieel hervat worden. Allereerst een gelukkig nieuwjaar natuurlijk, met vele avonturen en romanpagina's. Ik heb de afgelopen week de door kerstsfeer en aanverwante feestelijkheden wat in de war geraakte losse draadjes weer op proberen te pakken. Het is in elk geval een goede beslissing geweest om dat boek even te laten liggen, na bijna twee maanden niets meer erin gelezen te hebben, kijk je er wel degelijk anders tegen aan, de bekende 'afstand tot het geschrevene', wat de oplossing voor het einde gemakkelijker maakt. Zodra er nieuwe bladzijden zijn, zal ik je die uiteraard opsturen. Met de kerstdagen waren we in Amalia's ouderlijk huis in Andorra, wat in tegenstelling tot de niet hooggespannen verwachtingen behoorlijk relaxed was, afgezien van het tot vijf uur 's ochtends *sevillanas* dansen op kerstavond. Oud en nieuw was een feestje in de huiselijke kring in Barcelona tot zeven uur 's ochtends, waarna ik even moest gaan liggen. En het afgelopen weekend waren we in een huis van vrienden van José Miguel in de Pyreneeën, dat werkelijk het mooiste (en mooist gelegen) 'tweede huis' is dat ik ooit heb mogen zien: twee verdiepingen hoog, zowel binnen als buiten geheel van hout, met twee gigantische terrassen, waarop het op 2 januari in de zon ontbijten was, en natuurlijk een open haard met het bijbehorende staren naar de vlammen, waarbij allerlei dingen opeens 'veel minder belangrijk...' etc. We kunnen er zo vaak heen als we willen, omdat de eigenaar er zelf een bétje op is uitgekeken (gescheiden en aan de drank: de een zijn ongeluk is de ander zijn buitenverblijf, zoals het spreekwoord zegt). Hij wil dat huis zelfs verkopen voor *f* 50.000,- en als ik dat op de bank had staan, zou ik niet aarzelen. Maar ja, daarvoor is het wachten nog tot de vijfde druk van *M. Montanelli*. Het huis ligt in een prachtige vallei, op 1300 meter hoogte, met uitzicht op besneeuwde toppen, de ideale omgeving voor het concipiëren van een roman van achthonderd pagina's, waarin veel over eindeloze bossen en grazende weiden wordt gesproken, maar aan de andere kant ook de ideale omgeving om al op pagina een te blijven steken, als ik zo duidelijk genoeg ben.

Het is nu bijna *mediodía* en ik ga zo voor de dames (en voor mijzelf) een heerlijke chicken curry klaarmaken. Jules Croiset heeft *El País* gehaald, zoals ik vanochtend bij een café con leche en een bikini heb mogen lezen: 'Un actor fingió su propio secuestro por parte de grupos antisemitas.' Stuur mij graag alle details over deze zaak.

Vanmiddag moet ik mijn werkbeursaanvraag afronden, heb jij dat al gedaan? Het moeilijkste onderdeel vind ik altijd het zogenaamde werkplan: het geouwehoer over een boek dat je waarschijnlijk nooit zult schrijven, maar dat toch moet klinken als 'een ontzettend interessant idee'. Ik heb namelijk wel ideeën over wat ik wél zou willen schrijven, maar die klinken weer te vaag voor een werkplan, dus moet je er allerlei onzin bij verzinnen. Je moet trouwens niet vergeten om onder punt 3 (recente publicaties etc.) te vermelden dat je een boek af hebt dat in het najaar door Querido zal worden gepubliceerd, maar wellicht had je daar zelf al aan gedacht. Goed, ik moet nu ophangen. Ik hoop natuurlijk gauw iets van je te horen, en ook vooral en zeker niet in de laatste plaats over hoe het verder gaat met Stefan. Voor nu een warme zoen van je verre vriend,

Herman

Amsterdam, 21 januari 1988

Lieve Herman,

Nu pas antwoord op je heerlijke brief van 7 januari, want ik was twee weken lang doende met een muziektheatervoorstelling in Utrecht, waaraan ook de bekende drummer Han Bennink mede werkte, wat ik wel interessant vond om eens mee te maken. Omdat ik natuurlijk eigenlijk aan het schrijven was, zegde ik ze 'een weekje adviseren' toe, met het gevolg dat mijn naam nu op de uitnodiging en in het programma onder het kopje regie staat, en die ene week verdubbeld werd tot twee. Je hebt het allemaal zelf in de hand, zoals je ziet. Het zijn een van de meest lawaaiige twee weken van mijn leven geworden, omdat Hr. Bennink zijn zenuwen moet kalmeren op het drumstel, hij niet niks kan doen en bovendien natuurlijk niet kan (of wil) luisteren naar aanwijzingen, maar dat wist ik van tevoren. Een groot kind van vijftig, dat ook heel aandoenlijk is. Verder is er vergeleken met 25 jaar geleden niets veranderd in zijn muziek, nog steeds is er sprake van 'ein Spiegelei mit Schinken'. Het is een grote *instantchaos* geworden die ik ietwat gestructureerd heb. In het *Utrechts Nieuwsblad* is één recensie verschenen, verder was het stil. Aardige mensen, dat wel.

Dus nu heb ik eindelijk tijd om het huisje wat op te ruimen en de bladzijden weer eens op te schudden. Afstand van de tekst krijg je inderdaad als je het even laat liggen en ik geloof dat ik er sinds half december niets meer aan heb gedaan. Nu heb ik wel weer zin. Oud en nieuw heb ik niet zo zonnig als jij mogen doorbrengen (dat huis in de Pyreneeën interesseert me bovenmatig, wanneer ga jij er weer naartoe? Ik wil er vandaag al heen, dat begrijp je. Vertel mij alles!).

Oud en nieuw viel voor mij op 't Zwaluwnest, alwaar door Theo, de vriend van Dic, voor het hele gezelschap heerlijk werd gekookt. Er werd scrabble en kaart gespeeld in de spelletjeskamer en het traditionele oudejaarsvuur, een machtige berg snoeitakken bij 'de bunker', werd vanaf een uur of tien flink opgepookt. Ook de oudste zoon was aanwezig, wat tot de spottende verbeelding van de twee jongste broers sprak. Hij was al snel aangeschoten en wilde het oudejaarsvuur hoog doen oplaaien door middel van een jerrycannetje benzine, dit zeer tegen de zin van de broers en een neef. 'Maar,' riep hij, 'de mensen willen een *spectaculair* vuur zien!' 'Ach man! Ga jij eerst maar eens een spectaculair *leven* leiden!' antwoordde de jongste broer enorm gevat.

Er was een tiental genodigden die ik niet goed kende, voornamelijk vrienden van Theo. Iedereen bleef slapen (ik sliep in 'de jachtkamer'). 's Ochtends kwam me het verhaal over 'de ruzie bij het vuur' ter ore. Theo had 's nachts een van de aanwezige actrices geslagen. Zij had de hele nacht bij het vuur enorme, maar dan ook enorme boeren gelaten, óók in de nek van Dics moeder. Daarop had Theo die actrice een klap verkocht en haar enkele malen, fles Bokma in de hand, keihard 'Je bent een kut! Een kutwijf!' toegeroepen, omdat hij meer dan genoeg van dat geboer had. Met die klap vloog haar zilveren oorbel in het laaiende vuur en smolt daar. Ik betreurde het natuurlijk dit tafereel gemist te hebben.

In de eetkamer werd op nieuwjaarsochtend de brunchtafel voor twintig man gereedgemaakt, maar het brood was nog bevroren. Toen iedereen goed en wel zat en het geurige geroosterde brood, de zelf geschoten paté en de schaal met het natte roerei werden doorgegeven, kwam de bewuste actrice binnen met behuilde ogen, dik van slapeloosheid (ze had de hele nacht in 'het atelier' gehuild, zei men), en begon op tsjechoviaanse wijze haar excuses ten overstaan van de hele tafel te maken ('Het schijnt dat ik me gisteravond nogal misdragen heb, ik vind dat heel erg, en ik weet niet hoe ik dat...'). Ze maakte het alleen maar pijnlijker. Dus met een algemeen gemompel werd haar zelfbeschuldigingsscène afgebroken en nam ze plaats aan tafel, waar ze meteen een te grote schep uit de kom met roerei nam.

Enfin, je ziet het: het nieuwe jaar is alweer als vanouds begonnen.

Ik hoop dat ik in dit jaar vele romanpagina's zal schrijven, wat ik ook jou toewens en dat ik nu eens een avontuur beleef dat hout snijdt. Ik bedoel, dat met Stefan dat was erg romantisch, hij is wel een bijzondere jongen en hij is verliefd op me, zegt-ie. Maar hij heeft al tien jaar een vaste relatie en zit diep in dat andere leven ingegraven, dat had ik meteen wel door. Het bleek dat het toch te ingewikkeld lag, of heel simpel eigenlijk, want die relatie is gewoon nog best goed, en dan is er niks aan te doen. Wel jammer vind ik, want ik voelde me er erg prettig bij, ook omdat het een gevoelige, openhartige jongen is en bovendien eerlijk. Nou ja, nu maar weer op zoek, godverdomme, blijft dat zo?

Over Jules Croiset is alles gezegd, en het is alweer

démodé, zoals de Fransen zo mooi zeggen. Even kijken wat de *HP* erover schrijft, misschien stuur ik dat mee als het de moeite waard is. Intussen is ook breed uitgemeten dat zijn moeder, Jeanne Verstraete, fout geweest is in de oorlog, d.w.z. getekend voor de Kultuurkamer en gezongen in het NSB-cabaret van Paulus de Ruiter. Zo. Ook is er net gepubliceerd dat Bert Voeten spion voor de Kultuurkamer is geweest en dat zijn aantekeningen in zijn dagboek uit 1946, waarin staat dat hij in het verzet heeft gezeten, niet waar zijn. Wij waren er niet bij. Belangrijker is toch dat hij Marga Minco, zijn latere vrouw, bij hem liet onderduiken. Blijft de gemoederen bezighouden, deze zaken.

Ik ga maar eens aan het schrijfwerk, waar ik wel zin in heb, want het gewone leven is veels te ingewikkeld voor mij.

Hoe zit het eigenlijk met jullie tweede huis? Is dat al bewoonbaar? Lieve Herman, ik ga nu douchen, tot briefs en muchos besitos ook voor A.

X Wanda

Barcelona, 31 januari 1988

Lieve Wanda,

Jawel, dat was weer een erg fijne brief, waarvoor de postbode al om halfnegen 's ochtends aan de bel ging hangen: zodra ergens 'expres' op staat, springen de

Spanjaarden onmiddellijk op de scooter. Ik heb erg, en hardop, moeten lachen om je beschrijving van het oudejaarsfeest. Dat soort oer-Hollandse inspiratie moet ik soms ontberen, hier zijn de mensen zoveel 'normaler', wat erg rustgevend is, maar het is toch ook weleens fijn om je weer eens echt te ergeren aan de een of andere trut-actrice, vandaar dat ik dat soort zaken graag mag lezen.

Ik heb nu voor de dood van de zwakbegaafde jongen een oplossing gevonden die klinkt als een klok, al zeg ik het zelf. Dat is bijzonder plezierig, een soort zevende hemel-gevoel, als ik even mag overdrijven, het idee dat het ei nu eindelijk gelegd is, en dat werd tijd. Het mooie is dat schrijven soms inderdaad iets van magie heeft, namelijk dat ik door eindeloos overlezen heb gezocht of de oplossing misschien al niet 'in het verhaal zelf' zat, en ja hoor, er waren zeker een tiental aanwijzingen te vinden die allemaal in dezelfde richting wezen. Je kunt natuurlijk altijd zeggen dat het allemaal achterafgelul is, of toevallig, maar ik vind het leuker om erin te geloven dat zoiets als een verborgen sleutel bestaat. Het was ook een duidelijke aha-erlebnis, dat alles eindelijk organisch op zijn plaats viel, en daarom ook heel duidelijk te onderscheiden van alle andere flutoplossingen die ik mezelf probeerde aan te praten. Maar goed, ik zal niet verklappen wat het wordt, want anders kun je straks niet meer objectief je goed- of afkeuring laten blijken, als je het al van tevoren wist. Verder benut ik de tijd die ik nu nog overheb, om al het voorafgaande nog een keer de revue te laten passeren, maar ik verander in feite heel weinig. Het komt er vooral op neer dat ik ongeveer driekwart van alle 'zoals dat heets' en 'ik bedoels' eruit heb gegooid, waar jij ook al bezwaar tegen had. Het waren tenslotte niet meer dan stoplappen en hulpmiddelen die ik nodig had om de toon vast te houden, maar nu de toon er eenmaal is, kunnen ze gerust 'bij de boom worden gezet'.

Jammer dat het met Stefan niet helemaal gaat zoals de bedoeling is, het ligt natuurlijk altijd ingewikkeld als iemand verliefd is en daarnaast ook nog iets langdurigs heeft dat 'nog best goed gaat'. Je kan die twee dingen natuurlijk ook combineren, maar misschien vind jij dat weer niks, dat schrijf je niet helemaal duidelijk, ik bedoel (daar gaat-ie weer...) dat het voor hem waarschijnlijk moeilijk is om meteen vergaande besluiten te nemen, en dat je dat in het begin soms maar even zo moet laten. Vooral omdat je zegt dat je hem wel heel leuk vindt en dat hij eerlijk is, dan zou dat toch moeten kunnen. Maar ja, het is makkelijk theoretiseren van een afstand, en zoals ik al zei, werd het me uit jouw informatie ook niet helemaal duidelijk hoe de zaken er nu precies voor staan.

Volgende week gaan we skiën in Andorra, waarbij ik vooral naar de après-ski uitzie, het is tenslotte bijna honderd jaar geleden dat ik voor het laatst in Finland van de meest verschrikkelijke hellingen naar beneden ben gevallen. De enige troost is dat je met een ingewikkelde driedelige kniebreuk nog wel gedichtjes kan blijven schrijven, terwijl bijvoorbeeld een balletdanser... Ik doe nu trouwens op de radio bijna wekelijks een Gelderlander, die voorzitter is van de beweging voor een groot Gelderland: 'Het waren niet de Batavieren die over de Rijn ons land binnenkwamen, maar de Gelderlander over de Schicht ten noorden van Velp...' Je moet toch bezig blijven.

Goed, ik kom dus in elk geval voor 1 maart naar Amsterdam, maar dat wist je geloof ik al, voor nu veel liefs, ook van Amalia, en tot gauw terugschrijven!

Een kus,
je Herman

Amsterdam, 15 februari 1988

Lieve Herman,

Vandaag schijnt de zon, net zoals het hele weekend hiervoor, toen ik me in de stad Brussel bevond voor een 'uitje' met wat leden van de redactie van *Toneel Teatraal* naar de opera *Lulu* van Alban Berg, met de beroemde zangeres Teresa Stratas, geregisseerd door Ruth Berghaus, de weduwe van componist Paul Dessau, erg Oost-Duits allemaal. Enige commotie was ontstaan toen vorige week, vlak voor de première, mevrouw Stratas niet op het toneel wilde verschijnen, zij zat in haar hotelkamer en deed niet open, ook niet nadat operadirecteur Gerard Mortier zeven(!) keer op de deur had geklopt. Gevolg was dat de regisseuse de rol 'gemimed' heeft terwijl een understudy de partij zong. Dat had ik graag willen zien. Het geheel was nu erg statisch en modern-steriel, met veel grijs en wit en zo, en zonder die Teresa Stratas zou het helemaal niks zijn, stel ik me zo voor.

Ik ben intussen aan de tweede versie van mijn boek begonnen, waarvoor ik nog steeds geen titel heb (de werktitel is *De getekenden*, maar dat klinkt niet goed en bovendien pretentieus, nee, ik ben er nog niet uit). De tweede versie maken is een veel ambachtelijker werk dan de eerste, merk ik, ik probeer deze versie zo veel mogelijk 'schoon' te maken, zodat het voor een (zeer) select groepje leesbaar zal zijn. Ik hoop dus dat ik je als je hier rond 1 maart bent al een en ander te lezen kan geven. Ik zit nu op bladzijde 45 van de tweede versie en dat zullen er in totaal zo'n 150 worden, schat ik.

Wat uiterst prettig dat je nu de oplossing voor het eind hebt gevonden, ik brand van nieuwsgierigheid. Ga je het als je hier in maart bent ook inleveren bij Meulenhoff? Querido heeft mij gevraagd of het voor de zomeraanbieding mee kan gaan, wat betekent dat ik het begin april zou moeten inleveren. Dat doe ik alleen als ik het dan ook echt áf en goed vind. En mocht dat het geval zijn, dan zouden we dus gelijktijdig uitkomen, zodat we overal samen besproken en tegen elkaar uitgespeeld zullen worden ('Het werk van Koch is veel... dan dat van Reisel, Reisel evenwel weet, evenals Koch... In tegenstelling tot Reisel is bij Koch...'). Jezus, zie je het al voor je? Misschien neem ik een trein later.

Wat ik laatst bedacht, is dat er in jouw boek sprake is van een zwakbegaafde jongen, terwijl in het mijne gewag wordt gemaakt van een mongool (aan het eind). Is het zwakzinnigenproza nu eindelijk aan de winnende hand? Ik heb bij mijn mongool nooit gedacht aan jouw zwakbegaafde jongen, ook heeft mijn debiel een totaal ander aandeel en andere functie in het geheel dan de jouwe. Is er hier nu sprake van de beruchte 'beïnvloeding'? We zullen er wel nooit achter komen. Als we samen besproken gaan worden, zal in ieder geval hier de kiem van de Mytylse School gezocht moeten worden, een stroming die tegen het eind van de twintigste eeuw een enorme vlucht heeft genomen en ook het gedrag van de jeugd diepgaand heeft beïnvloed, zodat de zogenaamde Zantin-acts, die de grondleggers van deze stroming al in de jaren zestig en zeventig van die eeuw uitvoerden, nu een dagelijks fenomeen zijn: in kantoren, op straat, in snackbars, om de zoveel minuten ligt er weer een schijnbaar normaal persoon van jeugdige leeftijd spastisch te kronkelen op de grond en maakt daarbij de voorgeschreven geluiden 'ah-uh-uh', zoals vastgelegd in het manifest 'Sjoeb-sjoeb-sjoeb-sjoebidoewauw' uit 1970.

Over Stefan kan ik je niet echt veel nieuws melden, behalve dat ik het maar door de omstandigheden 'heb afgezegd'. Dat betekent dat we nog af en toe correspondentie voeren en hij hier weleens langskomt, maar dat hij nog niet aan 'iets nieuws' toe is. Dat wil zeggen aan iets wat meer mogelijkheden heeft dan af en toe een middagje Amsterdam, wat ik te ingewikkeld vind. Kijk, ik ben niet smoorverliefd op hem, dus zo'n beslissing is zonder veel emotionele consequenties. Als je je aan iemand in zo'n situatie gaat binden, wordt het alleen maar pijnlijker. Dus, wat jij ook zegt, voorlopig laat ik het maar even zo en maak ik me er verder geen illusies over.

Hoe is het skiën in Andorra verlopen? Ik hoop wel dat je beseft dat je daar een paradijselijk leven leidt, met zon, zee en sneeuw.

Ik heb nu ook een toneelschrijfopdracht van Discordia binnen, waaraan ik na mijn boek ga beginnen, en wellicht krijg ik ook een opdracht van Carrousel. Verder heb ik nog lijnen uitgezet naar het Fonds voor de Kunst en het Fonds voor de Letteren, dus wie weet kom ik dit jaar nog aardig uit.

Lieve Herman, ik heb de Gelderlander nog niet gehoord, maar misschien neem je de bandjes mee als je hier bent. Ik ben tussen 18 en 22 februari even weg, maar ik neem aan dat je daarna arriveert. Laat mij weten wanneer exact je aankomt zodat we het traditionele 'Van Schiphol Halen & Ons Bezatten In Morlang' kunnen herhalen.

Tot snel live of nog briefs, veel liefs,
Kus, je Wanda

Barcelona, 12 april 1988

Lieve Wanda,

Hierbij de tijdens mijn laatste bezoek besproken brief aan de belastingen, met het verzoek of je die voor mij wilt posten, met hartelijke dank.

Morgen om 16.40 u. stap ik met Amalia in de trein naar Marbella, wat 'een erg goed gevoel' geeft: restauratiewagens, daarna de couchettes met paardendekens en leeslampjes... Aankomst om 10.20 u. de volgende ochtend in Málaga. De afgelopen week heb ik voor het eerst sinds tijden werkelijk geen ene moer uitgevoerd, en dat is bijzonder goed bevallen. Er waren wel weer veel mensen in huis, eerst natuurlijk Manfred en Sayone, en tegelijk ook vrienden van Amalia uit Sevilla, met de bijbehorende etentjes en ontkurkingen, maar eigenlijk stemde alles mij zeer tevreden. Vanmiddag zat ik op een van de bekende terrassen (*ensaladilla rusa, butifarra con judías*) in de zon met *El País* en dacht: waarom zou ik niet nog een tweede pilsje bestellen? Dat soort eenvoudige gedachten. Het opmerkelijke is dat de geografische afstand onmiddellijk weer met zijn relativerende werking is begonnen. Dat je denkt: komische televisieprogramma's, ontzettend leuk, zolang ik ze zelf maar niet hoef te bedenken. Het is allemaal een hoop onrust voor weinig wol, zoals het spreekwoord zegt. Daarentegen lijkt het mij een bijzonder plezierig vooruitzicht om ergens in de zomer met een nieuw boek te beginnen, dat zijn altijd de prettigste periodes, een beetje plannen maken op een sofa, zonder daadwerkelijk nog een poot uit te steken. Ik hoop deze periode in elk geval zo lang mogelijk te kunnen rekken.

Jawel, het is inmiddels de volgende ochtend, en plotseling veel te warm geworden. De afgelopen nacht de deken van het bed verwijderd, en voor Málaga wordt voor de komende week 30 graden voorspeld. Ons appartement aldaar heet Marbella-2000, en ik hoop dat het er precies zo uitziet als wat ik me bij die naam voor voorstelling maak. Ik zal onmiddellijk na terugkomst een uitvoerige beschrijving sturen, ik ben de 25ste weer in Barcelona, en hoop natuurlijk graag zo snel mogelijk iets van je te horen, ook al lijkt het laatste avondmaal in Panini nog maar zo kort geleden. Voor nu lijkt het me beter om maar een punt achter dit geouwehoer te zetten. Mocht je onverhoopt toch nog jaloers worden op al dit *dolce far niente* in de zon, dan is dat precies de bedoeling. Ik bedoel dat je toch echt ernstig moet overwegen om de daarvoor bestemde bloemen alhier weer eens buiten te komen zetten. Niet te lang over nadenken, gewoon doen.

Voor nu, tot gauw schrijven, en een zoen van je

Herman

Amsterdam, 26+28 april 1988

Lieve Herman,

Je brief aan de belastingen is nog dezelfde dag op de bus gegaan en zonder problemen, mag ik wel zeggen. Intussen ben jij nu weer terug uit Marbella, waar het natuurlijk erg laat en leuk is geweest. Vertel alles over hitte en uitzicht. Inmiddels is hier niets bijzonders gebeurd. Het is al een week mooi weer, maar daarbij toch nog koud, zo'n 11 à 12 graden, terwijl het weer een week geleden even gek was geworden: 20 graden. Ach, je kan tegenwoordig ook nergens meer van op aan.

Gisteren een gesprek met Joël over schrijven, hij was bezig mijn boek te lezen. In het bijzonder interesseerde hem het fenomeen: wat doet een schrijver wanneer hij in een roman iets waargebeurds met bestaande mensen beschrijft? Stelt hij die mensen daarvan op de hoogte of niet? Of is dat de vrijheid (of meedogenloosheid zoals ik het noem) van de schrijver? We kwamen hier natuurlijk op omdat Joël twee weken geleden bij mij at en ik hem een stukje wilde voorlezen uit *Maria Montanelli*, terwijl we a. eigenlijk niet wisten of jij dat wel goed zou vinden, maar ja, je was er niet, en b. Joël allerlei dingen herkende. Hij heeft enkele korte passages gefascineerd zitten lezen en niet zelden klonk er een 'Ha!' of 'Tss!' van herkenning. Die jongen heet dus in het echt ook Jan Wolthuis? Dat heb ik dan nu maar eens gehoord.

Kan dat wel? Joël is zeer nieuwsgierig naar de rest, ook omdat er allerlei gebeurtenissen in staan die hij met jou heeft meegemaakt, dat had je hem toch geloof ik al verteld? Het grappige is dat ik jullie twee helemaal niet van die montessoritijd ken, dus alles is voor mij toch veel fictiever en zo lees ik het ook. Het is een boek. Maar voor Jo ligt dat anders, denk ik. Vind je het goed als hij het leest? Aan de versie die ik heb, zit het einde echter niet.

Ik ben begonnen aan de toneelschrijfopdracht voor Discordia: ik ga mijn stuk baseren op het leven van de dichter/filosoof Giacomo Leopardi (ken je zijn *Pensieri*? Uiterst pessimistische gedachten over de mensen, een soort Nietzsche avant la lettre. Hij had een bochel en hij stonk en was niet geliefd bij de vrouwen, maar wel een genie!). Het stuk moet ongeveer in september af zijn. Morgen heb ik een afspraak bij Querido over *Het blauwe uur*. Ik denk dat ik deze brief nog maar even in de machine laat zitten en je daar morgen verslag van doe. Tot zo.

Het is morgen: ik heb reeds gesquasht na gisteren een tamelijk ellendige dag doorgebracht te hebben die gelukkig eindigde met Dirk in Satkar, het Indiase restaurant waar ik afgelopen zaterdag voor het eerst was en je hebt gelijk, het is erg goed. Maar de dag begon zoals gezegd dus met een teleurstellend gesprek bij Querido, in die zin dat ze nogal vaag waren in hun kritiek. Ik krijg het idee dat ze het wel goed vinden, maar ze doen daar eigenlijk geen mededelingen over. Verder vallen er vage opmerkingen als: de ik-persoon zou 'rijker' beschreven moeten worden. En als ik dan om details vraag, komt er weinig uit. Ik vind dit heel vreemd voor mensen wier dagelijks werk dit is. Eén redacteur zei ook nog dat hij zich het einde niet goed kon herinneren! (Dank u wel, hij had het drie weken geleden gelezen.) Maar toen ik uiteindelijk vroeg of ze de volgende versie wilden afwachten, waren ze zeer beslist en of ik het binnen zes weken kan inleveren, want dan komt het boek sowieso in oktober uit. Hoe die gedachtegang daar gaat, is me niet duidelijk. Aan de andere kant, het lijkt me vreselijk om beleerd te worden door redacteuren die zelf schrijven. Ik heb het meeste aan de kritische opmerkingen van mijn vrienden. Ik ga de komende weken hard werken aan de derde versie, indikken etc.

Zaterdag a.s. nadert de Vreselijke Koninginnedag weer, waar ik erg tegen opzie. Misschien sluit ik me gewoon hier op de gracht op. Verder spelen verre reizen me door het hoofd. Of liever, zie ik mezelf achter een typemachine zitten op de porch van een villa met palmen, terwijl ik uitkijk over een of andere Caribische baai.

Ik heb geld gekregen van het fonds. Jij neem ik aan ook, dat betekent samen met het geld van Discordia dat ik de komende maanden vooruit kan, wat een erg geruststellende gedachte is. Lieve Herman, laat weer gauw wat horen, kus Amalia van me en vertel alles wat wel en niet de moeite waard is.

Veel liefs + zoenen van Wanda

Barcelona, 15 mei 1988

Lieve Wanda,

Het heeft even geduurd, maar daar gaat-ie dan weer. We moeten inderdaad de correspondentie maar weer even wat nieuwe vaart inblazen, dat is toch veel leuker. Deze keer lag het aan mij, waarvoor mijn excuses, ik bedoel met de snelheid van de posterijen moet een gemiddelde van één brief in de week tot de mogelijkheden behoren, maar ik was de afgelopen weken gewoon lui, en daar zal nu verandering in komen!

Ten eerste even een systematische beantwoording van jouw brief. Uiteraard mag Joël het boek ook lezen, er is nu een compleet exemplaar, met alle veranderingen etc., bij Dirk, dus misschien kun je het bij hem wegtroggelen. In jouw versie staat nog veel te veel geouwehoer van 'zoals dat heet' en dergelijke, en inderdaad: de zwakbegaafde jongen heet daar ook nog Jan Wolthuis, zijn echte naam, dat schreef even makkelijker, maar inmiddels heet hij toch al een tijdje Jan Wildschut, zoals ik je eerder al eens schreef, want zoiets kun je inderdaad niet maken: dood of levend, wil ik maar zeggen.

Waar jij het met Joël over had, hoe ver je kunt gaan bij het beschrijven van waargebeurde feiten met echte mensen, daar geldt volgens mij alleen de persoonlijke moraal van de schrijver. Woede en ook wraak zijn volgens mij zeer nobele uitgangspunten voor het schrijven van een boek, het zijn zeker niet de slechtste boeken die met een dergelijk motief zijn geschreven. Zolang het maar geen kleinzielig gedoe wordt, echte wrok, die altijd vals klinkt, of je gram halen op een manier die voor niemand, en zeker niet voor de lezer, interessant is. Ik zou zelf bijvoorbeeld nooit gemeen schrijven over iemand die ik heel goed ken/kende of met wie ik een 'intieme relatie' heb gehad, dan weet je namelijk te veel, ook dingen waar je gemakkelijk misbruik van zou kunnen maken. Ik vind dat bijvoorbeeld mijn vader, of ik zou eigenlijk moeten zeggen 'de vader' uit *M. Montanelli*, weliswaar stevig wordt aangepakt, maar gezien het feit dat het vanuit het perspectief van een zestienjarige gebeurt, nergens echt onrechtvaardig wordt behandeld. Dat is wel het geval met de leraren en andere bijfiguren, zoals de oom, de ouders van Cristina etc., maar die zijn dan ook geschilderd vanaf de buitenkant, ik weet geen echte intimiteiten van ze, en bovendien is het allemaal sterk overdreven en met een flinke dosis ironie. Het blijft bij een beetje tegen ze aan schoppen, zonder ze echt te raken, denk ik zelf. Bovendien verdienen ze niet beter, omdat het stuk voor stuk verschrikkelijke ballen gehakt waren, en zo kom je weer terug op het uitgangspunt: als iemand een ongehoorde zak is, mag hij er ook van langs hebben, de keuze tussen of dit 'goed' of 'slecht' is, ligt alleen bij de schrijver en niet bij de slachtoffers. Een schrijver die echt rancuneus te werk gaat, valt vanzelf door de mand en schiet zijn doel voorbij. In het geval van 'bevriende' personages die aan de werkelijkheid zijn ontleend, lijkt het me helemaal geen probleem: zolang je integer blijft en die mensen sympathiek benadert, doe je er volgens mij niemand kwaad mee. Ik zou in zo'n geval inderdaad wel even van tevoren informeren of iemand wel zin heeft om in een boek voor te komen, maar zo'n geval heeft zich in mijn carrière nog niet voorgedaan, omdat de sympathieke karakters bijna altijd een samenraapsel van meerdere personen zijn, zoals bijvoorbeeld de vrienden van de hoofdpersoon in *Montanelli*.

Nu weer even iets anders. Het lijkt me inderdaad vervelend, dat zweverige gedoe bij Querido, maar ik hoop dat je je er niet door laat ontmoedigen. Een uitgever dient tenslotte alleen maar om ergens een kaftje omheen te doen en te zorgen dat het in de winkels terechtkomt, maar natuurlijk zou het leuker zijn als ze zelf ook nog wat meer te melden hadden. Oordelen van vrienden zijn uiteindelijk altijd het belangrijkste, dat is toch waar je het voor doet, ik tenminste wel, maar aan de andere kant is een oordeel van een buitenstaander, die jou persoonlijk nauwelijks kent, ook nooit weg. Maar goed, uiteindelijk blijf je toch zelf de norm, of iets af is of niet, en of je het zelf goed genoeg vindt. Ik vraag me ook weleens af of mensen die beroepsmatig zoveel moeten lezen, überhaupt nog ergens echt leesplezier aan beleven, maar misschien is dat onzin.

Ik heb inderdaad ook een werkbeurs, zij het dan van een maand, maar dat is altijd beter dan helemaal niks. Ik heb voorlopig nog geen flauw idee wat ik hierna ga doen, en daar voel ik me nog lekker bij ook, dus niks aan de hand. Ik had een tijdje geleden weliswaar twee ideeën voor nieuwe boekwerken, maar die spreken me nu niet meer zo aan. Ik ben dus weer volkomen blanco, en er kan dus van alles gebeuren, wat wel spannend is. Ik ga overmorgen een paar dagen naar Granada, naar Els, en wellicht ook nog een paar dagen naar Córdoba, Cádiz, Jerez de la Frontera (van de sherry), allemaal in mijn eentje, en dat zijn typisch de momenten waarop de inspiratie plotseling met een knal naar binnen wil schieten. Terwijl het landschap aan de andere zijde van het bus- of treinraam voorbijsukkelt, kom je in precies de goede zweverige stemming, zoals jou natuurlijk ook wel bekend. Maar over het algemeen geniet ik vooral van de rust dat er even helemaal niets hoeft.

In Marbella was het erg leuk, wel veel drank en eten, maar dat hoort er nou eenmaal bij. We zaten in een soort *2001: A Space Odyssey*-torenflat op de achtste verdieping, met allemaal terrassen en pal aan de haven met uitzicht op Gibraltar en de Afrikaanse kust. Daarna bij thuiskomst waren hier opnieuw Manfred en Sayone, terug uit het zuiden, en de week daarop Mark en Marianne, dus de lever kreeg geen rust. Ook was ik nog op de Feria de Abril, tien kilometer buiten Barcelona, dat is het Andalusische feest, dat eens per jaar wordt gehouden, vooral in Sevilla, maar dus ook hier. De Boulevard of Broken Dreams zou hier eens een tijdje stage moeten komen lopen: tachtig tenten en gebouwtjes waarbinnen vier dagen lang en op 24uursbasis sevillanas worden gedanst, en dan ook nog merendeels in de daarvoor bestemde flamencojurken en zeer mannelijke laarzen. Ik was er met José Miguel en Amalia, van elf uur 's avonds tot halfnegen 's ochtends. Die sevillanas, daar kan ik werkelijk uren naar kijken, het is net zoiets als een haardvuur of de zee; het verveelt nooit. Bovendien word ik er ongehoord geil van... Sorry, maar dat moest er even uit. Ik heb trouwens niet alleen gekeken, maar me er met mijn vrouw ook tussen gewaagd, de schaamte voorbij, kortom: 'Zie je die lange blonde Duitser daar... Nee, die kale daar... Wat doet-ie dat enig!' Nu, tijdens het schrijven van deze brief, luister ik weer naar muziek uit mijn eigen cultuur: de nieuwe lp van The Godfathers, met de heerlijke neo-depri-titel: *Birth, School, Work, Death*, ik denk dat jij die ook wel zou kunnen waarderen. Er is trouwens ook een tweede lp van The Smithereens, je weet wel, *Green Thoughts* heet hij, en die is ook erg goed, alleen natuurlijk weer niet op cd.

Ik zou trouwens tussen twee haakjes erge zin hebben in even een heerlijk gezamenlijk diner bij Panini, in plaats van deze brieven, 'dat praat toch wat makkelijker', maar ja, zo'n correspondentie heeft ook weer iets.

Mocht je er voor voelen om je Caribische Zee-fantasieën voorlopig even in te ruilen voor een bescheiden Méditerranée-droompje, aarzel dan vooral niet. Ik kom zelf rond eind juni weer even naar Amsterdam.

Het weer is hier volkomen in de war: al een week

lang grijze luchten en plensbuien, waardoor ik weer vaak aan 'thuis' moet denken. Goed, lieve Wanda, schrijf mij snel terug, met veel roddels over tussen wie het wel en tussen wie het niet meer helemaal loopt, en hoe het met jou gaat. Voor nu veel liefs en een paar echte goeie natte zoenen van

je Herman

Ook vele besitos van Amalia, die hier net een beetje verveeld rond komt hangen, omdat ze straks naar een vrouwencafé moet, samen met die twee vriendinnen die jij hier ook weleens gezien hebt, en omdat ze dus eigenlijk niet zo erg veel zin heeft, maar het nu eenmaal is afgesproken etc.

Besitoooosssss,
Amalia

PS: Het is inmiddels maandag de 16de, en buiten is de hitte plotseling weer om te snijden. Dinsdag 24 mei om acht uur is er een *Borát* geheel gewijd aan 'vis', dan weet je tenminste van tevoren waar je aan toe bent. Nu ga ik deze brief per expres posten.

Doei.

EXPRES
CONSIGNE EN
SUS ENVIOS EL
CODIGO POSTAL
BARCELONA
45
españa
correos
ESPAÑA
100
PTA
CORREOS
ESPAÑA
Wanda Reisel
Keizersgracht 433
1017 DJ Amsterdam
H O L A N D A
AMSTERDAM 4
30.V.87 00602 -
EXPRESPOST
URGENTE

Amsterdam, 19 mei 1988

Lieve Herman Huib,

Alweer een brief aan de belastingen? dacht ik toen de expressebrief + urgente op de mat lag. Niet dat ik het vervelend vind om als go-between te fungeren, integendeel, ik ken ze, die belastingjongens...

Een heerlijke brief om bij het ontbijt te consumeren en hardop bij te lachen. Ik ga alle brieven maar eens op stapeltjes leggen want er moet zo langzamerhand wel een bundeltje van te maken zijn.

Gisteren, na het lezen van jouw brief, vertrok ik naar Antwerpen, waar door het amateurgezelschap Asjemenu mijn toneelstuk *Ansichten* werd opgevoerd. Zij hadden mij al voor de rechten benaderd maar die heb ik ze kwijtgescholden aangezien het 'oprechte amateurs' waren. Als regisseur van obscure groepjes heb ik in het begin van mijn loopbaan verschillende onmogelijke speellocaties gezien: zoldertjes met toverlantaarns, kantines in bejaardenoorden, refters van kerken. En altijd tref je er oprecht enthousiasme aan, waarbij elke norm voor 'kunst' in het niet valt, je je überhaupt afvraagt waarom je niet als verpleegster in India werkt en elke dag *Hervormd Nederland* leest. Hier in Antwerpen bevond het minuscule theatertje zich aan de Grote Markt boven Disco L.A. (El Ee), waar al om kwart over acht de beurtelings groene en rode lampjes knipperden. Het speelvlak van het zaaltje bedroeg zo'n slordige zes vierkante meter en er waren vijftig bioscoopstoelen voor het publiek. Om een lang verhaal kort te maken: ze deden erg hun best, af en toe nogal onverstaanbaar speelden ze het geheel met een overrompelende vermoeidheid die iets van de dramatiek moest verbeelden, al wist ik niet precies wat. Het was al bij al erg aandoenlijk, alsof je naar de door de onderwijzer in elkaar geknutselde musical zit te kijken waar je jongste zoon de hoofdrol in speelt.

Ondertussen gaat het gewone leven door. Ik zit flink te schrappen en zinnen te herschrijven, wat geen onprettig werk is. Vreemd toch hoe als je een tijdje afstand hebt genomen, de woorden en zinnen plotseling 'op zich' komen te staan. In een eerdere fase kijk ik grotendeels naar het verhaalverloop, de constructie, of het verhaal op zich uit de verf komt en daarbij staat de stijl even op de tweede plaats. Maar nu kan ik rustig naar ritme, dubbele dingen en overbodigheden kijken. Ik zit nog over het eind te dubben, of liever: de gang naar het eind. Of ik daar toch niet nog wat moet uitbreiden. Ik heb nu nog een maand de tijd en die tijdslimiet trekt me wel aan.

Ik word net door Mario gebeld of ik de maand juli weer mee wil naar Ibiza, dat huis staat de hele zomer leeg. Is trouwens ook weleens iets voor jullie om in een ander jaargetijde naartoe te gaan. Wellicht gaan we zelfs met mijn auto, eerst een tentoonstelling in het Prado zien en dan in Barcelona aan boord, alwaar we elkaar allemaal kunnen ontmoeten! Had net bedacht dat als ik nergens heen zou gaan, ik in juni maar eens een weekje langs moest gaan bij jullie in B. Maar dat wordt nu misschien weer allemaal anders.

Ja, ik zou ook wel weer een fijne *vitello all'arancia* willen consumeren bij Palladio (zo heet het namelijk: Panini is een klein Italiaans dingetje op de Vijzelgracht).

Ik hoop dat je veel inspiratie hebt opgedaan op je rondreis naar het zuiden. Was alles goed met Els en Salvador? Voorlopig zit ik boordevol werk (het boek, toneelstuk Discordia, nog een toneelstuk voor het Amsterdams Fonds voor de Kunst: *De vliegenier*, over een neergestorte piloot van een sportvliegtuigje die een merkwaardige familie gaat terroriseren; misschien nog een kleine regie op basis van brieven van Rilke *Aan een jonge dichter* en *Aan een jonge vrouw*), dus daarover heb ik niet te klagen. De diverse subsidiënten hebben me goed bedacht, dus het zal wel tot rond deze tijd volgend jaar duren voordat ik aan nieuwe ideeën voor een boek kom. Nu nog een leuke vriend.

Vanavond wordt de AKO Literatuurprijs uitgereikt aan een van de volgende kandidaten: Campert, Marugg, Hermans, Van Toorn, Vogelaar of Meijsing. Ik voorspel nu Hermans, omdat het oeuvre waarschijnlijk niet los gezien wordt van de eenmalige prestatie van het afgelopen jaar. Tip Marugg heb ik gelezen en dat is niet onaangenaam, tamelijk ouderwets, bijna Amerikaans jarendertigproza, Faulkner en Strachey qua sfeer, erg barok taalgebruik zoals niemand dat in de Nederlandse literatuur meer gebruikt en daarom wel bijzonder is. Het Nederlands op Curaçao is, zoals je weet, eigenlijk een aparte taal die is stil blijven staan in achttienhonderdzoveel, ambtelijk en verpapiamentst Nederlands. Als Marugg schrijft: 'Ik heb de slaap in mijn been', dan kun je dat als een originele en gestileerde vorm van 'mijn been slaapt' zien, maar feit is dat ze het daar zo zeggen, zoals ze ook 'de verkoud' zeggen in plaats van verkoudheid. Ditzelfde geldt ook voor het Belgisch en Zuid-Afrikaans, wat ons weer op een andere manier tegen 'onze' taal laat aankijken.

Dat sevillanas-feest moet iets bijzonders zijn geweest, zoiets wil ik de volgende keer in B. ook graag meemaken.

Ik ga nu over en sluiten, want weer aan het echte werk.

Deze maand moet ik nog de laatste aflevering van mijn feuilleton voor *Toneel Teatraal* inleveren en ik zal proberen Runder Voorhof daarin een rol te laten spelen.

Voor nu voorlopig gekust, ook veel besitos voor Amalia. Laat weten wanneer precies je eind juni naar A. komt. Mochten er zich nieuwe en andere (vakantie)perikelen voordoen, dan laat ik je het snel weten (expressepost is razendsnel: twee dagen).

Veel liefs,
X Wanda

Barcelona, 24 mei 1988

Lieve Wanda,

Zo gaat het inderdaad lekker snel met de correspondentie! Vanochtend jouw erg fijne brief ontvangen, het is nu zeven uur 's avonds en om 09.20 vertrekt mijn trein naar Granada, wat mij er niet van zal weerhouden om nog even snel terug te slaan. Inderdaad heb ik mijn reisje naar het zuiden uitgesteld, en ik ga dus pas vandaag: ben over ongeveer een week weer terug. Wel een beetje duur overigens, post per expresse vanuit Nederland. Hier kost het nog altijd heel beschaafd de helft, hoewel het natuurlijk allemaal ontzettend aftrekbaar is, het over elf jaar zijn investeringskosten in tienvoud zal opbrengen etc., maar toch...

Jullie reisplannen riepen in mij plotseling een wel erg warme tinteling op van allerlei combinatiemogelijkheden. Ik wil me natuurlijk niet opdringen, maar om bijvoorbeeld de motorfiets te pakken, deze met kettingen in het ruim van de speciaal daarvoor bestemde pakketboot te laten vastsnoeren, en met een kruissnelheid van rond de 130 km/u, boven aan de heuveltop te verschijnen waarop jullie vanaf het terras van de Ibiza-villa uitkijken, dat zijn fantasieën waar ik dus zomaar opeens een natte broek van kreeg, in positieve zin dan. Ik bedoel, het idee om weer naar Amsterdam te gaan staat toch op behoorlijk losse schroeven, psychisch gesproken vind ik het wat te snel, ik zou liever iets later vertrekken. Denk er eens over na, of bespreek het met de anderen. Ik weet ook nog niet zeker of ik het wel doe, en of het tegen die tijd wel uitkomt, maar als idee om mee te spelen vind ik het al heel plezierig. Ik kan natuurlijk ook gelijk met jullie de oversteek maken: een weekje, dat lijkt me wel een mooie tijd. Houd me dus in ieder geval op de hoogte van hoe en wanneer. Ik kan namelijk ook nog overwegen om heel kort naar Amsterdam te gaan, alleen voor het hoognodige, en dan in elk geval hier te zijn wanneer jullie Barcelona aandoen. Als dat huis in Ibiza trouwens te klein is, dan is er ook altijd nog een tent...

Hier is het inmiddels weer bloedheet, ik begrijp dan ook niet waarom ik juist nu naar het zuiden ga. Misschien voor de Feria van Córdoba, met elke dag stierenvechten; dat moet er nu toch maar eens van komen. Een paar dagen geleden op de televisie was er live weer een erg fijne *cornada* te zien: dat is dus wanneer de stier plotseling zijn hoorns ergens tussen de voering van die glitterende nichtenpakken weet te krijgen, waarna het slachtoffer plotseling heel vederlicht de lucht in wordt geworpen. Het bloed spoot door de arena, en dat krijg je dan ook nog zeven keer in de vertraagde herhaling te zien, je kunt natuurlijk ook níét kijken, maar ik blijf dus wél kijken: er is niets aan te doen, terwijl ik bij auto-ongelukken en openhartoperaties onmiddellijk een zijstraat insla. Misschien is het dus een heel eenzijdig gericht soort sensatiezucht, ik ben er nog niet helemaal uit.

Amalia en ik hebben onlangs ons tweejarig bestaan gevierd, met de vaststelling dat er eigenlijk alleen maar een stijgende lijn in zit, ik ben met de dag meer 'verkocht' i.p.v. bijvoorbeeld de vaak intredende gewenning of inmiddels 'heel goeie vrienden'; het is een prettig evenwicht tussen onafhankelijk en tegelijkertijd toch volkomen afhankelijk, als ik zo duidelijk genoeg ben. Amalia is overigens in die julimaand nogal bezet met cursussen Spaans geven, vandaar dat wij gezamenlijk voorlopig ook nog geen vakantie hebben gepland.

Ik moet nu ophouden, want ik moet nog een overhemd strijken voor het vertrek. Dat vind ik nog net één graad erger dan afwassen: strijken. 'Wat gaat u met het geld van de AKO-prijs doen? Iemand tien jaar voorschot geven op elke dag gestreken kleren, de rest blijf ik heel gewoon zelf doen.'

Lieve Wanda, het niveau daalt. Schrijf mij gauw terug, zodat er weer wat ligt als ik terug ben. Veel liefs. Kus,

Herman

Amsterdam, 30 mei/8 juni 1988

Lieve Herman Huib,

Daar belde hij weer, de expresse-postbesteller om 09.25 u. Dat viel mee, want vorige week kreeg de nieuwe *Volkskrant*-bezorger de dikke zaterdagkrant niet door de bus en van pure domheid, of plichtsbetrachting, belde hij maar aan, om zeven uur 's morgens! Dat-ie-'m-er-niet-in-kreeg! Op de expressepostbrief schrijven ze hoe laat ze hem in de bus hebben gegooid bij geen gehoor, heel keurig allemaal.

Natuurlijk lag ik vanmorgen nog in bed, bij te komen van weer eens een avondje flink doordrinken, wat ik in weken niet had gedaan. Zaterdagnacht in etablissement Blincker nam ik zo'n vijf(!) Tequila Golds tot mij, wat nogal veel is, maar dat drankje is dan ook erg verleidelijk. Het kwam zelfs in de buurt van coke snuiven, op een heel beschaafde manier zal ik maar zeggen. Het is een drankje waar ik stoned in plaats van dronken van word en waarvan ik een ongeremde en ongebreidelde spraakwaterval krijg, vooral op zogenaamd intellectueel gebied. Ik zit de godganse tijd breed te glimlachen, iedereen is aardig en de rest kan me niets verdommen. Kijk, dat is eens in de zoveel tijd wel erg aangenaam. Ik wist dat ik de volgende dag totaal in de watten zou zijn, maar dat was de bedoeling. Want ik had mezelf zo'n dag of drie vrijgegeven van het boek, omdat dat allemaal vrij goed ging en ik vond dat ik er even niet naar moest kijken. Dus gisteren, zondag, was zo'n dag van in bed liggen en met je ogen dicht staren terwijl de tijd niet lijkt te bestaan, om acht uur 's avonds voelt het alsof het pas elf uur 's ochtends is.

Nu, maandagochtend, ben ik weer verkwikt. Dan meteen een brief terug aan jou.

Een fantastisch vooruitzicht om jou op de motor het weggetje van het huis in Ibiza op te zien scheuren! Dat gaat op een kleine reünie lijken, daar in de zon met Mario en Angela. Het lijkt mij allemaal prima en uiterst gezellig. Ik zal een en ander eens even met de anderen bespreken, maar er kan geen bezwaar bestaan. Er is nog geen uitsluitsel over hoe we precies gaan reizen, want er doen zich allerlei mogelijkheden voor. Mario, Angela en ik gaan misschien gewoon vliegen, maar de plannen met jou blijven natuurlijk open. Met de auto gaan staat me echter wel aan.

Overigens kost de boot van Barcelona naar Ibiza voor één persoon enkele reis *f* 78,- en voor een auto *f* 178,-. Wat een motor kost, weet ik niet, niet zoveel denk ik. Het huis is niet zo klein, er zijn twee slaapkamers met vier slaapplaatsen en verder is er geloof ik nog een stretcher of anders wel een matras. Bezit jij een kampeermatras? Het is een *finca*, zo'n oude boerderij die ze daar hebben, maar het heerlijkste is het terrein eromheen, met de diverse zitjes op alle windstreken, het weidse uitzicht op een stukje Middellandse Zee, de strandgang, en vooral voor Mario het bezoek aan Ibiza-stad, waar idiote toeristen (Duitsers) zich belachelijk uitdossen in lingerie en andere minikleding. Ook bevindt zich op Ibiza de grootste dancing ter wereld(?), de Kuh genaamd, een openluchtdisco met zwembaden, weet ik veel; in ieder geval hebben we vorige keer elke dag gezegd dat we ernaartoe zouden gaan, maar zijn we nooit gegaan.

Zo'n eiland is een goede manier om eindelijk eens elkaars lul te leren kennen, want er kan de hele dag in en om het huis 'in de bloterik' gelopen worden, wat voor sommigen een speciale aantrekkingskracht schijnt te hebben. En het is voor de diverse geslachtsdelen ook weleens aangenaam, en leuk, om de zon te zien schijnen, nietwaar?, in plaats van maar altijd als een blinde mol in die donkere kerker van een onderbroek te moeten leven. Maar, zo luidt ons levensmotto, niets hóéft, alles mág.

Ik heb net weer een haring gekocht, de vijfde deze week. Voor déze Hollandse nieuwe zou het zeer noodzakelijk zijn om per kerende post hiernaartoe te komen, want de Hollandse nieuwe is werkelijk meer dan subliem: smelt zacht als boter op de tong, ik kan er twee of drie van achter elkaar op, terwijl ik haat-liefde met haring heb. Het vorige jaar was niet zo'n goed haringjaar, dit jaar daarentegen... mmmmmm!

Inmiddels is het 8 juni geworden, want allerlei beslommeringen en regelzaken vroegen de aandacht. We zijn nu zover: we gaan vliegen, met zijn allen plus Joël. We gaan proberen om voor een bepaald tarief te vliegen en dat betekent twee weken voor vertrek boeken. Hoogstwaarschijnlijk vertrekken we 2 juli en retourneren we 31 juli. In die periode ben je van harte welkom in ons paradijsje, het wordt erg gezellig zo om het vuur, terwijl wij de sateetjes roosteren en jij de kampliedjes van vroeger zingt. We stellen ons voor dat als jij weet wanneer je van de boot gaat komen, wij daar aan de kade van Ibiza-stad staan om je te verwelkomen. Je rijdt achter ons aan naar het huis, ca. 25 km van Ibiza-stad. Ja? Zoals je wel duidelijk is, doen we Barcelona deze keer niet aan, tenzij er geen enkele plek in het vliegtuig over is en we noodgedwongen met de auto moeten, maar dat lijkt ons sterk.

Zo, het werk aan het boek vindt deze week zijn finale beslag, heb ik besloten, ik lever het vrijdag a.s. of maandag in en ben nu zeer tevreden met de laatste wijzigingen en polijstingen.

Lieve Herman Huib, laat gauw alles horen en ook of je deze maand nog in Holland bent. Tot heel snel. Veel liefs en zoenen ook natuurlijk voor Amalia.

je Wanda

Amsterdam, 7 september 1988

Lieve Herman Huib,

Na een aantal keren misbellen vanwege je jaardag, doe ik het nu toch maar weer op de oude vertrouwde handwijze. Dinsdag kreeg ik eerst een totaal onbekende Barcelonees aan de lijn die natuurlijk niets van

Las Negras, Almería, 1989

mijn hoera-gezang begreep, daarna belde ik het juiste nummer, maar toen bleek iedereen uit lunchen.

Gefeliciteerd met je verjaardag!!!

Ik hoop dat je erg veel cadeaus gekregen hebt. Ook hier staat nog een kleinigheidje in de vorm van een dinky toys-motorfiets, nog op Ibiza gekocht, de kleur klopt niet en het merk ook niet, maar hij lijkt toch wel een beetje op jouw moteur. Ik zou graag weten wat er nog meer op je verlanglijst stond.

Dirk belde me laatst, toen het stukje in *Vrij Nederland* stond, en ik begreep van Amalia dat je het inmiddels zelf ook gelezen hebt. Helemaal geen slechte voorpubliciteit, wel leuk om te merken dat die Beatrijs Ritsema (ik vermoed dat zij B.R. is) denkt dat die herinneringen van jou nog 'vers' in het geheugen liggen en zij je dus op een jaar of 24 schat. Ik weet niet of je inmiddels ook *De Held* toegestuurd hebt gekregen (was wel de bedoeling, ik heb hem ook niet gekregen en toen maar gekocht!): we staan er na elkaar ingeboekt, vrijwel aan het begin. Er staat niet bij wanneer onze boeken verschijnen. Ik begreep dat Meulenhoff het uitkomen van jouw boek naar januari/februari wil verplaatsen. Waarom eigenlijk? Het mijne komt waarschijnlijk begin november.

En wat zijn je bezigheden op dit moment? Zit je veel in het Pyrenese huis en mag ik daar een keer een foto van ontvangen? Enne, wanneer kom je weer met verlof naar Holland?

Sinds ongeveer een week schrijf ik weer wat regelmatiger aan *Op de hellingen van de Vesuvius*, mijn toneelstuk over Leopardi. De laatste dagen zit ik al om twaalf uur 's middags achter de schrijftafel en probeer dat, met af en toe een halfuurtje liggen, tot 's avonds twaalf vol te houden. Gisteren waren er urenlang beelden uit de Tweede Kamer op tv, waar men de minister-president ondervroeg over het vrijwillig ontslag van minister van Defensie Van Eekelen, die opgestapt is vanwege enorme kritiek op de zogenaamde paspoortaffaire (een totaal knullig fiasco om een nieuw paspoort in te voeren, dat zogenaamd 'fraudebestendig' zou zijn. TNO heeft het meteen afgekeurd). En daarover worden dan allerlei zeikerige staatkundige en juridische vragen gesteld in de Kamer, waarop die Lubbers de Kamerleden met het air van een handige rector van een middelbare school antwoord geeft. Alleen Van Mierlo – met een veel te bruinverbrande kop, dat wel – weet bijna als enige in de Kamer iets intelligents uit te stralen en de discussie op niveau te houden.

Op dit moment speelt Bob Marley op mijn cd-speler. Ook kocht ik een cd van The Small Faces. Ik draai inmiddels geen enkele 'ouderwetse' plaat meer.

Ik ga maar weer eens aan het werk, want meer opwindends heb ik niet te melden. Weet je al hoe de kaft van *M.M.* eruit gaat zien?

O ja, in november gaat er op het Leidsebosje een (waarschijnlijk) goed Indonesisch restaurant open, dus kom maar gauw! Tot snel briefs en veel liefs,

Besitos van je Wanda

Barcelona, 14 september 1988

Lieve Wanda,

Daar gaat-ie weer: vandaag jouw brief ontvangen, dus kunnen we de correspondentie als officieel hervat beschouwen. Ik had me voorgenomen om zelf de eerste te zijn, maar ja, zo gaat dat soms. Je ziet toch dat het ontvangen van een brief de beste inspiratie is om er zelf een te schrijven.

Mijn eigen schrijfmachine staat trouwens in het tweede huis, dus doe ik hét op die van Amalia, wat zijn voor- en nadelen heeft. Nadeel 1: geen lange ij, dus i & j aanslaan, maar de leuke voordelen zal ik je nu eerst even voorschotelen: '¿Heeft de lasaña u gesmaakt, Señor?' Zo'n vraag met een ¿ aan het begin heeft toch iets veel dwingenders, vind je niet¿? '¿¿¿Je bent toch wel aan het werk???' Daar kun je geen ñeeñ op antwoorden, dacht ik zo. ª º, die kennen we ook niet. Die worden natuurlijk gebruikt voor de adressen: Roger de Flor 256 3º 2ª, ñja, zo is het wel genoeg, meer grappen zitten er niet in, dus over tot de orde van de dag.

Ik heb inderdaad ook géén exemplaar van *De Held* ontvangen, noch van *Maatstaf*: als ze hun schoolkrantjes moeten vullen, weten ze je adres maar al te snel te vinden, maar de attentie om je een nummer op te sturen, dat is blijkbaar te veel gedoe.

Zoals je al had gehoord, komt mijn boek pas in februari uit. Dat had te maken met de zogenaamde interne planning, namelijk dat er in oktober/

november al zeven boeken van Nederlandse auteurs uitkwamen, dus hebben ze er met één pennenstreek (en veel excuses, maar daar koop je geen A4'tjes voor) er drie doorgeschoven naar volgend jaar, zodat er, alweer zogenaamd, niemand in het te grote aanbod verloren zou gaan. Een ramp is het natuurlijk niet, maar je wilt toch liever dat het vandaag verschijnt dan morgen.

Ik had zelf ook nogal moeite met de overgang zomer – seizoen 1988/1989, dat kwam vooral doordat sinds Ibiza, en nu overdrijf ik niet, de temperatuur niet meer onder de 30 graden gezakt is en er welgesteld één dag met storm en slagregens voor een welkome onderbreking zorgde. Nu ben ik, heel voorzichtig, begonnen met iets nieuws, maar ik weet nog steeds niet zeker of ik opnieuw in de ik-vorm moet uitpakken, of misschien toch liever iets meer sereens, in de trant van: 'In de vroege ochtend van de negenentwintigste februari sneeuwde het in de tot aan de eeuwigheid vervloekte provinciestad Arnhem. Dik en traag daalden de vlokken neer in de achtertuin van nummer 28, het statige patriciërshuis aan de Eusebiusbuitensingel, waar de held van deze historie vandaag precies vijfendertig jaar geleden werd geboren.' Zoiets dus, ik ben er nog niet helemaal uit, zoals je ziet.

We gaan regelmatig met zijn vieren (Amalia, Juan, María-José en ik) naar het tweede huis in de Pyreneeën; daar vlakbij is ook een tennisbaan, en als we er bijvoorbeeld vijf dagen achter elkaar zijn, tennis ik met Juan gemiddeld twee tot drie uur per dag, zodat ik weliswaar getalsmatig steeds ouder, maar qua lichaamsvormen steeds atletischer word: de buik uit Ibiza is zelfs helemaal weg.

Het huis knapt geleidelijk aan op, in het begin werd het vooral bevolkt door zeker vijfentwintig pagina's van *De Grote Dieren en Insecten Encyclopedie*, die nog niet goed doorhadden dat er een wisseling van de wacht had plaatsgevonden. In de keuken en in de slaapkamers o.a. aangetroffen: 2 kikkers, 1 pad, 23 duizendpoten, 4 schorpioenen, 113 muizen, 5 ratten, 1 vleermuis(!), 26 te grote spinnen en 1143 vliegen en muggen, waarbij je goed moet bedenken dat er geen elektrisch licht is, dus al die niet-gevederde vrienden ook nog eens buiten alle proporties door het gaslicht tegen de wanden worden uitvergroot. Vooral de vleermuis was een shock. Je zit rustig bij kaarslicht te kakken en plotseling komt er vanuit het rieten dak zo'n Batman naar beneden spuiten, dat vergeet je niet snel. Maar verder is het wel een aanwinst, omdat je zo snel en met zo weinig moeite van perspectief kunt wisselen tussen grote stad en platteland.

Amalia is inmiddels weer aan het werk van negen tot vijf, wat haar goed bevalt na twee jaar rust. Ik kom in de tweede helft van oktober naar Amsterdam, dus laten ze dat Indonesische restaurant maar wat eerder opengooien. Met oud en nieuw komen we vervolgens met zijn tweeën: Amalia heeft via haar werk 50 procent korting op alle buitenlandse vluchten.

Goed, ik geloof dat ik nu even ga liggen, want het oog was weer eens groter dan de maag: nooit macaroni vooraf nemen als je al gegrilde kip hebt besteld! En ook nooit proberen daarna een brief te schrijven.

Volgende keer meer. Veel liefs en besitos en tot gauw schrijfs,
Herman

2017

Amsterdam, 17 april 2017

Lieve Herman,

Hoe bevalt jullie nieuwe appartement? Van plan om Barcelona en Amsterdam vaker af te wisselen?

Ik heb vanochtend de nieuwste roman van Yasmina Reza, *Babylon*, uitgelezen. Ik weet dat zij ook tot jouw favorieten behoort.

Na een begin waar ik even 'in' moest komen (ze monteert zonder witregels), las het als een afdaling op de off-piste. Ik ben al een tijd weg van haar. Eerst haar geweldige toneelstuk *Kunst* (rijke yup koopt totaal wit abstract schilderij en vervreemdt zich van zijn beste vrienden) en *God van de slachting*, door Polanski verfilmd als *Carnage*. En haar stemmenroman *Gelukkig de gelukkigen*, die jij ook heel goed vond.

Met elke bladzij in *Babylon* krijgen de irritatie en het ironisch non-conformisme van de hoofdpersoon meer vorm en nestelen we ons stap voor stap in het hoofd van ene Elisabeth. Reza fileert het zwalken tussen relaties (liefdes-, vriendschaps-, werk-) en de gaten die merkbaar in het morele weefsel vallen als we ouder worden. Het is een roman die over slijtage gaat, over sleets worden, teleurstellingen die als lekkere koekjes onvermijdelijk na een paar dagen taai worden.

Met haar stukken heeft ze groot succes in Frankrijk en de rest van de wereld en daar wil de kritiek, ten onrechte, weleens de neus voor optrekken. Bijna opgewekt legt ze de juiste zenuwen bloot. Prikkelend.

Onafhankelijk. Ik vind dat jaloersmakend. En dat is voor mij het voornaamste criterium om een boek goed of geniaal te vinden. Je leert een schrijver kennen, althans zijn of haar schrijversversie. Dat is de uitvoering waar je verliefd op wordt (de schrijver zelf mag een lul zijn). Plots wil je alles van die schrijver lezen. Een goed boek lezen is dus niet veel anders dan verliefd zijn. Toen ik jong was, was een knappe foto achter op een boek genoeg om over te gaan tot aankoop. Mijn andere *lovers* liggen op stapeltjes op me te wachten.

The Violet Hour van Katie Roiphe, dat ik van jou kreeg, heb ik met bewondering gelezen: haar mooie toon, geestig en ontroerend. Dank daarvoor. Vooral het beeld van Anna Freud die haar vader verzorgt, raakte me zeer, een intieme vader-dochterband, intiemer dan die tussen haar moeder en Sigmund. Roiphe zet je aan tot vragen en ontrafelen. Haar stijl is gevoelig zonder vals sentiment, rechtstreeks *into your gut*. Ik weet nog niet precies hoe ze dat doet. Vooral met het sterfbed van Updike, Freud, de tekenaar en kinderboekenschrijver Sendak en Salter lukt het haar je naar binnen te trekken. Haar blik is intens en op een goeie manier bewonderend. Ze wil in dit boek over haar eigen doodsangst leren denken, zegt ze, en zoekt het bij deze schrijvers, die ze intensief bestudeert en vol mededogen beschrijft. Het zal die onderstroom zijn, haar eigen angst voor de dood, die het boek zo goed maakt.

Veel liefs, ook voor de hele familie daar,
Wanda

Barcelona, 26 april 2017

Lieve Wanda,

Vandaag is er voor het eerst sinds onze aankomst hier (een week geleden) geen strakblauwe lucht. Zeg maar gerust: Nederlands weer, dus even niets om jaloers op te zijn. Na een rustige, bijna ouderwetse reis met de auto door Frankrijk, met tussenstops in La Chaussée-sur-Marne en Vichy, zijn we een paar dagen in Collioure blijven hangen: schilderachtig stadje aan de Middellandse Zee net boven de Spaanse grens, maar met die schilderachtigheid komen ook meteen de hordes schuifelende toeristen, als wespen om een glas cola. Het voelt altijd raar, je mag hier eigenlijk je beklag niet over doen, want je bent toch zelf ook een toerist, maar tegelijk blijft het iets treurigs houden. Geen bakker of kruidenier te bekennen in de smalle straatjes, uitsluitend 'gekke' winkeltjes met lelijke 'handgemaakte' sieraden en nog lelijker schilderijen. Hoe moet dat zijn voor de oorspronkelijke bevolking, vraag ik me elke keer weer af. Het Venetië-effect waardoor de eigen bevolking massaal wegtrekt (met honderdduizenden tegelijk daar), omdat er geen werk meer is buiten de toeristenindustrie en je voor een brood een halfuur moet rijden naar een supermarkt aan de snelweg.

Volgens sommigen mag je er ook niet over klagen dat iets vergelijkbaars inmiddels ook in Amsterdam plaatsvindt: dat is niet kosmopolitisch, vinden ze, en in wezen racistisch, want in feite verkapte vreemdelingenhaat.

Volgens mij is het iets anders: het is vooral de gelijkschakeling die zo tegenstaat. Overal dezelfde winkeltjes en de lange rijen voor de 'bezienswaardigheden'. En die toeristen zelf hebben ook allemaal dezelfde makkelijke kleren aan, en wat vooral zo irritant is: ze gaan allemaal naar hetzelfde, naar dat stukje van de stad waar ze in de gids over hebben gelezen.

Hier in Barcelona wonen we nu op drie blokken van de Sagrada Família, aan de 'goede' kant, d.w.z. vanuit het centrum gezien net voorbij de kathedraal: daar droogt de toeristenstroom ook meteen op, want geen Chinees of Nederlander is geïnteresseerd in een gewone wijk: gelukkig niet!

Maar ik kom er natuurlijk wel regelmatig langs, en zie dan elke keer hetzelfde tafereel: toeristen die de Sagrada Família fotograferen, met hun vrouw of man of familie op de voorgrond, of als een selfie, vaak met bijbehorende selfiestick.

Zou iemand van die duizenden bezoekers per dag zich ooit afvragen wat hij eigenlijk van de Sagrada Família vindt, vraag ik me af. Ik bedoel dan mooi of lelijk. Of is het gewoon een landmark waar je geweest moet zijn?

Zelf heb ik wel een mening: ik vind de Sagrada Família ongelooflijk lelijk, een gebouw dat eerder thuishoort op de Efteling of in Las Vegas.

Barcelona en Amsterdam (en Venetië) zijn vergelijkbaar qua toeristenstroom waar ze onder dreigen te bezwijken.

Hier zijn er al verscheidene demonstraties geweest tegen de toeristen die naakt winkelen en alles onderkotsen, en heus niet door aanhangers van Wilders of Le Pen (die demonstraties). Maar Barcelona is wel veel en veel groter dan Amsterdam, je hoeft hier alleen maar in een grote boog om de Ramblas en de bouwwerken van Gaudí heen te lopen, en je bevindt je in hetzelfde paradijs als waarin ik me dertig jaar geleden bevond.

Laat ik nou net ook *Babylon* in twee middagen hebben uitgelezen. Toeval bestaat niet en is vooral voor losers. Ik vond het net zo goed als jij het vindt, vooral haar stijl en haar zinnen. Nergens om aandacht schreeuwende metaforen en 'beelden' zoals in veel Nederlandse literatuur, in de trant van: kijk mij eens even zonder handen een mooie trapezesprong maken! Nee, niets van dat alles. Een verademing, maar wel in elke afzonderlijke zin een aparte kijk op gewone dingen: haar beschrijving van het feestje bij haar thuis, met precies de juiste details. Je denkt dat je alle manieren van feestjes beschrijven inmiddels wel hebt gelezen, maar deze steekt met kop en schouders boven al het voorafgaande uit. Mooi ook: geen moralisme. Gewoon zoals het gaat in het leven. Ik dacht nog even dat zij aan het eind, bij die reconstructie, ontmaskerd zou worden als degene die de koffer uit de berging was gaan halen en met het lijk in de lift was afgedaald, omdat hij daar immers niet in durfde, maar gelukkig gebeurde dat niet.

Heb jij trouwens *My Name Is Lucy Barton* van Elizabeth Strout gelezen (is ook vertaald)? Iets vergelijkbaars als bij Reza, zij het toch heel anders. Onopgesmukte taal vooral, en al het drama verschuilt zich in wat er wordt weggelaten. Een aanrader. Ik verheug me al op haar volgende boek, *Anything Is Possible*, met dezelfde Lucy Barton als een van de personages, dat begin mei uitkomt.

Zo dadelijk gaan we lunchen in een van de fijnste restaurantjes hier om de hoek, waar zich nooit een toerist vertoont. Behalve ik dan, maar omdat het er maar één is, vinden ze dat daar niet erg.

X H

Amsterdam, 1 mei 2017

Lieve Herman,

Ha eenheidsworst! Mijn favoriete gerecht. Winkelstraten in Europa met allemaal dezelfde aanblik met dezelfde (lelijke) lantaarnbollen. Nederlandse wandelkoopgoten met identieke kledingzaken. Verschillende ('kwaliteits-')kranten die op dezelfde dag eenzelfde type interview met dezelfde kunstenaar/politicus/voetbalpaus publiceren. De mannen in het parlement die dezelfde iets te nauwe blauwe pakjes dragen, met een das alleen in de smaken rood en blauw. Saai met drie a's is nog te veel gezegd. Mode, globalisering, na-apen en een irritante vorm van 'gelijkgeschakeld denken' nemen bezit van onze kant-en-klaarsamenleving. De literatuur is gelukkig nog een ouderwetse vrijplaats om met al deze verschijnselen aan de haal te gaan.

Elizabeth Strout las ik nog niet, maar ik zag wel de op haar eerdere boek gebaseerde miniserie *Olive Kitteridge* (met de onovertroffen Frances McDormand, de onverstoorbare politieagente in de film *Fargo*, getrouwd met een van de Coen-broers), die hierin een heerlijk tegendraadse vrouw neerzet.

Wat ik laatst wel las, uit de oude doos, was *Het ritsloze nummer* (*Fear of Flying*) van Erica Jong (uit 1973) waarvan indertijd 27 miljoen exemplaren werden verkocht over de hele wereld (inmiddels publiceerde ze honderd jaar na dato *Fear of Dying*(!).

Ik dacht altijd dat *Het ritsloze nummer* een pornografisch cultromannetje was. Maar het blijkt het vrouwelijke antwoord op *Portnoy's Complaint* (1969) en *Ik Jan Cremer* (1963) te zijn.

Het is geestig en sappig vertaald door Else Hoog. Een satire vol zelfspot: de Amerikaanse Isadora Wing (Erica Jong) is een jonge vrouw in New York, getrouwd met een psychoanalyticus ten tijde van de Tweede Feministiese Revoluutsie. Ze zit vol (on-) lustgevoelens, is niet op haar achterhoofd gevallen, is getalenteerd, afgestudeerd en beginnend dichter die haar vrijheid bevecht.

Het ritsloze nummer is een onverbloemde satire op de zogenaamd bevrijde maatschappij van het New York in de seventies, waarin de (veelal joodse) psychoanalytici en andere intellectuele macho's 'de vrouwtjes' vooral op een andere manier bevrij(d)en. Isadora wil er dus op los neuken (ze is de hele dag geil, haar minnaar impotent) en komt afwisselend in hilarische en gênante situaties terecht, dit alles geestig beschreven in het jargon van die tijd dat voor geen zin verouderd aandoet.

Tegen het einde (dat, eerlijk is eerlijk, een beetje 'wegloopt') komt Isadora *down and out* en helemaal alleen terecht in een gribushotelletje in Parijs. Daar volgt een even smerige (met gulpend menstruatiebloed, zweet, kots, groezelige lakens, mottige vloerbedekking) als hilarische scène, waarin al haar dilemma's, hoop en wanhoop samenkomen.

Jong heeft de mannelijke seksuele lust (zie Roth) getransplanteerd in dit vrouwelijk personage, dat zich van haar conventionele ketenen (haar bemoeizuchtige familie, haar zelfzuchtige man, haar dominante moeder) wil ontdoen.

Het 'grote' dilemma van de geëmancipeerde, of hier beter: zich emanciperende vrouw, begin jaren zeventig, is haar afhankelijkheid van de genegenheid van en de seks met mannen. Hoe satirisch en bij de tijd wil je het hebben? Want het is nog steeds niet opgelost en nog altijd voer voor (jonge) schrijvers.

Het leuke aan haar roman vind ik dat ze ongeremd en brutaal aan de gang is gegaan, midden in de tweede feministische golf. Niks geen politieke correctheid maar humorvol de beuk erin.

Liefs,
Wanda

PS: Er is net een nieuw boek van Sandro Veronesi verschenen, over zijn hang-up met sport. Zijn romans – ik ben fan – hebben een dwingende flow, bijna als een nachtmerrie waaruit je maar niet wakker wilt worden, schijnbaar onbekommerd geschreven, zonder grote woorden, zoals jij bij Yasmina Reza ook opmerkte. Hij had me al gewonnen met zijn eerste boeken: *In de ban van mijn vader* en *Waar gaat die vrolijke trein naartoe* (meesterlijke titel trouwens).

Jaren geleden ben ik naar een avond met Nieuwe Italianen in De Balie geweest, waar Veronesi ook zou worden geïnterviewd. Maar hij gedroeg zich als een volkomen gestoorde idioot waar geen zinnig woord uit kwam. Waarschijnlijk had hij zijn kans schoon gezien en een echte Amsterdamse joint gerookt, die hem naar het hoofd was gestegen. Maar ik heb mijn zwak voor hem behouden.

Liefs,
Wanda

Barcelona, 3 mei 2017

Lieve Wanda,

Ja, vond ik ook heel goed, de miniserie *Olive Kitteridge*. Met Sandro Veronesi heb ik ooit een aantal dagen in een busje en in kleedkamers gezeten tijdens de literaire tournee Saint Amour: prettig gezelschap, ik heb hem dan weer niet stoned meegemaakt, of dat is me gewoon niet opgevallen. Gisteren zag ik net een nieuwe Spaanse vertaling van *Het ritsloze nummer* liggen, maar ik heb het zelf nooit gelezen. Wel kochten we in diezelfde boekwinkel de verzamelde Bandini-romans van John Fante in het Spaans en *Play It As It Lays* van Joan Didion (voor het eerst in het Spaans vertaald), dat ik ergens in 1970 las en toen grote indruk maakte: mooie heldere taal, ook hier weer. Dat geldt voor al haar boeken, ik vind haar erg goed, maar dat vroege boek heb ik nooit meer herlezen.

Joan Didion zei ooit in een interview dat ze alleen in de ochtend een paar uur schrijft en dat ze het dan 's middags overleest met een paar glazen whisky on the rocks erbij. Dit om – en ze formuleert het zo mooi en daarom heb ik het ook altijd onthouden – 'de woorden zich van de pagina te laten loszingen'. Ze veranderde dan hooguit een paar details, maar de pagina werd er altijd beter door, zei ze.

Hier in Barcelona gaat het met ons meestal zo: schrijven in de ochtend en dan de lunch met voor-, hoofdgerecht en dessert.

Water wordt hier hooguit bij gedronken om de vochthuishouding op peil te houden. We houden het tegenwoordig bij een paar biertjes, en Amalia soms een glas wijn. Dat was in de jaren tachtig niet anders, zij het dat de alcoholinname geen beperkingen kende. Een halve fles wijn en dan in mijn geval een paar Spaanse brandy's (Carlos III) erachteraan. Ik had dan al de hele ochtend tegen het schrijven aan zitten hikken, maar na zo'n lunch schreef ik ineens twee of drie pagina's achter elkaar. Wanneer ik die pagina's de volgende ochtend overlas, kon ik ze niet 'gelijk weer weggooien', zoals verantwoorde en geremde schrijvers altijd verklaren te doen. Integendeel. Zo goed als dit wordt het nuchter nooit, besefte ik en ik wachtte op de volgende lunch.

Vandaag de dag gaat dat dus anders, maar ook in 2017 breekt er bij elke lunch een moment aan waarop de wilskracht even tot het uiterste wordt gerekt. Neem ik iets bij de koffie? Nee, zegt een heel heldere maar ook een beetje saaie stem: je weet dat het heel even leuk is, maar dat je al een uur later alleen nog maar wilt gaan liggen. Ja, zegt een iets minder heldere maar wel prettige en mij in vertrouwen nemende stem, je leeft maar één keer, te weten vandaag, hier en nu in dit heerlijke restaurant waar je voorlopig nog niet weg wilt. Het staat inmiddels ongeveer 10-3 voor die laatste stem.

Vandaag bestel ik meestal een *orujo*, een doorzichtige Galicische eau de vie (alcoholpercentage onbekend, wordt ook niet op de mooie, kleine etiketloze, in de vriezer bewaarde flesjes vermeld). En dan kom ik thuis, klap de laptop open en lees over wat ik die ochtend heb geschreven en moet beamen dat Joan Didion het behalve mooi ook helemaal goed heeft gezegd. Loszingen, het zit dicht tegen het geluk aan en het duurt ook ongeveer net zo kort, maar er gebeurt wel degelijk iets met een paar woorden en soms zelfs zinnen. Ze komen los van de pagina, ik weet ook niet hoe ik het anders moet verwoorden.

Zat Erica Jong in 1988 niet op hetzelfde strand als wij in Ibiza? Ik word toch wel erg nieuwsgierig na jouw beschrijving. Zal ik het ook lezen? Of zeg je: een man zal het maar voor de helft begrijpen?

Tot slot nog even een kleine, een beetje trieste en ook zelfverheerlijkende anekdote: het is niet anders, maar ik wil je hem toch niet onthouden. Ongeveer een maand geleden overleed hier plotseling de ex-minister van Defensie Carme Chacón op 46-jarige leeftijd. Zij was de eerste vrouwelijke Spaanse minister van Defensie en ze haalde de wereldpers met het hoogzwanger inspecteren van de troepen. Nu is die zoon inmiddels acht... Over dit soort dingen wil ik nooit te lang nadenken, maar doe het dan toch. In de Spaanse media waren er vele herdenkingsprogramma's, een slimme en ook bijzonder aantrekkelijke vrouw. In *La Vanguardia* stond een door een goede vriendin geschreven in memoriam, en daar las ik opeens het zinnetje: 'Ik zal me je ook altijd blijven herinneren met je boeken van Bolaño en Koch.' Ik dacht: wat leuk, maar ook: wat jammer.

Liefs,
Herman

Amsterdam, 4 mei 2017

Lieve Herman,

We hebben het nog helemaal niet over je Boekenweekgeschenk of het Boekenbal gehad!

Eerst het geschenk. Met *Makkelijk leven* heb je veel mensen op terrassen aan het lachen gemaakt. Ik heb er zeker twee gezien (op verschillende terrassen) die gelukzalig zaten te lezen en te genieten. Meer reclame kan de CPNB zich niet wensen, ze zouden eens een fotograaf eropuit moeten sturen om de in het wild lezende mens met het Boekenweekgeschenk te betrappen. Laatst was ik op een verjaardagsfeestje waar een vrouw (70+) tegen me zei: 'Dat cynisme van die Herman Koch, daar geniet ik nou toch zó van! Heerlijk!' Je mag het niet hardop zeggen, maar zou er een omgekeerd evenredig verband zijn tussen de leegloop van de kerken en het succes van jouw boeken? Ik heb *Makkelijk leven* met een ononderbroken smile gelezen, zodat Wim wel moest zeggen: 'Veeg nou eens die grijns van je gezicht.'

Dan het bal: 'Ordinaire corporale disco,' zei een criticus. Bedankt nog voor de kaartjes trouwens. Zoals ik je vertelde, krijg ik de laatste jaren (ja/nee/soms) kaartjes volgens een geheimzinnig procedé, zoals je vroeger voor de deuren van Studio 54 op je blokhakken en in je minirok stond te wachten tot de portier je eruit beliefde te pikken als *young & fuckable*, jij met je bontkraag en je push-up bra en je biggest smile op je beschilderde gezicht, en dan Bianca Jaggers nachtblauwe boa in je neus gedrukt krijgen en keihard niezen in iemands nek, of de hakken van Lou Reeds cowboylaarzen op je tenen die onmiddellijk kraakten zodat je van die unieke pijn in katzwijm viel en je afgevoerd moest worden naar het St. Vincent's Hospital (waar Dylan Thomas in 1953 na het drinken van achttien straight whisky's overleed), alwaar de dokters bij jou vijf gebroken tenen constateerden, wat zes weken niet dansen betekende. Ik ben nou al dertig keer op het Boekenbal geweest, nog eens dertig zal me vrijwel zeker fataal worden. De jeugd heeft de toekomst, zeg ik altijd maar.

Wim en ik arriveerden al om negen uur. Toen was de rij nog te overzien: hij kromde vanaf de zijkant van Paradiso onder de passage (met opschrift HOMO SAPIENS NON URINAT IN VENTUM), maar het schoot best op, ik denk dat we niet langer dan tien minuten hebben moeten wachten (dit in tegenstelling tot de laatkomers, die, vernam ik, een heel uur in de rij stonden die van Paradiso tot in het Vondelpark slingerde, waar zich naar verluidt in de bosschages een aantal snelle literaire acties heeft voltrokken).

De bij de ingang van Paradiso verstrekte plastic borrelglaasjes met vermout en ingehangen schijfje sinaasappel, die de jaarlijkse champagneflûtes vervingen, hadden ons al moeten waarschuwen. Voordat jullie als hoofdgasten arriveerden (waar wáren jullie al die tijd?), werden de gelukkigen een dik uur murw gebeukt door de plaatselijke platenpoetser. Wim had toen al met de Kleenex wapperend uit zijn oren de wijk naar Eijlders genomen. Ik bleef natuurlijk tot jij met Amalia en Pablo en Connie met haar aanhang verschenen en jullie plaats dienden te nemen op het leren bankstel, in de vorm van de L van Literatuur, op het podium. Welke geniale geest had bedacht dat jullie daar als in een ouderwets Frans of Engels boulevardtoneelstuk met elkáár moesten praten? Zij het dat dat vrijwel onmogelijk was door de discodreun. Ik had wel een pingpongwedstrijd van Connie met Eppo willen zien. Dus toen na wat gelegenheidsspeeches de disco weer dreunend een aanvang nam, zocht ik via de catacomben naar een spleet in de muur om in de stad eens op zoek te gaan naar wat pillen om te chillen. Hadden de Lullo's niet kunnen optreden met een Miss Bril-uitverkiezing? dacht ik achteraf. Dat was een verrassing geweest.

Veel liefs,
Wanda

PS: Wie in 1988 naast ons op dat strandje op Ibiza met een handvol jonge jongens lag, was niet Erica Jong maar seksgoeroe Xaviera Hollander! (Ik begrijp de verwarring: allebei karaktervolle joodse vrouwen die niet op hun mondje gevallen zijn. Toeval?) Toen X. van het strand was vertrokken, ontdekte Mario een rood kanten slipje onder haar verlaten stretcher. Misschien expres achtergelaten? Er is ergens nog een foto waarop hij die slip van haar bij wijze van zwembroek draagt.

Het ritsloze nummer kan ik je zeker aanraden. Dacht je dat die 27 miljoen lezers alleen vrouwen waren?

Mannen zijn altijd geïnteresseerd in een vrouw die onverbloemd verslag doet van haar lust. Maar het is vooral een humoristische en goed geschreven roman door een schrijver die feilloos de vinger op de zwakke plek legt. (Er is trouwens iets vreemds met bepaalde bestsellers, ik heb daar een speculatieve theorie over: boeken als Nabokovs *Lolita* en Duras' *De minnaar* gaan beide over de seksualiteit van pubermeisjes met een oudere man (over young & fuckable gesproken). Zo'n boek willen héél veel mensen lezen, ook mensen die maar één boek in tien jaar lezen.)

Barcelona, 6 mei 2017

Lieve Wanda,

Ja, het Boekenbal en waar wij al die tijd waren... Er was een soort pre-borrel van Ambo|Anthos bij Americain om warm te draaien, daar kwam ook de limousine ons ophalen (een Range Rover-limousine, dat was een aardig bedacht detail) voor de tocht van 164 meter naar de ingang van Paradiso. Terugkijkend vond ik die zeven minuten in de limousine ook meteen de zeven leukste van de hele avond: er waren uitsluitend vertrouwde gezichten aanwezig in het blauwige licht in dat interieur dat aan het Bellagio in Las Vegas deed denken. En er bestond theoretisch nog de mogelijkheid om helemaal niet naar Paradiso te rijden maar bijvoorbeeld naar Milaan of Knokke. Om helemaal te verdwijnen, zogezegd. De rode loper heb ik beleefd zoals het hoort: vrijwel niet. Een soort aan/afwezigheid die zich eerder ergens op een beeldscherm dan in de werkelijkheid lijkt af te spelen. Nog een aardig detail was dat de redactie van *Propria Cures* mij van tevoren had gemaild of ik nog iets wist om ze binnen te krijgen. Vermom je als beveiligers, had ik geantwoord, in pak en met oortjes. En dat hadden ze gedaan, er stonden er twee, en met een enkel hoofdknikje mijnerzijds liepen ze mee naar binnen. 'Horen deze mensen bij u?' vroeg iemand nog, maar toen was het al te laat.

Binnen gebeurde wat jij ook hebt gezien. Wij zaten behoorlijk lang voor lul op dat podium. Ik was acht jaar niet geweest, en ik voelde opnieuw die benauwde krampachtigheid van een feest dat nooit een feest wil worden. Bovendien was nu voor het eerst Pablo mee. Met zijn 22 jaar was hij ongetwijfeld de jongste aanwezige. Ik zou zoiets geen enkele 22-jarige aandoen. Ook ben ik blij met een zoon die liever niet dan wel naar een Boekenbal gaat. Maar Amalia (en ik) had(den) toch een beetje aangedrongen, met slappe argumenten waarin het woord 'eenmalig' meer dan één keer terugkwam.

Hoe dan ook zag ik daar op die bank alles ook door zijn ogen, met plaatsvervangende schaamte. Oude mensen die gek doen, die in plaats van mooi 'gek' gekleed gaan, het zijn tenslotte schrijvers en aanverwanten. Het deed me denken aan het plaatsvervangende gevoel van schaamte vroeger op feestjes wanneer de ouders ook dronken werden en mee gingen dansen. Dat was toen wel zo ongeveer het moment om te vertrekken, maar in 2017 moest ik blijven zitten en naar gek dansende schrijvers kijken. 'Het spijt me,' zei ik tegen Pablo. 'Het is erger dan ik dacht.'

Maar hij was heel lief en zei dat hij begreep hoe ik me voelde en dat hij alleen voor Amalia nog zou blijven, totdat zij weg wilde. Dat was uiteindelijk rond 23.00 uur. Ze vroegen allebei nog of ik wilde dat ze langer zouden blijven. 'Nee, natuurlijk niet!' zei ik, omdat ik hoopte dat met hun vertrek in elk geval aan de plaatsvervangende schaamte een einde zou komen.

De Boekenweek zelf viel me dan weer honderd procent mee. Je moet meedeinen met de beweging van het schip, is mijn benadering, dan word je ook niet misselijk. Er zijn schrijvers die heel erg blij worden van een rij wachtenden in een boekwinkel, maar ik redeneer altijd tegen mijn eigen belang in. Bij veel mensen krijg ik het benauwd, bij bijna niemand leef ik op. Dat is in het dagelijks leven eigenlijk ook zo, realiseer ik me nu ik dit opschrijf. Er waren geen noemenswaardige incidenten. En voor zo'n tour geldt een beetje hetzelfde als voor het bal: je moet niet proberen in je eentje een grunge-bandje na te doen. Niet heel erg dronken worden en met verwijde pupillen rondlopen. De neiging om dingen in kleedkamers te willen vernielen is wel aanwezig, maar dan moet ik aan de dansende schrijvers/onze ouders denken en besef ik dat ik alles in het werk moet stellen opdat niemand zich plaatsvervangend voor mij schaamt.

Ze waren er wel, de sterke verhalen van boekhandelaren en organisatoren, we zullen geen namen noemen, over collega's die niet meer uit hun woorden kwamen, nooit bij het hotel waren gearriveerd of de volgende dag onvindbaar bleken. Niet al te jonge collega's ook altijd. Nog één laatste keer voor Jim Morrison spelen.

Er waren ook momenten dat ik echt genoot tijdens de tour: het weer zat mee, zoals dat heet, en dan het eerste koude biertje op een terras, tussen een signeersessie en een interview in, de brandende zon op je gezicht en het vooruitzicht dat je straks weer thuis bent. Iets eten ook vaak. Dat besef ik, terugkijkend vanuit hier, weer voor de zoveelste keer: wij gaan hier standaard elke middag lunchen. Ik wil het niet over geld hebben, maar toch kost een menu met voorgerecht, hoofdgerecht, dessert en twee glazen bier of wijn nog altijd slechts negen of hooguit twaalf euro. Dat was in 1987 omgerekend ongeveer de helft. Het gaat me nu om het eten: dat is altijd beter en tien keer smakelijker dan in 95 procent van de Nederlandse restaurants. Dat is iets heel tragisch als je er te lang over nadenkt, maar dat doe ik natuurlijk niet als ik hier op een terras mijn *ensaladilla rusa* voor mijn neus heb staan. Of als we gewoon binnen zijn gaan zitten omdat de zon hier ook nog schijnt als je weer naar buiten komt. Ik krijg er honger van (en dorst), we gaan zo de straat op, naar La M. (ik noem de naam niet, want La M. is gevrijwaard van toeristen en dat moet zo blijven), dat wordt gedreven door een vader en een zoon. De vader scheldt soms op luide toon tegen de zoon, en die doet dan of hij het niet heeft gehoord, terwijl het hele restaurant even zijn adem inhoudt. Het is raadselachtig, want zowel vader als zoon zijn afzonderlijk van elkaar bijzonder lieve en aardige mensen. Ik houd het op een soort gillesdelatourette.

Wat fijn dat ik nou alweer Erica en Xaviera door elkaar heb gehaald, volgens mij doe ik dat al mijn hele leven. Nu eerst dat eerste biertje.

Tot gauw!
X H

Amsterdam, 28 mei 2017

Lieve Herman,

'Bij veel mensen krijg ik het benauwd, bij bijna niemand leef ik op. Dat is in het dagelijks leven eigenlijk ook zo, realiseer ik me nu ik dit opschrijf,' schrijf je. Dit lijkt me belangrijk. Ik vind het begrip 'buitenstaander' in de literatuur wat uitgehold, maar je begrijpt waar ik heen wil: onze overeenkomsten.

Ik kom daar nu op omdat ik zoals je weet gevraagd ben wat over onze vriendschap te zeggen in de televisiedocumentaire die Pieter Verhoeff over je maakt voor *Het Uur van de Wolf*.

De verlegenheid die jij en ik tijdens de lagereschooltijd hebben ervaren. Verlegenheid is een extreem storende en remmende emotie en hoe klein je ook bent, je voelt dat je ervan af moet. Bij jou is het de ontdekking van je kritische en ontregelende humor geweest die dekking gaf. Bij mij een wat stoere en intellectuele houding, verbaal scherp in de discussie. Ik weet niet hoe dat met jou zat, maar ik kan me niet herinneren dat ik dat harnas bewust heb aangetrokken, het heeft zichzelf gevormd zoals een schelp om een oester (ah! Zo gesloten als een...). Net als de anderen was ik in jouw aanwezigheid verlegener, of beter: geremd. Dat kwam natuurlijk omdat jij zo grappig was dat bijna niemand daar tegenop kon. In mijn eigen klas, en in ander gezelschap, was ik wél brutaler en grappiger.

Dan het buitenstaanderschap: of dit ook door die zogenaamde verlegenheid is gekomen weet ik niet, maar ik voelde me vroeger vaak gedwongen bij andere mensen of situaties een rol te spelen. Jij krijgt het bij anderen benauwd. Ik heb me dat spel in de loop van de tijd wel eigen gemaakt en krijg het alleen soms benauwd voor een mediaoptreden.

Een andere overeenkomst tussen ons is het angstaanjagende besef dat wat je hebt – geluk, succes, een liefde, een kind, je naaste – je plotseling ontnomen kan worden. Dat is natuurlijk iets universeels, maar ik bedoel wat anders: ik heb dat bij mij altijd verklaard vanuit de gebeurtenissen in mijn familie: de oorlog en de dood van mijn oudste broer toen ik drie jaar was. Een besef waarvan ik heel jong al doordrongen was.

Natuurlijk heeft dat mijn blik op de wereld beïnvloed, ik twijfel er niet aan. Maar al schrijvend met jou en verder denkend kom ik erachter dat het geen particuliere neurose is, maar iets is wat iedereen op een of andere manier beseft. Alleen de mate waarin zal verschillen. Alle ouders leven met deze angst. Omdat ik geen kinderen heb, betekent dat nog niet dat ik die angst niet ken. Heel soms laten mensen met kinderen weleens aan me merken – met een *slip of the tongue* – dat kinderlozen zich roekeloos kunnen gedragen omdát ze geen kinderen hebben, en daarom ook geen verstand hebben van kinderen. Ik geef toe dat ik wat betreft kinderen van nu niet precies weet wat ze op welke leeftijd doen of welk spelletje in de mode is, maar ik pretendeer wel te weten wat er zich in een kind kan afspelen, al was het maar omdat ik indringende herinneringen aan mijn eigen vroege jeugd heb.

Maar wat ik wilde zeggen – en wat me van jou, samen met Amalia en Pablo, en zeker ook als thematiek in een aantal van je boeken duidelijker is geworden – is dat wij allebei onder onze verbale buitenkant een kern verbergen die tot het uiterste beschermd moet worden. Die zeker niet iedereen te zien krijgt, misschien wel niemand. Dat je die nodig hebt om te kunnen schrijven en te leven. Zie ook onder het lemma: Open boek.

Reve zei: 'Ik speel de rol die ik ben.' Dat begrijp ik heel goed, jij ook, vermoed ik.

Veel liefs,
Wanda

Barcelona, 11 juni 2017

Lieve Wanda,

Ja, daar snijd je inderdaad wat interessante overeenkomsten aan, en ik ben het helemaal met je eens: het klopt als een bus. Te beginnen met de verlegenheid. Die heb ik, in mijn herinnering althans, wel van de ene op de andere dag afgezworen. Voor zover dat mogelijk is uiteraard. Maar zo ging het wel: ik veranderde van school en op het Spinoza begon het ermee dat ze mijn tweede voornaam niet in hun zogenaamde klassenlijsten hadden staan, of niet helemaal goed gespeld, dat weet ik niet meer. In elk geval kreeg ik dat alvast cadeau, dat ik in één keer onder een andere naam verder ging. Dus alleen als Herman verder door het leven maakte van mij hoe je het wendt of keert toch een andere persoon. Je hoeft je alleen maar voor te stellen dat jij in plaats van Wanda opeens Sheila zou heten, wat je met die mogelijkheid zou doen.

Verder kende ik niemand op mijn nieuwe school. Niemand wist dat ik verlegen was, dus besloot ik ze ook geen enkele kans te geven. Het is te vergelijken met verhuizen naar een ander land, en daarbij ook een andere taal te moeten spreken. Ik heb nog steeds het gevoel dat ik in Barcelona iemand anders word: iets luidruchtiger, veel meer gebaren, niet per se leuker of beter, gewoon anders. Ik denk dat dit alleen lukt bij een taal die je vloeiend spreekt, zelfs in het

Engels voel ik me nog een slap aftreksel van mezelf, om over het Frans en Duits maar te zwijgen.

Het buitenstaanderschap: ik voel dat zelf niet als een rol, soms vind ik het zelfs onmogelijk om een rol te spelen. Ik kan het bijvoorbeeld niet goed verbergen als ik het ergens wel gezien heb. Kort daarna beginnen mensen dan bezorgd te vragen of er iets is, wat het alleen nog maar erger maakt. Onlangs liep ik met een groepje op straat in Barcelona, er was die dag al heel wat af geouwehoerd, en mijn 'spraakwater' was gewoon op. Toch lulde ik nog een poosje door op de automatische piloot van politiek en kansen in de Champions League, maar inmiddels met een soort zelfverachting, zo van: 'Moet je horen wat die nou weer zegt.' Ik hoor mezelf praten in zo'n situatie en wil dan eigenlijk alleen nog maar naar huis, naar bed met een boek, en ben dan heel erg dankbaar als er iemand in het gezelschap is die meer praat dan ik.

De rol van schrijver speel ik soms wel bij dat soort openbare bijeenkomsten. Iets is je al vooruitgereisd door de inhoud van je boeken. Ik zie mensen vaak in eerste instantie de kat uit de boom kijken, misschien is die man wel heel sarcastisch, zie ik ze denken, en krijg ik zo een veeg uit de pan. Ik hoef dan alleen maar 'mezelf' te zijn en val vervolgens enorm mee in ieders ogen. Ook dat zie ik ter plekke gebeuren. Je kunt je hooguit afvragen of dat 'mezelf zijn', mijn aardige zelf zonder kapsones bedoel ik hier, niet ook een rol is. Of ik toch gewoon zoals ieder ander 'in de smaak' probeer te vallen.

Ja, en dan dat besef dat het allemaal morgen afgelopen kan zijn, of je alles ontnomen kan worden, zoals jij het zegt. Dat is zo. Ik weet alleen dat ik sinds de geboorte van Pablo nooit meer bang ben geweest voor iets wat mijzelf zou kunnen overkomen, alleen in relatie tot. Ik bedoel daarmee dat ik vroeger nog weleens hartkloppingen kreeg en dan dacht dat ik ter plekke dood zou neervallen, maar dat ik sinds ik een zoon heb uitsluitend nog mijn best doe om in leven te blijven voor hem. Dus stoppen met roken, motorrijden etc. staan allemaal in dienst van één groter doel: in elk geval zo lang in leven blijven tot je kind volwassen is. Liever nog wat langer, want waar begint die volwassenheid echt? Bij tweeëntwintig? Ik ken genoeg mensen die hun vader of moeder op die leeftijd verloren en dat nog altijd als de meest traumatische ervaring uit hun leven beschouwen. En terecht, denk ik. Ik probeer het nu dus vol te houden tot hij veertig is, dan lijkt de dood van een ouder me 'hanteerbaar'.

Over het verlies van naasten en dierbaren heb ik het nu nog even niet, dat is voor vrijwel iedereen even erg, denk ik, en maakt je kwetsbaar. Thomas Bernhard zei: 'Ook zonder aan de rampen die je kunnen overkomen te denken, gebeuren ze toch wel.' Er niet op vooruitlopen, dat is het beste, maar niet altijd haalbaar.

Liefs,
Herman

Amsterdam, 3 juli 2017

Lieve Herman,

Thomas Bernhard. Ik heb een deel van zijn romans en al zijn toneel gelezen (en gezien) en ben wat betreft mijn theaterstukken door hem 'geïnfecteerd' geraakt. Hij is in zijn toneelteksten de meester van de herhaling, wat zowel een stilering als iets autistisch aan zijn bezeten personages geeft, dat hamert zijn heerlijke mensenhaat er op een briljante manier in, monomaan, ironisch, cynisch, humoristisch en met veel gevoel voor overdrijving. Ook zijn toneelspelershaat is legendarisch. 'Een getalenteerde toneelspeler is zo zeldzaam als een reet in een gezicht,' is een uitspraak van hem. Vanwaar onze voorkeur voor schrijvers zoals Thomas Bernhard die er een humoristisch te noemen onverzoenlijkheid met de mensheid op na houden?

In verband daarmee vind ik het heel treffend dat je de boeken van Elizabeth Strout, *Ik heet Lucy Barton* en *Niets is onmogelijk* (de eerste heb ik uit, in het tweede ben ik bezig), zo goed vindt. Want een groter pleit voor empathie en mededogen las ik niet eerder in een roman. Strout hanteert een indringende, zowel kwetsbare als evenwichtige stem die quasi-naïef is te noemen. Ze weet met een enkel detail of dialoogje achter het masker dat we allemaal dragen te kijken en empathie op te wekken die nooit gratuit is, en nooit sentimenteel. Misschien omdat ze de harde waarheid van een personage laat zien. Hierdoor worden de opgevoerde personages beter begrepen. Je wordt zo geraffineerd een personage in gesleept en dat is voor mij het allerbelangrijkste aan een roman schrijven. Juist door harde oordelen naast verwonderde, gewonde reacties te zetten blijken 'mislukte', onbeduidende levens op dood spoor ondanks alles een waarachtige kern te hebben die de moeite waard is. Dat is een humanistisch besef. Die kern pelt Strout voor ons af, op een onvoorspelbare en soms botte manier. Dat is ook het spannende aan haar, vind ik. Dat maakt het 'echt', niet omdat het op bestaande mensen gebaseerd is, maar door de tegenstellingen in een mens te laten zien. *Niets is onmogelijk* is dan ook een heel goede titel; Lucy Barton uit het kansloze achtergestelde gezin is tenslotte ook schrijver in New York geworden. Maar de titel betekent ook: alles wat je kan verzinnen, kan gebeuren.

Uit interviews met de schrijfster is me duidelijk geworden dat het *white trash*-milieu van Lucy Barton dat Strout beschrijft, het vernederd en achtergesteld zijn, het beschimpt worden op school, helemaal geen autobiografie is. Aan het 'waargebeurde' heeft Elizabeth Strout haar succes dus niet te danken. Integendeel, Strout komt uit een academisch milieu (beide ouders waren professor). Wel groeide ze afgelegen en geïsoleerd op het platteland op.

Maar het lijkt wel of dat opschorten van ongeloof, de uitnodiging om voor de duur van kaft tot kaft in een verbeelding te geloven, uit de mode is. Dat Adriaan van Dis zich verplicht voelt om een *(Van)*

Disclaimer achter in zijn jongste boek te zetten om uit te leggen dat *hijzelf de hoofdpersoon niet is*, is dat niet van de ratten besnuffeld?

Veel liefs,
Wanda

PS: Ik wil deze week eindelijk naar *The Sense of an Ending* gaan, voor hij uit de bioscopen dreigt te verdwijnen.

Zeeland, 17 juli 2017

Lieve Wanda,

Ik ben het met je eens dat het meevoelen van Elizabeth Strout met haar personages groot is, maar ze heeft ook een kwaadaardige kant, vind ik, iets wat ze deelt met Alice Munro. Ik vind beide schrijvers sterk op elkaar lijken. Bij Strout wordt dat kwaadaardige zelden expliciet benoemd, het zit, vooral bij Lucy Barton, in de dingen die worden weggelaten. Vul zelf maar in wat er precies met die drie verknipte kinderen is gebeurd in hun jeugd. In *Anything Is Possible* begint Lucy te hyperventileren wanneer ze aan een bepaald aspect van die jeugd wordt herinnerd, ze krijgt het weer net als lang geleden te benauwd van haar eigen milieu, ook al is ze daar, in tegenstelling tot de andere twee, aan ontsnapt door als inmiddels gevierd schrijver in New York te wonen. Strout lijkt hier haast te willen suggereren dat je, ook al schrijf je over je traumatische ervaringen, er misschien wel minder van loskomt dan de broer en zus van Lucy die nog altijd op en dicht bij de plaats delict wonen. Gelukkig blijft het bij suggereren.

Ik ben nu begonnen alles van Strout te lezen, een heerlijk project. *The Burgess Boys* net uit, zeer aan te raden, zij het heel anders dan haar laatste twee boeken. Ben nu begonnen aan haar debuut, *Amy and Isabelle*, en op het tafeltje naast mijn bed ligt het verzamelde werk lonkend te wachten. Op de valreep vorige week nog naar *The Sense of an Ending*. Ik probeer boekverfilmingen eigenlijk zo veel mogelijk te mijden, maar van dat boek herinnerde ik me alleen nog dat ik het goed vond. Tijdens de film begon me vaag iets te dagen dat de moeder van zijn vroegere vriendin een cruciale rol speelde, maar gelukkig wist ik niet meer wat. Net als bij het lezen van het boek vond ik de ontknoping iets te geforceerd plotachtig. Voor mij gaat zowel film als boek vooral over wat je je wel en niet meer herinnert: de brief waarin de hoofdpersoon zijn ex-vriendin alle slechts toewenst en zich dit veertig jaar later niet meer weet te herinneren. Is het een goede of een slechte film? Zoals altijd is het boek natuurlijk beter (denk ik/weet ik wel zeker), maar ik vond het mooi geacteerd, op een prettige manier rustig voortkabbelend zonder dat ik me daaraan ergerde. De zwangere dochter (Lady Mary uit *Downton Abbey*) is erbij verzonnen, realiseerde ik me pas dagen later. Wat vond jij?

Zelf zit ik ook midden in de herinnering, of wat daarvan over is. Het is een bekend verschijnsel, maar ik blijf me toch altijd weer verbazen hoeveel details mij zijn bijgebleven uit 1973, terwijl ik in mijn agenda moet kijken om te weten met wie ik vorige week in een restaurant heb gezeten. En al schrijvend komen daar alleen nog maar meer details bij. Ik zit nu ongeveer op twee derde van *Finse dagen*, schat ik, er zou nog veel meer bij kunnen, maar moet dat ook? Van mijn periode in Finland herinner ik me ook van alle bijfiguren het gezicht zo goed dat ik ze op straat zou herkennen wanneer ik ze nu zou tegenkomen: niet wie ze inmiddels zijn geworden (ouder, grijzer, kaler), maar hun gezichten van toen. Waarom is dat? Welk doel dient het? Van mensen die maar één dag op de boerderij op bezoek waren, zou ik de politie alsnog, vierenveertig jaar na dato, een redelijk gelijkende compositietekening kunnen verschaffen. Is daarom de niet-herinnerde brief uit *The Sense of an Ending* misschien het ongeloofwaardigste van het hele verhaal?

Het schrijven wordt nu even stilgelegd, want vandaag arriveert de Spaanse familie hier in Zeeland. Moeder, Juan en María-José.

Vorig jaar waren ze hier ook en toen trok ik me elke ochtend een paar uur terug op de zolderkamer om aan *Makkelijk leven* te werken. Dit jaar ga ik ze verrassen met mijn honderd procent beschikbaarheid voor alles: fietstochten, hardlopen, toeristische excursies. En dat stilleggen komt ook op een goed moment: ik weet vrij precies welke scènes er nog ontbreken, dus daar kan ik de komende twee weken dan fijn op broeden en bij wegdromen. 'Luister je nog, Herman?'

Liefs,
Herman

Amsterdam, 30 juli 2017

Lieve Herman,

Ik begrijp je ironie wel na drie verfilmingen van *Het diner*. Maar jij vindt natuurlijk ook dat er meesterlijke films zijn gemaakt naar boeken: *The Graduate*, *Apocalypse Now*, *The Shining*, *The Godfather*, om niet de minste te noemen. In het geval van *The Sense of an Ending* vind ik het boek beter omdat het een bepaalde vaagheid intact laat. Diezelfde mist waarin je soms in je herinneringen verkeert, dat je niet weet (of juist weer zeker wel) dat je iets daar en daar en met die en die hebt meegemaakt. Je denkt je iets te herinneren maar hebt het alleen van horen zeggen. Of omdat je ooit een foto hebt gezien die zich als jouw herinnering gedraagt, maar het niet is. Of gewoon omdat je geheugen onbetrouwbaar is, een leugenfabriekje dat de werkelijkheid en wensdromen en ander onwillekeurigs door elkaar mengt tot iets dramatisch of bijzonders.

Ik vond deze verfilming wel een 'lieve' bewerking waaraan ik me heb overgegeven. Groots en meeslepend willen leven toen je er de leeftijd voor had, maar ja, je karakter zat je in de weg, de brug stond open, er vloog een duif in je oog. Ik heb me zeker niet verveeld met die trage vertelling, het was zelfs aangenaam. Maar hier geen enkel misverstand van wie het minder begaafde kind is, of twijfels aan Tony's rol in het geheel, het wordt je allemaal in keurig ABC uitgelegd. Zijn adolescente en gefrustreerde seksuele drang is in de film erg gekuist. Überhaupt is in de film de problematiek verschoven van de bravoure van een seksueel verlegen student naar de eenzaamheid van een *grumpy old man*, die zijn mislukte leven goedgemaakt ziet door de komst van een kleinkind en berust in het eigen wat kleurloze verleden. Een beetje een sociaal wenselijke verfilming.

Wat mooi aan het boek was en wat ook erg goed uit de film naar voren komt, is Tony's misplaatste gevoel van belangrijkheid en de herziening van zijn leven die daaruit volgt: dat zijn wraakbrief mogelijk de zelfmoord van zijn medestudent zou hebben veroorzaakt. Dat hém iets is nagelaten, een dagboek nog wel, dat kan niets anders betekenen dan dat hij wel degelijk een rol in andermans leven heeft gespeeld. Postuum eist hij ineens zijn aandeel in een geschiedenis op die hem had uitgewist. Het boek houdt meer (iets te veel misschien) dan de film een zeker mysterie in stand tussen 'waar' en 'verzonnen', en dat vond ik er ook zo goed aan. Achteraf willen dat je ergens deel van uitmaakte, een groep, een beweging, terwijl je probleem nou net was dat je er níét bij hoorde. Dat alles wat je toen wilde – liefde, seks en een avontuurlijk leven – je niet vergund is. Maar nu blijkt je aanwezigheid ineens epische gevolgen te hebben gehad en word je met een knal een roman van Dostojevski in geslingerd: jij schuldig aan een drama? Heb jij met je jaloerse brief indertijd die zelfmoord van een zogenaamde vriend veroorzaakt? Of heb je dit zojuist verzonnen om je eigenwaarde op te vijzelen? De lijnen komen pas samen als je ouder bent en terugkijkt.

Het mystificerende van de roman *The Sense of an Ending*, wat er nou écht gebeurd is, is tegelijkertijd irritant én de kwaliteit ervan. Het boek is gecomponeerd als een puzzel waar een stukje aan ontbreekt. De glasheldere psychologie van de film daarentegen geeft de problematiek een wat veilige en dus een beetje saaie plaats: ach ja, hij was bleu en jaloers en flets en dat is hij eigenlijk altijd gebleven.

De meeste mensen fabuleren er toch op los hoe geslaagd hun leven is? Dat is vast ook beter voor je gezondheid.

Liefs,
Wanda

PS: Heerlijk dat je zo opschiet met *Finse dagen*. Fijn vind ik dat altijd, om een roman in wording te laten sudderen en je te laten afleiden door uitjes en etentjes. Maar dat er, hoewel schijnbaar niets, in je hoofd tóch iets mee gebeurt, *something's cooking*...

Bij het schrijven aan mijn roman *Adam* heb ik me geen deadline gesteld, dat geeft immense rust, ik ben nu op driekwart. Door de natuurlijke flow denk ik af en toe terwijl ik aan het bikken en kwasten ben: hé, wacht eens even, dít ben ik aan het blootleggen... Dat zijn de betere momenten, vind ik.

Ik stop hier want mijn familie is in aantocht. Sinds mijn moeders dood houden we elk jaar een familiedag met mijn broers en zussen, neven en nichten. Gisteren regende het dat het een aard had, voor vanmiddag is goed weer voorspeld.

OVERIGE BOEKEN VAN WANDA REISEL

Het blauwe uur (1988)
Het beloofde leven (1993)
Baby Storm (1996)
Een man een man (2000)
Witte liefde (2004)
Die zomer (2008)
Plattegrond van een jeugd (2010)
Nacht over Westwoud (2011)
Liefde tussen 5 en 7 (2015)

OVERIGE BOEKEN VAN HERMAN KOCH

Red ons, Maria Montanelli (1989)
Eindelijk oorlog (1996)
Eten met Emma (2000)
Odessa Star (2003)
Denken aan Bruce Kennedy (2005)
Het diner (2009)
Zomerhuis met zwembad (2011)
Geachte heer M. (2014)
De greppel (2016)